Schweizerisches Jahrbuch für Kirchenrecht

Annuaire suisse de droit ecclésial

PETER LANG
BERN · BERLIN · BRUXELLES · FRANKFURT AM MAIN · NEW YORK · OXFORD · WIEN

# Schweizerisches Jahrbuch für Kirchenrecht

# Annuaire suisse de droit ecclésial

## Band 11 / 2006

Geschäftsführender Herausgeber
sous la direction de

Dieter Kraus

PETER LANG
BERN · BERLIN · BRUXELLES · FRANKFURT AM MAIN · NEW YORK · OXFORD · WIEN

**Bibliografische Information Der Deutschen Bibliothek**
Die Deutsche Bibliothek verzeichnet diese Publikation in der Deutschen Nationalbibliografie; detaillierte bibliografische Daten sind im Internet über ‹http://dnb.ddb.de› abrufbar.

ISBN 978-3-03911-288-3
ISSN 1420-9497


Hochfeldstrasse 32, Postfach 746, CH-3000 Bern 9
info@peterlang.com, www.peterlang.com, www.peterlang.net

# Inhaltsverzeichnis

Band 11 (2006)

*Berichte*



*Rezensionen und Buchanzeigen*

*Bibliografie*



*Textdokumentation*

# Editorial

## *Zum Berichtsteil des Jahrbuchs*

Ein Hauptaugenmerk der Herausgeber des Schweizerischen Jahrbuchs für Kirchenrecht gilt seit jeher der Entwicklung des Kirchen- und Staatskirchenrechts in den Kantonalkirchen und Kantonen. Nach dem Editorial im vorigen Band zum zehnjährigen Bestehen des SJKR soll in diesem Jahr der Berichtsteil des Jahrbuchs zur Sprache kommen, der sowohl vom Umfang als auch von Inhalt her eine für das Jahrbuch ganz wesentliche Rolle spielt und ohne den das Jahrbuch einen anderen Charakter hätte.

Der Jahresbericht 1994 der Schweizerischen Vereinigung für evangelisches Kirchenrecht enthielt in einem besonderen Teil erstmals Kurzberichte über kirchen- und staatskirchenrechtliche Geschehnisse und Entwicklungen in den Kantonalkirchen und Kantonen der Schweiz. Darüber hinaus wurde in jenem Jahresbericht die Idee der Schaffung eines ‚Jahrhefts' bzw. ‚Jahrbuchs' formuliert[1]. Wenig später, auf einer Zusammenkunft am 28. August 1995 in Zürich, erfolgten die ersten Schritte zur Verwirklichung dieser Idee, auf der auch der vorliegende Band 11/2006 in gerne weitergeführter Tradition beruht.

Eine Gesamtbetrachtung der ersten 11 Bände (ohne Beihefte) erlaubt im Hinblick auf das Ziel der kirchen- und staatskirchenrechtlichen (bzw.

1 „Absicht des Vorstandes [der Schweizerischen Vereinigung für evangelisches Kirchenrecht] ist es, in Zukunft diesen Teil des Jahresberichts zusammen mit den Tagungsreferaten als ‚Jahrheft' bzw. ‚Jahrbuch' zusammenzufassen. Es sollen die wesentlichen staatskirchenrechtlichen Entwicklungen in den schweizerischen Kantonen und Landeskirchen im Zusammenhang mit der kantonalen und kirchlichen Gesetzgebung und der Rechtsprechung jeweils für ein Jahr dargestellt werden, gleichsam in Fortsetzung des vierten Kapitels von *Dieter Kraus*, Schweizerisches Staatskirchenrecht, 1993 [das 4. Kapitel behandelt das Staatskirchenrecht aller 26 Kantone]. Im Rahmen des nun vorliegenden Jahresberichts kann dieses Ziel allerdings erst punktuell und ansatzweise realisiert werden. Auswahlweise werden zwei staatskirchenrechtliche Berichte über Ereignisse in zwei Kantonalkirchen wiedergegeben: Basel-Stadt und Thurgau."

in einem weiteren Sinne religionsrechtlichen) Berichterstattung folgende Bilanz (die angegebenen Ziffern beziehen sich auf die Zahl der Berichte pro Kanton bzw. Kirche): Aargau: 5; Appenzell: 4; Basel-Stadt: 4; Basel-Landschaft: 4; Bern: 6; Fribourg: 5; Glarus: 1; Graubünden: 4; Jura: 1; Luzern: 11; Neuchâtel: 2; Obwalden/Nidwalden/Uri/Zentralschweiz: 7; St. Gallen: 2; Schaffhausen: 3; Schwyz: 4; Solothurn: 3; Tessin: 2; Thurgau: 5; Waadt: 7; Wallis: 1; Zürich: 13 und Zug: 3. Ferner wurde über religionsrechtlich relevante eidgenössische Gesetzgebung sowie über andere gesamtschweizerische und regionale kirchen- oder staatskirchenrechtliche Themen berichtet. So bspw. zum „Bistumsartikel" der Bundesverfassung oder zum „Sektenbericht des Nationalrates", zu Rechtsentwicklungen beim Schweizerischen Evangelischen Kirchenbund, zur (gescheiterten) Lockerung des Schächtverbots, zur Fortentwicklung des „Schweizerischen Instituts für Kirchenrecht und Staatskirchenrecht" zum „Institut für Religionsrecht", zu Entwicklungen im schweizerischen Missionsrecht, zu kantonsübergreifenden Friedhofsvereinbarungen u.v.a.m.

Die Herausgeber hoffen, dass es ihnen durch diese Berichte, deren Zahl inzwischen auf weit über einhundert Beiträge angewachsen ist, gelungen ist, das schweizerische Kirchen- und Staatskirchenrecht in seinen vielen Farben und Facetten abzubilden.

Als für den Berichtsteil verantwortlich zeichnender Herausgeber möchte ich allen Beiträgerinnen und Beiträgern ganz herzlich danken, die sich gelegentlich oder regelmässig und zum Teil bereits während vielen Jahren für die Mitarbeit beim Berichtsteil des Jahrbuchs zur Verfügung gestellt haben[2].

Ich wünsche Ihnen, liebe Leserin, lieber Leser, viele Entdeckungen bei der Lektüre des vorliegenden 11. Bandes unseres Jahrbuchs.

*Jakob Frey*

2 An dieser Stelle möchte ich einmal Berichterstatter nennen, die mindestens drei Mal im Berichtsteil mitgewirkt haben (der Dank geht selbstverständlich auch an alle anderen Berichtsbeiträgerinnen und Berichtsbeiträger, die in dieser Fussnote nicht genannt sind): Peter Möri (11), Claude Cuendet, Werner Bräm und Martin Röhl (je 5), Fritz Gloor, René Pahud de Mortanges und Pierluigi Schaad (je 4), Christoph Winzeler (3).

SJKR/ASDE 11 (2006), S. 11-31

# Aufsätze

## Das ordinierte Amt. Überlegungen in reformierter Perspektive*

von Gottfried Wilhelm Locher (Muri b. Bern)

### *I. Einleitung*

In einer grossen Schweizer Tageszeitung erschien kürzlich ein Interview mit einem Ratsmitglied des Schweizerischen Evangelischen Kirchenbundes. Das Ratsmitglied äusserte sich unter anderem zur Frage des Bischofsamtes, aber vor allem zur Sache des ordinierten Amtes überhaupt: „Zudem werde ich den Verdacht nicht los, dass ein Teil unserer [reformierten] Pfarrer und Pfarrerinnen – Männer sind gefährdeter – einen zu wenig reflektierten Hang zum Klerikalismus hat. Da schlummert die Sehnsucht, es wäre doch schön, mit den Vollmachten eines römisch-katholischen Priesters ausgestattet zu sein."[1] Es soll hier nicht darum gehen, Verdächte oder Sehnsüchte zu thematisieren. Aber das Zitat liefert uns den Einstieg ins Thema: die Amtsfrage. Worum geht es, wenn wir vom Pfarramt sprechen? Was ist ein reformierter Pfarrer, eine reformierte Pfarrerin? Wie unterscheiden sie sich vom römisch-katholischen Priester, wo entsprechen sie ihm? Was eine reformierte Amtstheologie kennzeichnet, darum soll es nun gehen. Das erleichtert uns vielleicht, den Unter-

* Vortrag anlässlich der 19. Tagung der Schweizerischen Vereinigung für evangelisches Kirchenrecht (SVEK) am 27. Januar 2006 in Luzern. Die Vortragsform wurde beibehalten.

1 Basler Zeitung vom 30.12.2005, S. 14.

schied zwischen einem behaupteten „Hang zum Klerikalismus" und einem klaren Ordinationsverständnis wiederzuentdecken.

Nicht alles, was mit Amtstheologie zu tun hat, kann im Folgenden behandelt werden. Wir verschaffen uns zuerst einen Einblick in *Schweizerisches reformiertes Amtsverständnis heute*; dann kommen drei Stimmen *zum Amtsverständnis der Reformation* zur Sprache. Das letzte Kapitel formuliert *Thesen zum ordinierten Amt heute.* Diese erheben den Anspruch, den reformierten Quellen Rechnung zu tragen und gleichzeitig ökumenisch verantwortlich und zeitgemässe zu sein.

Unser Fokus liegt auf dem *reformierten* Amtsverständnis. Nun ist aber eine Verifizierung dessen, was als „reformiert" gelten kann, nicht ganz einfach. Es gibt in der reformierten Tradition der Schweiz keine verbindliche, verschriftliche Referenz des reformierten Glaubens. Wir behandeln deshalb verschiedene Quellen, indem wir vom Ist-Zustand ausgehen und dann nach dessen Fundamenten fragen. Die biblischen Zeugen zur Amtsfrage kommen dabei nur implizit zur Sprache. Und schliesslich: ich spreche vom ordinierten Amt in *ekklesiologischer* Sicht. Es wird sich zeigen, dass das Verständnis dessen, was die Kirche ist, eben auch darüber entscheidet, wie das ordinierte Amt begriffen wird.

## *II. Schweizerisches Reformiertes Amtsverständnis heute*

### *A. Kirchenordnungen des Schweizerischen Evangelischen Kirchenbundes*

Wo lässt sich überprüfen, welches Amtsverständnis im Schweizerischen Evangelischen Kirchenbund gilt? Die Antwort ist bezeichnend für reformiertes Selbstverständnis und reformierte Kirchenpraxis: nicht etwa in den Beschlüssen des Kirchenbundes, sondern primär in den Verfassungs- und Ordnungstexten der SEK-Mitgliedkirchen, also grossmehrheitlich der Kantonalkirchen. Folgende Gruppen lassen sich im Hinblick auf die dort geäusserten Positionen zur Amtsfrage bilden.

#### 1. Keine Definition des ordinierten Amtes

Als erstes fällt auf, dass das ordinierte Amt gar nicht in allen Kirchenverfassungen expressis verbis erwähnt wird. Die Verfassung der Aargauer Landeskirche beispielsweise äussert sich zwar zur Wählbarkeit ins kirchliche Amt und zum vorgeschriebenen Ablauf der Ordination, nicht aber zum ordinierten Amt als solchem[2]. Ähnliches gilt für die Kirchenverfassungen der Kantone Basel-Stadt[3], St. Gallen[4], Solothurn[5], Waadt[6] und Zug[7].

## 2. Unterschiedliche Definitionen des ordinierten Amtes

Eine Mehrheit der Kirchenordnungen beschreibt, meist in sehr knapper Form, das Wesen des ordinierten Amtes oder benennt dessen Auftrag. Beispiele:

a) „Diener (am göttlichen Wort)"

> „Als Diener am göttlichen Wort ist der Pfarrer beauftragt, aufgrund der Heiligen Schrift in seiner Gemeinde das Evangelium zu verkündigen, Taufe und Abendmahl zu verwalten, den kirchlichen Unterricht zu erteilen oder zu leiten und Seelsorge zu üben."[8] (Basel-Landschaft)

b) „Predigtamt"

> „Die Ordination ist die kirchliche Verordnung zum Predigtamt. Sie wird vom Konventspräsidenten [...] in einem öffentlichen Gottesdienst vollzogen."[9] (Basel-Landschaft)

c) „Verkündigerin (des Wortes Gottes)"

> „Die Pfarrerin ist die theologisch ausgebildete und ordinierte Verkündigerin des Wortes Gottes in Predigt, Taufe und Abendmahl, in der Seelsorge, im kirchlichen Unterricht, in der Jugendarbeit, Erwachsenenbildung."[10] (Bern-Jura-Solothurn)

d) „Amt [...] der Kirche"

Im Kanton Freiburg klingt das so:

> „Amt und Auftrag der Kirche ist es, durch ihren Dienst in der Welt Jesus als ihren Herrn zu bezeugen. Alle getauften Glieder der Kirche tragen eine Verantwor-

2 Art. 63/66 KiO.
3 III. Teil, Art. 29/30 KiVerf: Das pastorale Amt.
4 Art. 107 KiO.
5 Art. 140 KiO.
6 Art. 195, 197, 204 Règlement ecclésiastique.
7 Art. 30 KiO.
8 Art. 93 KiO.
9 Art. 102 KiO.
10 Art. 118 ff. KiO.

> tung für die Ausübung dieses Dienstes, an welcher jedermann nach seinen Möglichkeiten, Gaben und nach seiner Ausbildung teilnehmen soll. Um zu solchem Dienst anzuspornen, damit er vielfältig wirksam werde, erhält die Kirche von Gott Amtsträger, Männer und Frauen."[11]

Hier wird, so scheint es mir, das katholische Umfeld erkennbar: vom „Amt [...] der Kirche" ist hier explizit die Rede; auch „[...] erhält die Kirche von Gott Amtsträger": die Berufung Einzelner durch den Herrn der Kirche in ein besonderes Amt wird hier betont. Die Beamtung trägt demnach primär den Charakter einer göttlichen Berufung, sie übersteigt das bloss institutionelle Bedürfnis nach Verwaltungs- und Führungspersonen.

e) Amt „im Dienst der Kirchgemeinde"

Anders setzt die Kirchenverfassung der Bündner Landeskirche ihren amtstheologischen Schwerpunkt:

> „Der Pfarrer steht im Dienst der Kirchgemeinde. Seinen Auftrag in Verkündigung, Unterricht, Seelsorge und Diakonie erfüllt er auf Grund dieser Verfassung und innerhalb der gesetzlichen Bestimmungen in Verantwortung gegenüber dem Herrn der Kirche."[12]

Man beachte: „Der Pfarrer steht im Dienst der Kirchgemeinde" – nicht im Dienst der ganzen, Gemeinde-übergreifenden Kirche stehen Pfarrer und Pfarrerin.

f) „Geregelte Dienste"

Und noch ein weiterer Ausschnitt ist charakteristisch:

> „Die geregelten Dienste der Kirchgemeinde werden vor allem durch folgende Beauftragte ausgeübt: Pfarrer, Organist, Mesner, Gemeindehelfer, Katechet."[13]

Hier begegnet uns eine Besonderheit reformierter Amtstheologie: sie spricht selten vom ordinierten Amt im Singular, eher von ordinierten Ämtern; hie und da wird gar ganz auf den Ausdruck „Amt" verzichtet und stattdessen von der Vielfalt der kirchlichen *Dienste* gesprochen.

g) „Sacerdoce royal" / Königliches Priestertum

Aus Genf, aus der einzigen reformierten Freikirche, welche Mitglied des Kirchenbundes ist (EELG), klingt die Beschreibung des kirchlichen Amtes wie folgt:

11 Art. 101 ff. KiVerf.
12 Art. 16 KiVerf.
13 Art. 25 KiO.

> „La communauté entière est au service de Jésus-Christ. Elle forme, selon les termes apostoliques, un sacerdoce royal [ein königliches Priestertum].“[14]

Durch das Adjektiv „königlich“ ist die reformatorische Betonung des Priestertums aller Gläubigen besonders klar ausgesprochen.

h) Vielfalt der ordinierten (geweihten) Dienste

Und wieder begegnen wir der Vielfalt der Dienste, hier ausdrücklich der *ordinierten* Dienste:

> „L'EELG reconnaît, appelle et consacre pour le service de la communauté des anciens, des pasteurs, docteurs, évangélistes, diacres et autres.
>
> Les pasteurs sont élus par leur paroisse et sont plus spécialement chargés de la prédication, de l'enseignement, de la cure d'âme, de l'administration des sacrements: le baptême et la cène. Leur engagement implique leur adhésion à l'EELG, sa déclaration de foi et à la présente Constitution.“[15]

Auch die Evang.-ref. Kirche des Kantons Wallis ordiniert nicht nur ins Verkündigungsamt, sondern auch ins diakonische Amt:

> „Die ERKW anerkennt die besondere Berufung der Pfarrer und der Diakone (Amtsinhaber) durch Ordination.“[16]

i) Kein Unterschied zwischen Ordinierten und Nicht-Ordinierten

Die Betonung des Priestertums aller Gläubigen kommt in mehreren Kirchenordnungen prominent zur Sprache, hier im Vernehmlassungsentwurf der Schaffhauser Landeskirche:

> „[1] Es ist ein Hauptgrundsatz der evangelisch-reformierten Kirche, dass kein grundsätzlicher Unterschied besteht zwischen Laien und Ordinierten. Deshalb kann jedes dazu geeignete Glied der evangelisch-reformierten Kirche stellvertretungsweise im Einvernehmen mit der ordinierten Person und dem Kirchenstand einen Dienst leisten, de[n] üblicherweise Pfarrpersonen bzw. Sozialdiakoninnen, Sozialdiakone tun.
>
> [2] Die Bedeutung und der Umfang der Dienste des Pfarramtes und der Diakonie erfordern jedoch, dass diese ordnungsgemäss Personen übertragen werden, welche zum betreffenden Amt berufen sind, die entsprechende Ausbildung ausweisen und die erforderlichen fachlichen und menschlichen Voraussetzungen erfüllen.“[17]

14 Ch. 5 Constitution.

15 Ebda.

16 Art. 34-36 KiVerf.

17 Art. 144 des Vernehmlassungsentwurfs zur neuen Kirchenordnung.

In diesem kurzen Abschnitt wird konstatiert, zwischen Laientum und Klerus bestehe kein grundsätzlicher Unterschied. Da keine weitere inhaltliche Bestimmung angegeben wird, gilt diese Aussage offensichtlich uneingeschränkt. Allerdings ist damit auch ein innerer Widerspruch angezeigt: bestünde tatsächlich „kein grundsätzlicher Unterschied“ zwischen Laien und Ordinierten, dann würde auch diese sprachliche Unterscheidung hinfällig. Bezeichnenderweise findet sie dennoch Verwendung in dieser und anderen Kirchenordnungen. Offensichtlich bleibt ein Unterschied, der immerhin „grundsätzlich“ genug ist, um eine Scheidung in Laien und Ordinierte vorzunehmen. Auch scheint es mir etwas verwegen, die Negierung eines grundsätzlichen Unterschieds als „Hauptgrundsatz der evangelisch-reformierten Kirche“ zu bezeichnen – es gibt mindestens ein prominentes Gegenbeispiel[18].

j) Das Amt in apostolischer Sukzession und kirchlicher Tradition

Ist es Zufall, dass das folgende Beispiel aus einem Kanton stammt, welcher besonders ausgeprägt katholisch sozialisiert ist?

> „Alle Mitglieder der Kirche sind aufgerufen, ihre vom Heiligen Geist empfangenen Gaben zum allgemeinen Wohle einzusetzen. Gemäss der Lehre der Apostel und der ständigen Praxis der Kirche anerkennt die ERKW die Notwendigkeit besonderer Ämter. Das Amt des Wortes, das Amt der Lehre und das Amt der Diakonie.“[19] (Evangelisch-Reformierte Kirche des Wallis)

Erst recht kommt die Betonung der Katholizität in der einzigen SEK-Kirche mit bischöflicher Struktur, nämlich in der Evang.-method. Kirche der Schweiz, zum Ausdruck. Ihre Verfassung spricht wie folgt über das ordinierte Amt:

> „In der Kirche gibt es Personen, die für den besonderen Dienst der Verkündigung, der Verwaltung der Sakramente und der Gemeindeleitung von Gott berufen und von der Kirche beauftragt sind. [...] Das Amt des ordinierten Predigers der Evang.-meth. Kirche hat seinen Ursprung in der christlichen Tradition und ihrer wesleyanischen Ausprägung.“[20]

Erkennen Sie die beiden Unterschiede zur reformierten Sprache? „Von Gott berufen und von der Kirche beauftragt“: das ist nicht dasselbe wie „im Dienst der Kirchgemeinde“ zu stehen, die Perspektive ist gesamtkirchlich, nicht kongregationalistisch. Und zweitens, vielleicht noch auf-

18 Vgl. Kapitel „2.3 Confessio Helvetica Posterior (1566)“.
19 Art. 34-36 KiVerf.
20 Abt. 42.1 (302/303).

fälliger, der „Ursprung in der christlichen Tradition“: es fällt auf, dass in keiner der vorher zitierten Passagen die ökumenische bzw. katholische Dimension der Kirche, sei sie zeitlich oder konfessionell, so deutlich angesprochen wird. Es ist bemerkenswert, dass eine Kirche mit derart andersartigen ekklesiologischen Akzenten Mitglied des Schweizerischen Evangelischen Kirchenbundes, einer weitgehend reformierten kirchlichen Gemeinschaft, geworden ist.

## *B. Der grössere konfessionelle Kontext: Reformierter Weltbund und Gemeinschaft Evangelischer Kirchen in Europa*

Wenn wir über die Schweizer Kirchenverfassungen sprechen, dann sollten wir uns einer ekklesiologisch bedeutsamen Tatsache erinnern: unsere Kirchen sind Mitglieder in *grösseren* Kirchenfamilien, solchen, die nicht an der Schweizer Grenze Halt machen. Anders als etwa in der römisch-katholischen Tradition ist diese Mitgliedschaft aber eine mehrdimensionale, d.h. eine mit verschiedenen Traditionen verbindende. An erster Stelle ist der Reformierte Weltbund (RWB)[21] zu nennen, jener reformatorischen Kirchenfamilie, die sich mit den Lehren Johannes Calvins, Heinrich Bullingers und John Knox, aber auch weiterer Reformatoren des 16. Jahrhunderts besonders verbunden weiss. Diese Kirchenfamilie bringt den Schweizer Protestantismus in Verbindung mit reformierten, kongregationalistischen, presbyterianischen und unierten Kirchen aus aller Welt.

Für unsere Fragestellung wichtiger, weil stärker theologisch argumentierend, ist die Mitgliedschaft des Kirchenbundes in der Gemeinschaft Evangelischer Kirchen in Europa (GEKE), der Leuenberger Kirchengemeinschaft, wie sie bis 2003 genannt wurde[22]. Diese zweite Konfessions-

21 Der Reformierte Weltbund (RWB) ist eine Gemeinschaft von 75 Millionen reformierter Christinnen und Christen aus 218 Kirchen in 107 Ländern. Er unterhält ein kleines Generalsekretariat im Ökumenischen Zentrum in Genf.

22 „Die Gemeinschaft Evangelischer Kirchen in Europa ist die Organisation fast aller evangelischen Kirchen in Europa. Ihr Gründungsdokument ist die Leuenberger Konkordie von 1973, mit der die mehr als 450-jährige Epoche der Kirchenspaltung zwischen lutherischen und reformierten Kirchen beendet wurde. Auf der Grundlage des darin dargelegten gemeinsamen Verständnisses des Evangeliums gewähren die Unterzeichnerkirchen einander Kanzel- und Abendmahlsgemeinschaft. Sie verpflichten sich ferner zu gemeinsamem Zeugnis und Dienst auf lokaler, regionaler und europäischer Ebene sowie zur theologischen Weiterarbeit. Bis jetzt haben 104 Kirchen die Leuenberger Konkordie unterzeichnet. Es sind

familie hat eine gesamt-reformatorische Basis, umfasst also neben den reformierten Kirchen insbesondere auch die meisten lutherischen Kirchen in Europa. Die GEKE hat in den letzten Jahren Texte zur Amtstheologie in Lehrgesprächsgruppen erarbeitet und anschliessend auch auf Leitungsebene verabschiedet. Eine Herausforderung bedeuten diese Texte für den Schweizer Protestantismus insofern, als sie in einer gewissen Spannung zu jenen Aussagen stehen, den Unterschied zwischen Ordinierten und Nicht-Ordinierten als geringfügig und für das Wesen der Kirche nicht grundlegend begreifen. In der Amtstheologie der GEKE wird das ordinierte, besondere Amt ausdrücklich nicht so dargestellt, als sei es eher eine mögliche Option des Kircheseins:

> „Zu Wort und Sakrament gehört gemäss der Einsetzung Christi ‚ein Amt, das das Evangelium verkündigt und die Sakramente reicht', das ministerium verbi (CA V). Die lutherische Tradition versteht zwar dieses Amt mehr vom kirchengründenden Wort her; die reformierte Tradition sieht dagegen dieses Amt mehr als zur rechten Ordnung der Kirche gehörig an. Aus beiden Traditionen heraus sind die Kirchen, die die Leuenberger Konkordie unterzeichnet haben oder an ihr beteiligt sind, sich darin einig, dass ‚das ordinierte Amt' zum Sein der Kirche gehört."[23]

Hier tritt also ein Amtsverständnis zutage, in welchem das ordinierte Amt als wesentliches und unverzichtbares Element des Kircheseins dargestellt wird. Darüber hinaus wird betont, dass ihr Amt als ein von Christus eingesetztes zu gelten habe:

> „Das ordinierte Amt ruht nach reformatorischem Verständnis auf einem besonderen Auftrag Christi […]."[24]

Ein solcher „besonderer Auftrag Christi", verwirklicht im ordinierten Amt, findet sich in der Mehrzahl der Verfassungen der SEK-Mitgliedkirchen viel weniger profiliert; vielmehr scheint aus ihnen die Absicht zu sprechen, die ontologische Differenz zwischen Ordinierten und Nicht-

---

neben den klassischen Reformationskirchen auch die vorreformatorischen Kirchen der Waldenser und der Böhmischen Brüder, dazu fünf protestantische Kirchen in Südamerika, die sich aus früheren Einwanderkirchen entwickelt haben. Die sieben methodistischen Kirchen haben durch eine zusätzliche ‚Gemeinsame Erklärung zur Kirchengemeinschaft' ihren Beitritt erklärt." Zitat von http://lkg.jalb.de/lkg/jsp/lkg.jsp?side_id=3&lang=de (25.10.2006).

23 Leuenberger Texte 1: „Die Kirche Jesu Christi", Frankfurt a.M. 1995 (3. Aufl. 2001), (2.5.1.1) S. 32.

24 Ebda., S. 32 f.

Ordinierten, also zwischen Klerikern und Laien, möglichst klein zu halten – ganz im Sinne der eingangs postulierten Warnung vor einem „Hang zum Klerikalismus“. Wenn diese Beobachtung so zutrifft, dann steht ein Teil des real existierenden schweizerisch-reformierten Amtsverständnisses an diesem wichtigen Punkt im Widerspruch mit dem, was andere reformatorische Kirchen in Europa lehren und in die Praxis umsetzen. Im Unterschied zur hiesigen Diagnose einer Klerikalismus-Tendenz äussert sich das reformatorische Ausland in umgekehrter Weise darüber, was es in der reformierten Schweiz beobachtet: eine relativ schwache Stellung des Pfarramtes nicht nur in der Kirchenlehre, sondern auch in der kirchlichen Praxis.

Unsere schweizerische reformierte Amtstheologie erfährt durch unsere Mitgliedschaft in der GEKE also gleichzeitig eine Klärung und eine Herausforderung – jedenfalls *würde sie sie erfahren,* wenn die Ergebnisse der GEKE-Lehrtexte in unseren Kirchen bekannter wären und ernster genommen würden. Die Schlussthesen werden auf diesen Umstand zu sprechen kommen.

## *C. Zusammenfassung*

Unser kurzer Rundgang durch die reformierten Schweizer Kirchenverfassungen lässt Kernaussagen erkennen, welche als Grundbestand heutiger Amtstheologie gelesen werden können:

1. Das Priestertum aller Gläubigen ist konstitutiv für die reformierte Kirche.
2. Das ordinierte Amt ist konstitutiv für die reformierte Kirche.
3. Das ordinierte Amt ist im Kern das Amt der Verkündigung und der Sakramentsverwaltung.
4. Das ordinierte Amt ist Teil der biblisch bezeugten Dienste in der christlichen Gemeinde.

Gleichzeitig begegnen wir in den Kirchenverfassungen gewissen Unschärfen in der Rede vom ordinierten Amt:

1. Zum Verhältnis der Bezeichnungen „ordiniertes Amt“ – „kirchliches Amt“ – „besonderes Amt“ – „kirchliche Dienste“: werden diese Bezeichnungen synonym verstanden, oder handelt es sich um unterschiedliche Dinge? Was unterscheidet sie allenfalls voneinander?
2. Zum Verhältnis der Bezeichnungen „Priestertum aller Gläubigen“ und „ordiniertes Amt“: ist das Priestertum der Ordinierten grundsätz-

lich wesensgleich mit dem allgemeinen Priestertum? Inwiefern lässt sich überhaupt von einem konkretisierten Priestertum in der reformierten Kirche sprechen?

3. Zum Verständnis des Inhalts des ordinierten Amtes: beschränkt sich „Verkündigung und Sakramentsverwaltung“ grundsätzlich auf das Gottesdienstgeschehen und dort auf Predigt, Taufe und Abendmahl? Oder ist das Proprium des ordinierten Amtes in einem umfassenderen Zusammenhang zu sehen?
4. Zum Verständnis der Ordination: ist sie primär eine Administrativmassnahme zur Wahrung der kirchlichen Ordnung und zur Sicherstellung der akademisch-theologischen Kompetenz der mit dem Predigtamt Beauftragten? Oder ist sie ein sakramentales Geschehen, welches die Anerkennung einer besonderen, vom allgemeinen Priestertum zu unterscheidenden Berufung und auf dieser Grundlage die Übertragung einer besonderen Autorität in Gemeinde und Kirche zum Ausdruck bringt?
5. Zugespitzt formuliert: Verändert die Ordination den ordinierten Menschen in seinem Wesen? Oder macht gerade das den Unterschied zwischen evangelisch-reformierter Ordination und römisch-katholischer Weihe aus, dass die Ordination kein ontologischer Vorgang und damit grundsätzlich reversibel ist?

## *III. Zum Amtsverständnis der Reformation*

Eine exemplarische Vorstellung dreier Positionen soll nicht fehlen: jene Johannes Calvins, Huldrych Zwinglis und Heinrich Bullingers im Rahmen der *Confessio Helvetica Posterior.*

### *A. Johannes Calvin*

Johannes Calvin lehrt ein vierfaches kirchliches Amt. In der Genfer Kirchenordnung von 1561 lesen wir:

> „Es gibt vier Aufgabenbereiche oder Arten von Ämtern, die unser Herr zur Leitung seiner Kirche geschaffen hat: einmal die Pastoren, dann die Doktoren, danach die Ältesten und viertens die Diakone. Wenn wir also eine wohlgeordnete

und unversehrte Kirche haben wollen, müssen wir uns an diese Gestalt ihrer Leitung halten."[25]

- *Pastoren:* Die Aufgabe der Pastoren ist es, „sowohl in der Öffentlichkeit wie gegenüber Einzelnen das Wort Gottes zu verkünden: zu lehren, zu ermahnen, zurechtzuweisen und zu tadeln. Sie sollen aber auch die Sakramente verwalten und zusammen mit den Ältesten oder Ratsbeauftragten die brüderlichen Zurechtweisungen vornehmen"[26].
- *Doktoren:* „Die besondere Aufgabe der Doktoren besteht darin, die Gläubigen in der heilsamen Lehre zu unterweisen, damit die Reinheit des Evangeliums weder durch Unkenntnis noch durch Irrlehren getrübt wird. [...] Dem Pastorenamt am nächsten und mit der Leitung der Kirche am engsten verbunden ist dabei der theologische Unterricht, der das Alte und das Neue Testament umfassen sollte."[27]
- *Presbyter:* Die Aufgabe der Ältesten besteht darin, „auf die Lebensführung eines jeden zu achten und diejenigen freundschaftlich zu ermahnen, die sie Fehltritte tun oder in unordentlichen Verhältnissen leben sehen. [...] Was das Wahlverfahren angeht, haben wir beschlossen: Der Kleine Rat soll anordnen, dass die Unbescholtensten und Geeignetsten, die man finden kann, vorgeschlagen werden. Zu diesem Zweck soll man die Pfarrer zur Beratung heranziehen"[28].
- *Diakone:* „In der alten Kirche hat es immer zwei Arten von Diakonen gegeben: Die einen waren damit beauftragt, das Armengut entgegenzunehmen, zu verteilen und zu verwalten, sowohl täglich Almosen, als auch Besitztümer, Zinsen und Renten. Die anderen waren damit beauftragt, sich um die Kranken zu kümmern und sie zu pflegen, und die Armen zu speisen."[29]

Calvin propagiert ein mehrdimensionales kirchliches Amt, eines, das zwar wesentlich, aber nicht ausschliesslich durch die Verkündigung charakterisiert ist. Explizit werden Diakonie und Kirchenleitung in ihren theologischen und kybernetischen Vollzügen als Dimensionen des speziellen kirchlichen Amtes verstanden. Insofern liessen sich also z.B. in der gegenwärtigen Diskussion um die Ordination von Diakonen, wie sie

25 *Johannes Calvin*, Die Kirchenordnung von 1561. Calvin-Studienausgabe, hg. v. E. Busch, A. Heron u.a., Bd. 2, Neukirchen-Vluyn 1997, S. 239-279 (239).

26 Ebda., S. 241.

27 Ebda., S. 253.

28 Ebda., S. 255.

29 Ebda., S. 257.

in einigen Kirchen geführt wird, Anknüpfungspunkte in der eigenen reformierten Tradition finden. In derselben Logik stünde dann allerdings auch eine Diskussion über die Ordination der Kirchenleitenden, und zwar nicht einfach als Gemeindepfarrer mit geographisch erweiterten Kompetenzen, sondern als Träger eines spezifischen, vom Pastorenamt zu unterscheidenden kirchlichen Amt.

### *B. Huldrych Zwingli*[30]

In folgenden Schriften äussert sich Zwingli besonders zur Amtsfrage: „Der Hirt" (1524), „Von dem Predigtamt" (1525), „Auslegung und Begründung der Thesen oder Artikel" (1523). Zwingli legt besonderes Gewicht auf die *persönliche Glaubwürdigkeit der Amtsträger*:

> „Was konnte dem Christenvolk Traurigeres widerfahren, als ‚Hirten' zu haben, die um Geld verkauften, was sie nicht hatten und sich nicht kaufen lässt, selbst wenn sie es hätten. Und liessen damit alle Gewissen in Hunger und Zweifel zurück, weil sie selber nicht glaubten, was sie aller Welt auftischten! Denn: hätten sie es selber geglaubt, sie würden anders gelebt haben"[31].

Zwingli versteht *Christus als Idealbild des Pfarrers,* weil er die Einheit von Lehre und Leben, von Prophetie und Seelsorge personifiziert.

> „Als nach der Zweiten Disputation der radikale Flügel der Reformation Auftrieb gewann, sah sich Zwingli veranlasst, erneut sein Verständnis des Amtes, nun in Abgrenzung zu den Täufern, darzulegen. Auch Zwingli trat [...] für das Priestertum aller Gläubigen ein. Die Täufer in Zwinglis Umgebung haben aber den reformatorischen Durchbruch zum allgemeinen Priestertum der Gläubigen als Lizenz zur Errichtung einer völlig freien, amtlosen Kirche verstanden. Diesem Verständnis von Reformation, durch das Zwingli sein Werk in Zürich aufs höchste gefährdet sah, trat er mit seiner Schrift ‚Von dem Predigtamt' sofort entgegen: Kritisierte er an seinen konservativen Gegnern, dass sie Priester und Volk voneinander trennten und dem Priester eine Eigenschaft und Rolle zuschrieben, die er in Wirklichkeit nicht besass, konnte er umgekehrt mit den Radikalen nicht teilen, dass sie die besondere Stellung des ordinierten Amtes leugneten und den Unterschied zwischen Predigern und anderen Gemeindegliedern nicht wahrhaben

30 Vgl. *Martin Hauser*, Prophet und Bischof: Huldrych Zwinglis Amtsverständnis im Rahmen der Zürcher Reformation, Freiburg 1994; *Hans Scholl*, „Nit fürchten ist der Harnisch": Pfarramt und Pfarrerbild bei Huldrych Zwingli, in: Zwingliana XIX, 1, Zürich 1992, S. 361-392.

31 *Huldrych Zwingli*, Schriften, hg. v. Th. Brunnschweiler, Bd. 1, Zürich 1995, S. 252.

wollten. Zwingli warf den Radikalen vor, dass sie ohne Erlaubnis in Gemeinden auftraten und dort – jedenfalls aus seiner Sicht – mit ihren Lehren und ihrem Vorgehen Verwirrung und Unruhe stifteten. Massgebend für seine Haltung ist, dass es niemandem zustehe, von sich aus das kirchliche Amt zu beanspruchen. Vielmehr müsse jemand von Gott UND der Kirche dazu beauftragt werden."[32]

## *C. Confessio Helvetica Posterior (1566)*

Zu den Bekenntnistexten, die für die Entwicklung der reformierten Tradition in vielen Ländern bedeutsam geworden sind, gehört das Zweite Helvetische Bekenntnis, zu dessen Autorschaft massgeblich der Zürcher Reformator Heinrich Bullinger zu zählen ist. Die Confessio Helvetica Posterior spielt bis heute in einigen Kirchen eine Rolle als wichtiger Referenztext des reformierten Glaubens, so etwa in der ungarischen Reformierten Kirche (in der man immer wieder darüber staunt, dass der Text hingegen in seinem Ursprungsland kaum mehr bekannt und als Bekenntnistext weitgehend irrelevant geworden ist). Über das kirchliche Amt ist dort u.a. zu lesen:

> „Um sich seine Kirche zu sammeln und zu gründen, sie zu leiten und zu erhalten, hat Gott immer Diener verwendet, bedient sich solcher auch heute noch und solange es eine Kirche auf Erden gibt. Deshalb ist Ursprung, Einsetzung und Amt der Diener von höchstem Alter und rührt von Gott selbst her, ist also nicht eine neue oder bloss menschliche Ordnung. [...] Deshalb sind die Diener nicht bloss als Diener, sondern als Gottes Diener zu betrachten, weil Gott durch sie das Heil der Menschen schafft."[33]

Dass das ordinierte Amt „von Gott selbst her" rühre, davon ist in zeitgenössischen Kirchenverfassungen nicht mehr viel zu lesen. Ebenso vergessen scheint die Tatsache, dass in der reformierten Tradition, wie im Luthertum, im römischen Katholizismus oder in der Orthodoxie auch, der Unterschied zwischen Laien und Klerus nie zur Diskussion stand: „Die Apostel Christi nennen nun freilich alle, die an Christus glauben, Priester, nicht im Sinne eines Amtes, sondern weil wir, da wir Gläubigen alle zu Königen und Priestern gemacht sind, durch Christus Gott geistliche Opfer darbringen können (2. Mose 19,6; 1. Petr. 2,9; Offb. 1,6). Ganz verschie-

32 *Cornelia Schnabel*, Art. „Amtsverständnis", http://zh.ref.ch/content/e3/e1939/e10912/e10930/index_ger.html (25.10.2006).

33 *Zweites Helvetisches Bekenntnis* (1566), XVIII. Kapitel, Die Diener der Kirche, ihre Einsetzung und ihre Pflichten.

dene Dinge sind also dieses allgemeine Priestertum und das Dieneramt."[34]

## *IV. Thesen zum ordinierten Amt heute*

Es ist nicht zu übersehen, dass die drei vorstehend genannten reformierten Stimmen aus der Reformationszeit in mehrfacher Hinsicht in Spannung mit heute erkennbarer Amtstheologie und -praxis stehen. Die folgenden sechs Thesen versuchen den Brückenschlag zwischen der Tradition und den Herausforderungen der Gegenwart des ordinierten Amtes. Die Thesen verstehen sich als Aussagen darüber, was zum unverzichtbaren Kern einer zeitgemässen reformierten Ämterlehre gehört, ohne diesen abschliessend und ausschliesslich charakterisieren zu wollen.

### *A. Erste These: Das Priestertum aller Gläubigen ist konstitutiv für die Kirche*

Diese erste These hält fest, was *das* reformatorische Proprium in der ökumenischen Diskussion der Amtsfrage ausmacht; soll es zu Annäherungen zwischen den Konfessionen kommen, dann aus Sicht der Reformationskirchen auf dem Gebiet der Kirchenlehre nur auf der Grundlage dieses allgemeinen Priestertums:

> „A) Die lutherische wie die calvinistische Reformation haben von Anfang an das Priestertum aller Gläubigen betont (vgl. 1. Petr. 2,9). Dieses ist in der Taufe begründet und gehört zum Christsein der Christen. Luther kann von der Freiheit eines Christenmenschen im Glauben, die den Dienst des Christen in der Liebe in sich schliesst, als einer Teilhabe am Königs- und Priestertum Christi sprechen (WA 7,27 f.). Auch der Heidelberger Katechismus spricht von einer Teilhabe der Christen am dreifachen Amt Christi (HK Fr. 31 und 32). Im Neuen Testament wird (ausser von jüdischen Priestern) nur von Jesus Christus selbst und dann von allen Christen als Priestern gesprochen. Insofern hat die Kirche priesterlichen Charakter. Nur in diesem Zusammenhang kann vom Amt in der Kirche gesprochen werden."[35]

34 Ebda.

35 Leuenberger Texte 2: Sakrament, Amt, Ordination, Frankfurt a.M. 1995, darin „Thesen zur Übereinstimmung in der Frage ‚Amt und Ordination' zwischen den

Der Gemeinschaft aller Getauften obliegt Aufsicht und letzte Gewalt. Die konkrete Form dieser Führungsverantwortung ist allerdings Gegenstand ökumenischer Kontroversen: während der Katholizismus stärker die zeitlich und geographisch begriffene katholische Dimension der Gemeinschaft der Getauften, also die geschichtlich wirksam gewordene Kirche als Institution betont, betonen die Reformationskirchen quasi basisdemokratisch die direkte Verantwortlichkeit und Mitsprache jedes Getauften im jeweiligen Hier und Jetzt. Der Stellenwert kirchlicher Tradition wird entsprechend unterschiedlich angesetzt. Das Priestertum aller Gläubigen wird in den Reformationskirchen praktisch als Priestertum des gegenwärtigen und lokalen Kirchenvolkes verstanden.

## *B. Zweite These: Das Priestertum aller Gläubigen stellt das ordinierte Amt nicht in Frage, sondern begründet es*

Wenn wir das Priestertum aller Gläubigen also als für das Leben der Kirche grundlegend verstehen, dann muss gleichzeitig betont werden, dass damit keine Abwertung des besonderen, ordinierten Amtes begründet werden kann. Es entspricht nicht der Tradition reformierter Kirchenlehre, dass das ordinierte Amt, wie es die römische Kirche kannte, durch das Priestertum aller Gläubigen in den reformierten Kirchen abgelöst und dadurch bedeutungslos gemacht worden wäre. Vielmehr wird durch den Primat des allgemeinen Priestertums festgehalten, dass die oberste menschliche Verantwortung für die Kirche beim Kirchenvolk liegt. Aber diese Verantwortung wird in der Kirche durch die besondere Beauftragung wahrgenommen:

> „Die Verkündigung des Evangeliums und das Angebot der Heilsgemeinschaft sind der Gemeinde als Ganzer und ihren einzelnen Gliedern aufgetragen, die durch die Taufe zum Zeugnis von Christus und Dienst füreinander und für die Welt berufen sind und die durch den Glauben Anteil an Christi priesterlichem Amt der Fürbitte haben. Um der ständigen und öffentlichen Verkündigung des Evangeliums willen und zur Wahrung der rechten Lehre werden aber einzelne hierzu ausgebildete Glieder der Gemeinde besonders gewählt und ordiniert. Als Diener des Wortes sollen sie auch der Gemeinde das Wort Gottes zusagen und ihr die Sakramente reichen und so der Einheit der Gemeinde dienen und sie – zusammen mit dem mannigfaltigen Zeugnis und den verschiedenen Diensten der Gemeinde – der Welt gegenüber repräsentieren.

---

an der Leuenberger Konkordie beteiligten Kirchen (Neuendettelsau-Thesen 1982/1986)“, 3. These, S. 88 f.

> Der Dienst des Wortes ist – auch in seiner Wahrnehmung der Verkündigung, des Unterrichts und der pastoralen Fürsorge – stets auf das allgemeine Priestertum der Gemeinde angewiesen und soll ihm dienen, wie auch das allgemeine Priestertum der Gemeinde und aller Getauften auf den besonderen Dienst der Verkündigung des Wortes und der Austeilung der Sakramente angewiesen ist. Das ordinierte Amt ruht so nach reformatorischem Verständnis auf einem besonderen Auftrag Christi und steht zugleich in seinem Dienst mit der ganzen Gemeinde zusammen unter dem Wort Gottes."[36]

Einem weitgehenden ökumenischen Konsens entsprechend kennen auch die reformierten Kirchen ein spezielles, ordiniertes Amt, das sich vom allgemeinen Priestertum nicht nur im Vollzug, sondern wesenhaft unterscheidet. Das theologisch begründete *Equilibre* von Ordinierten und Nicht-Ordinierten, also das Priestertum aller Getauften und das auf einem besonderen Auftrag Christi beruhende besondere Amt, ist gewissermassen das Herzstück reformatorischer Amtstheologie. Jede Gefährdung dieser ekklesialen Ausgewogenheit nimmt in Kauf, sich aus der eigenen Tradition zu verabschieden. So wenig die Verweigerung der Mitbestimmung des ganzen Volkes Gottes dem Priestertum aller Getauften gerecht würde, so wenig nähme eine Absage an die Notwendigkeit des besonderen kirchlichen Amtes die eigene reformierte Tradition ernst. Betrachtet man zeitgenössische Verfassungstexte der reformierten Schweizer Kirchen, so scheint es an der Betonung des Priestertums aller Getauften nicht zu mangeln. Hingegen bleiben die Aussagen, welche den besonderen Auftrag des ordinierten Dienstes unterstreichen würden, auffällig verhalten. Hier besteht, im Interesse sowohl des reformierten Profils als auch einer ökumenischen Grundhaltung, Veränderungsbedarf.

## *C. Dritte These: Das ordinierte Amt ist konstitutiv für die Kirche*

Dass das ordinierte Amt auch für die reformierte Kirche konstitutiv ist, diese Feststellung ist keine Selbstverständlichkeit, wie der Blick in Schweizer Kirchenordnungen gezeigt hat. Das ordinierte Amt gründet in Christus und ist untrennbar an Wort und Sakrament gebunden, deshalb ist es für die Kirche konstitutiv. Konstitutiv heisst: es gehört zum „esse", nicht zu einem behaupteten blossen „bene esse".

> „Nach gemeinsamem reformatorischem Verständnis wird die Kirche dadurch konstituiert, dass ‚Jesus Christus in ihr in Wort und Sakrament durch den Heili-

36 Leuenberger Texte 1 (Anm. 23), (2.5.1.1) S. 32 f.

gen Geist als Herr gegenwärtig handelt' (Barmen III) und den Glauben wirkt. Zu Wort und Sakrament gehört gemäss der Einsetzung Christi ,ein Amt, das das Evangelium verkündigt und die Sakramente reicht', das ministerium verbi (CA V). Die lutherische Tradition versteht zwar dieses Amt mehr vom kirchengründenden Wort her; die reformierte Tradition sieht dagegen dieses Amt mehr als zur rechten Ordnung der Kirche gehörig an. Aus beiden Traditionen heraus sind die Kirchen, die die Leuenberger Konkordie unterzeichnet haben oder an ihr beteiligt sind, sich darin einig, dass ,das ordinierte Amt' zum Sein der Kirche gehört.

Die Kirchen, die aus der Reformation herkommen, unterstreichen gleichzeitig, dass die Aufgabe der Verkündigung und die Verantwortung für die Verkündigung des Wortes und für den rechten Gebrauch der Sakramente nicht nur dem ordinierten Amt, sondern der ganzen Gemeinde zukommt. Das ordinierte Amt allein und an sich garantiert nicht das wahre Sein der Kirche, sondern bleibt dem Worte Gottes untergeordnet."[37]

Auch diese 1994 von der damaligen Leuenberger Kirchengemeinschaft erarbeiteten Positionen betonen ein ordiniertes Amt, welches für das Leben der Kirche unverzichtbar und vom Priestertum aller Getauften grundsätzlich zu unterscheiden sei. Daran ändert auch die Tatsache nichts, dass dieses Amt nicht per se, sondern nur zusammen mit dem ganzen Volk Gottes Kirche darstellt. Beide unterstehen sie dem Wort Gottes, und beide sind sie in ihrer Verschiedenheit konstitutiv für die Kirche.

## *D. Vierte These: Das ordinierte Amt ist ein mehrdimensionales Amt am Wort Gottes: es umfasst die Verkündigung des Evangeliums in Wort und Tat*

Mit der Rede vom Wort Gottes wird eine weitere Klärung notwendig. Dass „Wort Gottes" das Evangelium von Jesus Christus bezeichnet, darüber besteht Konsens. Unvollständig bleibt aber m.E. in der reformierten Kirchenlehre (und in der reformatorischen überhaupt) dessen Konkretisierung im Rahmen des ordinierten Amtes. Ich bestreite nicht, dass der Verkündigung des Wortes im engeren Sinn, also der Predigt und der Feier der Sakramente, jene zentrale Bedeutung zukommen muss, die die Reformation des 16. Jahrhunderts wieder offengelegt hat. Im Mittelpunkt allen Kircheseins steht der Gottesdienst, und im Mittelpunkt des Gottesdienstes steht das Wort Gottes. Aber schon in der Formulierung der Confessio Augustana, wonach die Kirche die Versammlung der Heiligen sei,

37 Ebda., S. 32 (These 1, nach den sog. „Tampere-Thesen" von 1986).

„in qua evangelium pure docetur et recte administrantur sacramenta“[38], begegnet uns eine gewisse Unschärfe hinsichtlich dessen, was Wort Gottes bezeichnet. Denn die sprachliche Aufteilung in gepredigtes (genauer „gelehrtes“) Evangelium einerseits und verwaltete Sakramente andererseits kann als Engführung des Wortes Gottes missverstanden werden. Das geschieht dort, wo Wort Gottes grundsätzlich exklusiv als gepredigtes Wort Gottes, ja als Predigt allein verstanden wird. Sichtbar wird ein derartiges Verständnis etwa in weitgehend auf den Predigtteil reduzierten liturgischen Entwürfen, wie sie von ökumenischen Gesprächspartnern besonders in der reformierten Praxis wahrgenommen werden.

Solches ist eindeutig nicht die Intention der Augsburger Konfession, die hier vielmehr den untrennbaren Zusammenhang von Predigt und Sakrament betont. Aber der Grundstein zum Missverständnis ist dann gelegt, wenn Evangelium und Sakrament in einer Weise aneinander gereiht werden, als seien sie komplementär. Richtig wäre aber: nicht Evangelium und Sakrament sind komplementär, sondern Predigt und Sakrament. An diesem feinen Unterschied liegt viel. Denn wer ihn beachtet, dem eröffnet sich die Möglichkeit, vom Evangelium in verschiedenen Vollzügen zu sprechen, nämlich in der Predigt, im Sakrament und im Leben der Kirche überhaupt. Die Überzeugungskraft des Evangeliums hängt sowohl von seinem Inhalt als auch von der Glaubwürdigkeit desjenigen ab, der das Evangelium überbringt. Das gilt heute für die Kirche nicht weniger, als es damals für ihren Herrn gegolten hat. Deshalb ist die Verkündigung des Evangeliums eine ganzheitliche Verkündigung Jesu Christi, eine Verkündigung des Auferstandenen in Wort und Tat. In Anlehnung an die Formulierung in CA VII liesse sich also sagen: *die Versammlung der Heiligen ist dort, wo das Evangelium gepredigt und gefeiert und gelebt wird.* „Wort Gottes“ ist also zwar unverzichtbar auch Predigt, aber gleichzeitig immer auch mehr als verschriftlichtes und versprachlichtes Wort. Es ist vor aller menschlicher Verwendung das unverfügbare Wort des Vaters, das menschgewordene Wort gemäss Joh. 1,1: „Im Anfang war das Wort, und das Wort war bei Gott, und das Wort war Gott.“ Das Evangelium von Jesus Christus ist im Kern Jesus Christus selbst.

Welche Konsequenzen hat diese Einsicht auf die Amtstheologie? Die Antwort findet sich im Aufgabenbereich, der sich aus der Funktionsbezeichnung „Verbi Divini Minister“ ergibt. Wenn dieses verbum divinum auch, aber nicht nur gepredigtes Wort ist, dann ist der Verbi Divini Mi-

38 CA XII.

nister auch, aber eben nicht nur, Prediger. Er ist auch, aber nicht nur, Sakramentenspender bzw. -verwalter; und er ist schliesslich auch, wenn auch hoffentlich nicht nur, Gestalter des kirchlichen Alltags. Das reformierte Amtsverständnis, so wie es uns besonders bei Calvin erscheint, ist nicht auf den Dienst am *gesprochenen* Wort und auf die Verwaltung der Sakramente beschränkt. Insbesondere kirchenleitende und diakonische Funktionen werden als eigenständige, zum ordinierten Amt gehörende Dimensionen der Evangeliumsverkündigung verstanden. Das ist ein amtstheologischer „Schatz" der reformierten Tradition, den es stärker wahrzunehmen und der uns auch im ökumenischen Dialog über das ordinierte Amt neue Wege eröffnen kann[39].

## *E. Fünfte These: Grundlage des ordinierten Amtes sind die biblisch bezeugten vielfältigen Dienste; seine konkrete Gestalt erwächst aus dem Leben der ganzen Kirche*

Das ordinierte Amt gründet in den im Neuen Testament bezeugten Diensten. Als Dienst am Leib Christi ist es vielgestaltig. Biblisch bezeugt ist eine gewisse Freiheit der Gestaltung des ordinierten Amtes (insofern sich kirchliche Amtstheologie überhaupt direkt auf biblische Zeugen berufen kann).

> „Der Begriff des ‚Amtes' kommt im Neuen Testament nicht vor. Stattdessen spricht das Neue Testament vom Dienst, und zwar von einer Vielfalt von Diensten. Nach Paulus hat jeder Christ eine Gabe empfangen, um einen Dienst auszuüben. Auch innerhalb der neueren ökumenischen Diskussion ist mit Recht nachdrücklich vom Dienst der Kirche bzw. der Christen die Rede. Dienst wird hier nicht nur als Dienst innerhalb der Gemeinde, sondern auch als Dienst an der Welt verstanden. […] Die Zuordnung des von Gott eingesetzten Amtes zu den Ämtern (Diensten) der Kirche ist variabel. In welcher Weise die Kirche die mit dem einen Amt der Versöhnung gegebenen Ämter (Dienste) ordnet, ist menschlicher Verantwortung anvertraut, setzt aber immer eine vocatio externa (ordnungsgemässe Berufung) voraus. Der Bezug der Dienste auf die Welt ist in diese Verantwortung mit eingeschlossen."[40]

39 „Die reformierte Tradition spricht von Anfang an von einer Differenzierung der Dienste bzw. vom differenzierten Amt; aber auch die lutherischen Kirchen kennen de facto (besonders seit dem 19. Jahrhundert) ausser dem ordinierten Amt eine Vielfalt der Dienste.", Leuenberger Texte 2 (Anm. 35), 3. These, S. 89.

40 Ebda.

Für reformiertes Amtsverständnis ist die biblische Fundierung unerlässlich. Der Bezug des ordinierten Amtes auf die bei Paulus genannten Dienste stellt den neutestamentlichen Charakter der Ordination als Autorisation zum Dienen ins Zentrum. Weil dieser Dienst am Wort Gottes ein Dienst in je konkreten Lebensvollzügen ist, behält er hinsichtlich seiner Gestalt eine gewisse Freiheit.

> „Es besteht in der neueren Forschung und auch zwischen unseren Kirchen Übereinstimmung darin, dass es nicht möglich ist, vom Neuen Testament her nur eine einzige Gemeindeordnung und Struktur des Amtes als allein verbindlich festzulegen. Im Neuen Testament finden sich verschiedene Gemeindeordnungen; auch zeichnet sich innerhalb des Neuen Testaments eine Entwicklung ab. Dies gibt den Kirchen die Freiheit wechselseitiger Anerkennung von verschiedenen Ordnungen."[41]

## *F. Sechste These: Das Amtsverständnis ist Ausdruck des Kirchenverständnisses. Ohne Übereinstimmung darin, was die Kirche ist, gibt es keine Übereinstimmung darin, was die Ordination bedeutet*

Wir kommen zum Schluss, und damit zur These, welche den Kontext unserer Fragestellung zum Ausdruck bringt: das Kirchenverständnis. Wer über das ordinierte Amt spricht, der spricht über das Wesen der Kirche. Wie gross die Unterschiede etwa zur römisch-katholischen oder orthodoxen Amtstheologie sind, das steht in einem direkten Zusammenhang mit fundamentalen Unterschieden im Kirchenverständnis. Ein Vergleich des römisch-katholischen Priesters mit der evangelisch-reformierten Pfarrerin fördert vorläufig unüberwindbare Unterschiede zu Tage, weil es bei einem Vergleich römisch-katholischer mit evangelisch-reformierter Kirchenlehre nicht anders ist. Insbesondere in der Frage der Bedeutung der geschichtlich erfahr- und sichtbaren Kirche und ihrer sakramentalen Bedeutung besteht wenig Konsens[42]. Für eine Annäherung der beiden grossen Konfessionen in der Schweiz auf dem Gebiet der Amtstheologie müssten deshalb reformierterseits folgende Fragen neu ins Blickfeld rücken.

41 Ebda., 2. These, S. 88.

42 Vgl. dazu *Gottfried Wilhelm Locher*, Sign of the Advent. A Study in Protestant Ecclesiology, Fribourg 2004.

1. Welchen Stellenwert hat die eigene kirchliche Tradition in der reformierten Kirche?
2. Welche Bedeutung hat die vorreformatorische Tradition? Ist sie für reformierte Amtslehre grundsätzlich nicht massgeblich?
3. In welcher Hinsicht stellt in der reformierten Ekklesiologie die Kirche mehr als eine Summe reformierter Kirchgemeinden dar?
4. Wenn wir über ordinierte Ämter nachdenken, die über die Wortverkündigung im Sinne des Predigtgeschehens hinausgehen, muss dann nicht neu über die Ordination diakonischer und kirchenleitender Dienste nachgedacht werden?

Dieser Vortrag hat mit einem Zitat begonnen, in welchem hierzulande ein Hang zum Klerikalismus vermutet wird. Niemand kann sagen, ob ein solcher nicht vielleicht tatsächlich in diesem oder jenem ordinierten Kopf herumgeistert – vielleicht so diffus, wie der Klerikalismus-Vorwurf ja an sich schon ist. Hingegen scheint mir der Vergleich amtstheologischer Aussagen gegenwärtiger Verfassungstexte einerseits und der reformierten Tradition andererseits nahezulegen, dass eine klerikalisierende Überbetonung des ordinierten Amtes gegenwärtig wohl eine eher kleine Gefahr für die dem Wort Gottes verpflichtete Kirche darstellt. Im Gegenteil, es lässt sich vielmehr ein gewisser Traditionsabbruch gegenüber den Reformatoren und Texten früherer Zeiten feststellen. Was uns heute in Ordnungstexten reformierter Schweizer Kirchen an Amtstheologie begegnet, das ist stellenweise nur schwer mit unseren eigenen reformatorischen Grundlagen zu versöhnen. Das seit den Ursprüngen der Reformation hochgehaltene Prinzip des Gleichgewichts von Priestertum aller Getauften und ordiniertem Amt läuft heute Gefahr, aus dem Lot zu geraten oder sich überhaupt aufzulösen. Eine solche Entwicklung könnte nicht nur für die Zukunft der reformierten Kirche, sondern auch für deren ökumenischen Bemühungen und Hoffnungen Konsequenzen haben. Wer auch in Zukunft einer reformierten Kirche angehören möchte, in der das Priestertum aller Getauften unverzichtbar im Mittelpunkt steht, dem könnte unter den Bedingungen der Gegenwart an einem kompetenten, gut sichtbaren und mit Autorität ausgestatteten ordinierten Amt gelegen sein.

SJKR/ASDE 11 (2006), S. 33-48

# Das kirchliche Amt aus praktischer Sicht*

von Georg Vischer (Basel)

## *I. Vorbemerkungen*

Das mir gestellte Thema ist etwas verfänglich formuliert, jedenfalls für einen reformierten Theologen. Denn „das" kirchliche Amt im Singular kann eigentlich nur den Auftrag und Dienst „der" Kirche, ebenfalls im Singular bezeichnen, also die Missio der Kirche, das, wozu der Herr der Kirche seine Jünger berufen und ausgesandt hat. Sobald dieses „Amt" aber praktiziert wird, also seine praktische Ausführung zu betrachten ist, wendet es sich in den Plural, und es ist zu reden von den Tätigkeiten und Diensten, welche die Glieder der Kirche ausführen, bzw. welche die Gemeinde der Christus Nachfolgenden, der dem Herrn der Kirche Vertrauenden und Gehorchenden organisiert, um den Auftrag des Herrn, wie sie ihn verstehen, auszuführen.

Biblisch-neutestamentlich ist dann zu reden von den Diensten der Botschafter an Christi Statt, welche die Versöhnungsbitte Christi weitertragen, von den Verkündigerinnen und Verkündern des Evangeliums, von Aposteln und Propheten, von den Diakoninnen und Diakonen, welche den Liebesdienst an den Bedürftigen ausüben, weiter von denen, die den Dienst der Leitung versehen, von Lehrern, von denen, die mit der Gabe der Heilung dienen – kurz, einer ganzen Reihe von Tätigkeiten, die alle im Dienst und Auftrag der Kirche ausgeübt werden[1]. In der Folge wäre dann zu reden von den verschiedenen Gestalten, in denen sich diese Dienste im Lauf der Kirchengeschichte ausgeprägt haben.

* Coreferat zum Vortrag von Gottfried Wilhelm Locher an der 19. Tagung der Schweizerischen Vereinigung für evangelisches Kirchenrecht (SVEK) am 27. Januar 2006 in Luzern. Die Vortragsform wurde beibehalten.

1 Vgl. Römer 12, 6-8; 1 Kor 12, 28-30.

Nun wollen Sie von mir kein ekklesiologisches und wohl auch kein historisches Referat[2], sondern erwarten wohl von einem ehemaligen Pfarrer und Kirchenratspräsidenten eine Darstellung, wie ich die Dienste der Kirche in der Praxis erlebt habe. Ich tue das im Folgenden aus zwei Blickwinkeln. Einmal aus dem des Praktikers im Pfarramt, der auf eine immerhin vierzigjährige Tätigkeit als Pfarrer im Haupt- oder Nebenamt zurückblicken kann. Zum Zweiten aus der Perspektive eines Kirchenratspräsidenten, der zwölf Jahre lang für die Aufsicht über die Tätigkeit einer kleinen, städtischen Kantonalkirche verantwortlich war.

## *II. Perspektive des Praktikers im Pfarramt*

Ich erzähle Ihnen zunächst einige Erlebnisse, die mein Verständnis „des" kirchlichen Amtes prägen.

### *A. Feierliche Einsetzung*

Zu den stärksten „Erlebnissen" im Zusammenhang mit „dem kirchlichen Amt" gehören für mich die Feiern von Ordination und Installation von Pfarrerinnen und Pfarrern. Ich habe es jedes Mal, wenn ich angehende Pfarrerinnen und Pfarrer für ihren Dienst zu ordinieren oder neu gewählte Amtsträgerinnen oder Amtsträger in ihren Dienst einzuführen hatte, als etwas Aussergewöhnliches und unvergleichbar Schönes empfunden, wie da Menschen inmitten einer feiernden, singenden und betenden Gemeinde feierlich in Pflicht genommen und für ihre Aufgabe gesegnet werden. Wie viel Wohlwollen, wie viel Erwartung und Unterstützung wird da zum Ausdruck gebracht, in einer Weise, wie sie Menschen in anderen beruflichen Kontexten nie erleben. Vergleichbare Rituale finden sich anderswo nur bei Krönungsfeiern für Monarchen oder – im bürgerlichen Kontext – bei Hochzeits- allenfalls noch bei Tauf- und Konfirmationsfeiern.

Was sagt nun diese Praxis über das kirchliche Amt aus? Darauf gibt es verschiedene Antworten. Man kann in diesen Ritualen die Züge der Feudal- oder Ständegesellschaft sehen und daraus schliessen, dass unsere

2 Vgl. *Georg H. Vischer*, Apostolischer Dienst, 50 Jahre Diskussion über das kirchliche Amt in Glauben und Kirchenverfassung, Frankfurt/M. 1982; *ders.*, Art. Amt I und II in Ökumene-Lexikon, Frankfurt/M. 1983.

Gemeinden und Kirchen noch in Sozialformen der Vergangenheit leben. Man kann daraus aber auch lesen, dass hier das Bewusstsein der Kirche zum Ausdruck kommt, keine rein menschliche Veranstaltung zu sein, sondern als Kirche von dem zu leben, was ihr von Gott zukommt, und für das, was sie als Gottes Auftrag in der Welt auszurichten hat.

## *B. Repräsentanten für Gott*

Eine andere Erfahrung, die ich als Pfarrer von Anfang an gemacht habe, ist die, wie viele Menschen es nötig zu haben scheinen, sich zu rechtfertigen, sobald sie einen als Pfarrer erkennen. Da muss man sich gleich erklären lassen, warum sie selten oder nie zur Kirche gehen, welche Probleme sie mit der Kirche und mit Gott haben, wie sie aber trotzdem ihren Glauben haben und besser leben als manche Kirchenspringer, oder warum sie dem christlichen Glauben abgesagt haben. Offenkundig sehen sich viele Menschen bei der Begegnung mit einem Pfarrer oder einer Pfarrerin einer Instanz gegenübergestellt, der sie in gewisser Weise Rechenschaft schulden. Ich hatte häufig das Gefühl, dass – oft in sehr diffuser Weise – in den Menschen, die einem Pfarrer oder einer Pfarrerin begegnen, die Gottesfrage auftaucht als oft nicht einmal benennbarer Komplex von ungelösten und verdrängten Problemen mit der Grundorientierung des eigenen Lebens.

Ins Positive gewendet erlebte ich das als einen enormen Vertrauensvorschuss, den man erhält, wenn man sich als Pfarrer vorstellt. Erstaunlich rasch öffneten mir viele Menschen, die mich persönlich nicht oder kaum kannten, nicht nur ihre Türen, sondern auch ihre Herzen und vertrauten mir Dinge an, die sie gelegentlich nicht einmal mit ihren engsten Angehörigen teilten.

Besonders bei Spitalbesuchen hatte ich häufig den Eindruck, als träte mit mir – sit venia verbo – Gott ins Zimmer. Zweitrangig war, was ich fragte oder sagte, an erster Stelle stand, dass vor Gott ausgesprochen werden konnte, was Anlass zur Sorge, zur Klage oder zum Dank war. Zweitrangig war meine Zuwendung, meine Reaktion, an erster Stelle stand das, was an Zuspruch und Segen von Gott erwartet wurde, was im Gebet ihm gesagt werden konnte. Damit war ein alles entscheidender Dritter im Raum, vor dem Besuchter und Besucher standen. Das heisst nicht, dass belanglos wurde, in welcher Weise ich als Pfarrer die Treue und Zuwendung Gottes ernst nahm und zum Ausdruck brachte.

## *C. Priesterinnen und Priester*

An solchen Erfahrungen wird deutlich, dass dem Dienst des Pfarrers und der Pfarrerin etwas unverlierbar und unabweisbar „Priesterliches“ eignet. Worin aber besteht dieses?

Ist es das *Prestige* eines helfenden Berufes, das Pfarrerinnen und Pfarrer mit Ärzten, Richtern, Anwälten, Lehrern, aber auch mit Polizisten oder Postboten teilen, denen wir alle in unterschiedlichem Mass und in unterschiedlichen Lebensbereichen Vertrauen entgegenbringen? Ist es die Repräsentation einer öffentlichen Institution, die wir mit staatlichen Beamten oder Mandatsträgern teilen. Ist es der Status des Akademikers, der umso mehr ins Gewicht fällt, je weniger Exemplare dieser Gattung sich im Umfeld finden, also etwa beim Pfarrer auf dem Dorf?

Alle diese „ständischen“ Qualifikationen des Pfarrberufes haben sich in den letzten Jahrzehnten stark verändert. Durch eine erhebliche Ausweitung der Bildung in der breiteren Bevölkerung, die Erhöhung der Anforderungen an das berufliche Wissen in allen Bereichen als Folge der technologischen Entwicklungen, die dem entsprechende Verlängerung der Ausbildungszeiten, durch eine immer komplexere Arbeitsteilung, welche die Abhängigkeit der beruflichen Funktionen untereinander stark erhöht, hat sich eine gewissermassen „demokratische“ Nivellierung der Teilnehmenden am Arbeitsprozess ergeben. Alle sind Leistungserbringer und als solche grundsätzlich gleichgestellt. Wie wir beobachten können, macht diese Entwicklung, die man auch als Ökonomisierung gesellschaftlicher Beziehungen beschreiben kann, auch vor einst so respektierten Berufsständen wie denen der Ärzte oder Staatsbeamten nicht halt. Sie alle sind zu Dienstleistungsfunktionen geworden, auf deren Leistung man als Prämien- oder Steuerzahler wohlerworbenes Anrecht hat. Prestige vermittelt nicht mehr der Beruf als solcher, sondern die Stellung in einer Funktionshierarchie und das Einkommen.

Diese Entwicklung betrifft auch den Pfarrberuf. Zahlreich sind die Schriften in den letzten Jahren geworden, welche die Kirche als Dienstleistungsunternehmen im sozialen Bereich beschreiben, in der Regel als ein eher glück- und erfolgloses, dessen Produkte in der heutigen Gesellschaft immer weniger gefragt sind. Eine Identitätskrise der Pfarrerinnen und Pfarrer muss in der Folge festgestellt werden. Haben sie als Priesterinnen und Priester in der heutigen Gesellschaft ausgedient?

Nein, denn das „Priesterliche“ des kirchlichen Amtes hängt nicht an seinem gesellschaftlichen Ansehen, sondern wohl beinahe im Gegenteil daran, dass der „Priester" oder die „Priesterin" etwas vergegenwärtigt, was „nicht von dieser Welt ist", sich dem „Schema dieser Welt" nicht einpasst, dass sie oder er Unverkäufliches feilbietet und etwas andient, was als „Dienstleistung" jedenfalls keinen bezifferbaren Wert darstellt. Priester und Priesterinnen stehen für Gott. Dass sie damit zu Fremden werden in der Welt, die sich ohne Gott definiert und organisiert, das ist nichts Neues und braucht niemanden zu verwundern. (Während meines Theologiestudiums beeindruckte mich die Mitteilung eines Konfessionskundlers, in griechischen Dörfern sei der örtliche Pope jeweils so etwas wie der Dorftrottel.) Verwunderlich ist eher, wie es die Kirche in ihrer Geschichte immer wieder geschafft hat, sich der Welt anzudienen und ihrem Schema einzuordnen, sich eine scheinbare Unentbehrlichkeit einzuhandeln – um den Preis ihrer völligen Entbehrlichkeit.

Dass die Kirche trotz all der schweren Krisen, durch die sie in ihrer Geschichte gegangen ist, nie unterging, liegt einzig und allein an der Kraft, die sie immer wieder ins Leben ruft und auf den Weg bringt, der Kraft des Wortes Gottes, des vom Vater ausgehenden, in Jesus Christus inkarnierten, in unserer menschlichen Wirklichkeit offenbarten, im Geist gegenwärtigen und wirksamen Wortes oder, anders gesagt, daran, dass Gott und Menschen die Kirche als Ort der Verkündigung und des Gebets brauchen.

Das Priesterliche in der Kirche kann nur das sein, was dem Offenbarwerden, dem Hören und Tun dieses Wortes dient. Und das „Amt", das die Kirche in ihrer Mitte ordnet und das sich die Gemeinden in Akten der Ordination und der Installation so feierlich gegenüberstellen, soll ihre grundlegende Abhängigkeit vom Schöpfungs- und Versöhnungswort Gottes und ihre grundlegende Verpflichtung auf den Dienst an diesem Wort zum Ausdruck und zum Vollzug bringen.

## *D. Das Amt trägt die Person*

Ein so verstandenes Amt trägt die Person, die damit betraut wird. Wie mir ein Freund und Kollege sagte: „Was du als Privatmensch nicht machen würdest, machst und kannst du, weil du ein Amt hast." Du wirst erwartet, bist beauftragt, erhältst einen Vertrauensvorschuss, der nicht an dem hängt, was du bist oder kannst, sondern an dem, was du dir selbst schenken lassen sollst. Das Amt hilft, über den eigenen Schatten zu springen. Fulbert Steffensky soll es so ausgedrückt haben: „Man muss nicht alles selbst verantworten.“

Freilich ist diese Entlastung die Kehrseite einer Belastung. Calvin – wenn ich mich recht entsinne – hat die Handauflegung bei der Ordination in Bezug gesetzt zum Aufstützen der Hände des Opferpriesters auf das Opfertier. Da wird ein Mensch „geopfert“, Gott zur Verfügung gestellt. Etwas Menschenunmögliches wird zugemutet: Gott zur Sprache zu bringen. Wer soll das können? Hans Adam Ritter hat dieses belastend Unmögliche, anspielend auf ein Wort des jungen Karl Barth[3], in sehr sensibler Weise ausgedrückt: „Es gibt Menschen, die keine Kirche betreten, weil sie es, wie sie sagen, nicht vertragen, wenn da einer redet, als hätte er dem lieben Gott über die Achsel geblickt. Ich denke auch, dass wir in einer Art reden sollten, der man anmerkt, dass der Sprechende weiss, eigentlich sie es unmöglich über Gott zu reden. [...] Nur darf das nicht so ausgehen, dass wir uns der Aufgabe entziehen und uns davon machen. Sondern wir müssen die Niederlage annehmen, denn sie ist notwendig.“[4]

Unmöglich, aber notwendig ist der Dienst des kirchlichen Amtes. Und die Kirche tut gut daran, diesen Dienst sorgfältig zu ordnen und diejenigen, die ihn versehen, sorgfältig einzusetzen und zu begleiten. Da muss dann allerdings den schönen Installationsfeiern auch eine alltägliche Praxis des Zusammenspiels von Amt und Gemeinde folgen.

Hier wäre manches zu sagen. Meine Erfahrung war, dass in unserer Kirche noch einiges zu verbessern wäre in der Art und Weise, wie die Gemeinden diejenigen, die bei ihnen im Dienst stehen, begleiten. Als ich in meiner ersten Gemeinde meinen Dienst antrat, fragte ich die Kirchenpflege in der ersten Sitzung, wie denn der Gottesdienst bei ihnen ablaufe. Die Antwort war: „Herr Pfarrer, machen sie das nur, wie sie wollen, das wird schon recht sein.“ Das war gut gemeint, aber schlecht getan, weil damit eine gemeinsame Verantwortung auf den einen Part abgeschoben wurde. Ich habe in den Jahren, die darauf folgten, viel daran gesetzt, mei-

3 „Wir sollen als Theologen von Gott reden. Wir sind aber Menschen und können als solche nicht von Gott reden. Wir sollen Beides, unser Sollen und unser Nicht-Können, wissen und eben damit Gott die Ehre geben.“, *Karl Barth*, Das Wort Gottes als Aufgabe der Theologie, in: Das Wort Gottes und die Theologie, München 1929, S. 158.

4 *Hans Adam Ritter*, Radiobetrachtungen, Basel 1991, S. 109.

ne Kirchenpflege in ihrer Verantwortung für die Gemeinde und für meinen Dienst zu stärken[5].

Ich bin überzeugt, dass der gegenwärtigen Predigt in unserer Kirche ein grosser Schaden zugefügt wird dadurch, dass die Gemeinden häufig zu wenig Mitverantwortung dafür übernehmen und die Pfarrerinnen und Pfarrer in dieser Aufgabe allein lassen. Und das gilt nicht nur für das Predigen, sondern auch für die andern pfarramtlichen Tätigkeitsfelder wie Seelsorge und Unterricht.

Deutlich wird das gerade auch dort, wo eine gute Zusammenarbeit von Amtsträgern und Gemeinden schöne Früchte zeigen. Mein Erlebnisbericht wäre unvollständig, wenn ich nicht auch wenigstens andeutungsweise davon berichten würde, wie viel gute Erfahrungen ich in meinem Leben als Pfarrer machen durfte, wie viel an Unterstützung, an hilfreicher Kritik, an Mittragen, an weiterführendem Austausch ich von Seiten der Gemeinden erlebte, und vor allem: wie viel unverdienten Dank. Gerade an dem Dank wurde erlebbar, dass das Amt, das ich ausübte, viel mehr war als das, was ich darin zu leisten vermochte.

## *E. Gemeinde und Amt*

Ein letztes Erlebnis muss ich hier noch anbringen: Ich sehe mich noch in meinem schönen Pfarrhaus im Baselbiet am Fenster meiner Studierstube stehen, aufs Dorf hinausschauen, als mich der starke Eindruck überfiel: Das kann doch nicht mehr Jahrhunderte so bleiben, dass da ein staatlich bezahlter Religionsbeamter (das war ich damals Ende der Sechziger Jahre noch) in jedem Dorf für das kirchliche Leben sorgt. Die Zeit wird kommen, da werden diese Gemeinden aus eigener Kraft für ihr Weiterleben sorgen müssen und da werden sie sich auch keinen gut bezahlten Akademiker aus der Stadt mehr leisten können. Beeindruckt las ich damals Hans Heinrich Brunners Buch „Kirche ohne Illusionen"[6], das von der Fiktion ausging, durch eine Volksabstimmung in der Schweiz würden die Kirchen von einem Tag auf den andern ihres öffentlich-rechtlichen Status beraubt, ins Privatrecht verwiesen und gingen aller Kirchensteuer-Mittel

5 Vgl. *Georg H. Vischer*, Das „pfarrerlose Jahr" in Buus-Maisprach, in: Norbert Mette (Hg.), Wie wir Gemeinde wurden. Lernerfahrungen und Erneuerungsprozesse in der Volkskirche, München und Mainz 1982, S. 77-88.

6 *Hans Heinrich Brunner*, Kirche ohne Illusionen, Zürich 1968.

und aller staatlichen Zuschüsse verlustig. Wie sollte die Kirche da weiterleben?

Mein Bestreben war es von diesem Augenblick an, die Mündigkeit meiner Gemeinde noch energischer zu fördern und ihre Abhängigkeit vom Pfarrer zu vermindern[7].

Mittlerweile habe ich in Basel-Stadt in weit weniger dramatischer Weise und in ganz kleinen Schritten etwas Weniges von der Entwicklung erlebt, die H. H. Brunner vorwegnahm. Manches von der ererbten Kirchlichkeit bricht weg, insbesondere vermindert sich das Steuersubstrat erheblich. Pfarrstellen mussten in empfindlichem Mass reduziert werden.

Merkwürdig eigentlich, dass das bisher nicht zu einem neuen Verhältnis von Amt und Gemeinde geführt hat. Keine bisherige Restrukturierungs- und Sparmassnahme hat das altvertraute Modell infrage gestellt, nach dem das Pfarramt als zentrales kirchliches Amt fest verbunden ist mit einer möglichst beamtenrechtlich gesicherten Anstellung und dem Gehalt eines Mittelschullehrers. Pfarrstellen werden abgebaut, Gottesdienste und Seelsorgedienste reduziert, bisher ohne dass überlegt würde, wie der Verkündigungsdienst der Kirche auch mit andern Kräften als mit fest angestellten akademischen Theologinnen und Theologen ausgeführt werden könnte.

Ein Blick in die weltweite Ökumene zeigt aber, dass es genügend Mittel und Wege gäbe, liturgische, katechetische und seelsorgerliche Aufgaben bei entsprechender Ausrüstung und Begleitung auch Gemeindegliedern anzuvertrauen, die weder über eine akademisch-theologische Ausbildung verfügen noch angestellt sein müssen. Man denke bloss an den Lektorendienst in unsern deutschen Nachbarkirchen oder an den wichtigen Dienst der Katecheten in vielen afrikanischen Kirchen. Erwähnt werden kann hier auch die Praxis der Kirche von England, Menschen aus weltlichen Berufen in einer verhältnismässig kurzen Ausbildung für die Führung von Pfarrämtern auszubilden[8].

Um Missverständnissen vorzubeugen: Ich bin zutiefst überzeugt von der essentiellen Bedeutung, welche die akademische Theologie als kritische Instanz für unsere Kirchen und deren Verkündigung hat. Ebenso überzeugt bin ich aber, dass das wahrhaftige, nüchterne und vollmächtige Zeugnis des Glaubens nicht notwendig ein universitäres Theologiestudi-

7 Siehe oben Anm. 5.

8 Erinnert sei hier an ein Studienprojekt über das „tent making ministry", an dem vor Jahrzehnten beim Ökumenischen Rat in Genf gearbeitet wurde.

um voraussetzt und erst recht nicht durch ein solches sichergestellt ist. Eine der Wurzeln der Erwachsenenbildungs-Bewegung des 20. Jahrhunderts lag nach meiner Vermutung in den Erfahrungen des Kirchenkampfes, in dem neu die Bedeutung mündiger, urteilsfähiger Laien für das Zeugnis der Kirche erkannt wurde[9]. Und es lassen sich Modelle denken – und in der Ökumene auch finden –, in denen akademisch-theologisch geschulte Amtsträger andere in ihrer Tätigkeit begleiten und beraten und so dafür sorgen, dass der Auftrag der Kirche theologisch verantwortlich wahrgenommen wird.

## *III. Perspektive des leitungsverantwortlichen Kirchenratspräsidenten*

Mit den eben gemachten Bemerkungen bin ich bereits in den zweiten Teil meiner Überlegungen eingetreten, die ich aus der Sicht dessen anstelle, der zwölf Jahre lang als Kirchenratspräsident die Verantwortung der geistlichen Aufsicht (episcope) und der organisatorischen Leitung einer Kantonalkirche wahrgenommen hat, einer kleinen zwar, aber einer, die wie kaum eine andere von den gesellschaftlichen Veränderungen des 20. Jahrhunderts durchgeschüttelt wurde.

### *A. Ein Amt – verschiedene Dienste, die Ausdifferenzierung der kirchlichen Berufe*

Eine erste Beobachtung: *Das* kirchliche Amt als das alles bestimmende Pfarramt gibt es schon längst nicht mehr. Wohl gibt es einen Grundauftrag der Kirche und damit einen grundlegenden Dienst: die Verkündigung des Evangeliums. Und es gibt, weil diese Verkündigung sich auf das in der Schrift geoffenbarte Wort Gottes stützt, einen Vorrang des „Dienstes am göttlichen Wort“ der sorgfältig ausgebildeten Theologen, zumindest in den Kirchen der Reformation. Aber der praktische Dienst, durch den die Kirche das Wort der Versöhnung ausrichtet, ist nicht uniform, sondern vielgestaltig.

9 Auch der Deutsche Evangelische Kirchentag wuchs aus einer Laienbewegung heraus.

Er wird in der gegenwärtigen Realität meiner Kirche wahrgenommen durch die Gemeindepfarrerinnen und -pfarrer, die Seelsorgerinnen und Seelsorger in den Institutionen, die Religionslehrerinnen und Religionslehrer, die in der Erwachsenenbildung tätigen Theologen, Pädagoginnen oder Leute anderer Fachrichtungen, die sozialdiakonischen Mitarbeitenden, die Sigristen und Sigristinnen, neuerdings auch Gastgeberinnen genannt, sowie durch die theologisch Lehrenden, Forschenden und Publizierenden, die oft nicht im Sold der Kirche stehen.

Vor allem in der zweiten Hälfte des 20. Jahrhunderts hat sich eine zunehmende Ausdifferenzierung und professionelle Profilierung kirchlicher Tätigkeiten ergeben. Längst vergangen ist die Zeit, in der eine „Gemeindehelferin" für den Pfarrer Botengänge machte und Büroarbeiten erledigte. Heute stehen die Pfarrerinnen und Pfarrer in ihren Gemeinden Mitarbeiterinnen und Mitarbeitern gegenüber, die in ihrem Arbeitsgebiet über eine professionelle Schulung verfügen, die den Kenntnissen der Theologen weit überlegen ist. Dies gilt nicht nur für sozialdiakonisch und religionspädagogisch Tätige, sondern auch für die in Gebäude- und Reinigungstechnik wie in Fragen der Gastwirtschaft geschulten Sigristen oder Hauswarte. Zusammenarbeit ist angesagt und diese erfordert, dass die Zuständigkeiten gegenseitig abgesprochen und respektiert werden.

## *B. Das leidige Stichwort „Führung"*

Dadurch wächst der Führungsbedarf. Die verschiedenen Verantwortungsbereiche in der Gemeinde müssen gegeneinander abgegrenzt bzw. einander zugeordnet, Aufträge, Verantwortungen und Zuständigkeiten müssen geklärt, Entscheidungsprozesse gesteuert werden. Mitarbeitende müssen in ihrer Arbeit gesehen und begleitet werden. Konflikte erfordern eine Schlichtungsinstanz.

Was ich jetzt organisationslogisch ausgedrückt habe, lässt sich auch biblisch sagen: Die Gemeinde Jesu Christi (wie übrigens auch das Volk Israel unter Mose, als es aus Ägypten auszog, vgl. Exodus 18, 13-27) braucht Organisationsstrukturen, braucht Personen, welche die Fähigkeit und den Auftrag haben, die Gemeinschaft zu leiten und Konflikte zu schlichten. Das setzt Paulus voraus, wenn er Römer 12,8 sagt: *Steht jemand der Gemeinde vor, so sei er sorgfältig* (ὁ προϊστάμενος ἐν σπουδῇ.) und wenn er 1 Kor 12, 18 von der Gabe der Leitung spricht (χάρισμα κυβερνήσεις) und diese Gabe von andern wie den Aufgaben der Apostel, Propheten, Lehrern und Diakonen abgrenzt.

Die Aufgabe der Leitung ist ein besonderer Dienst an der Gemeinschaft, der nicht in eins fällt mit dem Dienst der Verkündigung, der Lehre und der Seelsorge. Sie ist deshalb auch nicht notwendig mit dem Pfarramt verknüpft.

Natürlich ist es möglich, dass in kleinen Gemeinden, in denen der Pfarrer oder die Pfarrerin die einzige angestellt Kraft ist und die Kirchenvorsteherschaft über wenig Kenntnisse und Erfahrungen in der Führung einer Organisation verfügt, die Pfarrperson das Faktotum ist, das im eigentlichen Sinn des Wortes „fac totum!" den ganzen Laden schmeisst. In grösseren Gemeinden in urbanen Verhältnissen, in denen nicht bloss mehrere Mitarbeiter beschäftigt werden, sondern meistens auch mehrere Pfarrpersonen nebeneinander wirken, die in aller Regel untereinander kein Unterstellungsverhältnis dulden würden, braucht es eine vorgesetzte Instanz, die gegenüber dem gesamten Team der Mitarbeitenden die Führungsverantwortung wahrnimmt.

Diese Instanz kann keine andere sein als der Kirchenvorstand (Kirchenpflege, Kirchgemeinderat, Presbyterium) der Gemeinde. Denn dieser ist das legitime Leitungsorgan der Körperschaft, welche alle Mitarbeitenden berufen und angestellt hat.

## *C. Erschwerung der Führbarkeit kirchlicher Amtsträger*

Nun ist das allerdings in der Praxis der schweizerischen Kirchen in aller Regel nicht so klar, wie es sein müsste. Dafür gibt es verschiedene Gründe. Ich nenne einige, die ich erlebt habe:

a) In den meisten Kirchen sind die Pfarrerinnen und Pfarrer von Amtes wegen Mitglieder des Leitungsgremiums. Dies hat seinen guten Sinn, denn eine Kirche, die sich als „Geschöpf des Wortes Gottes" bekennt und sich in allem, was sie tut, von Gottes Wort leiten lassen will, kann auf den verbindlichen Rat der „Dienerinnen und Diener am Wort" in ihrem Leitungsgremium, und zwar bei allen Geschäften, die dieses verantwortet, nicht verzichten.

Sind die Pfarrerinnen und Pfarrer aber mit gutem Grund Mitglieder des Leitungsgremiums und zudem diejenigen, von denen die entscheidenden richtungweisenden Beiträge erwartet werden, wie sollten sie diesem Gremium dann gleichzeitig unterstellt sein können?

b) Die Leitungsgremien in der Kirche bestehen aus Laien, die ihre Funktion ehrenamtlich in ihrer Freizeit ausüben und zeitlich befristet. Die Erfahrung der letzten Jahrzehnte ist, dass die Dauer der Mitarbeit in Gremien abnimmt. So wechselt die Zusammensetzung dieser Gremien verhältnismässig rasch und stark. Gelegentlich ist auch die Bereitschaft, einschneidende Beschlüsse zu fassen und durchzuziehen, eher gering.

Dagegen verbringen die angestellten Mitarbeiterinnen und Mitarbeiter, insbesondere die Pfarrerinnen und Pfarrer ihre gesamte Arbeitszeit im „Betrieb" der Kirchgemeinde und erleben während ihrer Amtszeit meist mehrere wechselnde Vorsteherschaften. Sie haben deshalb diesen gegenüber einen enormen Vorsprung an Wissen und Erfahrung im kirchlichen Bereich. Wie sollen sie der Kirchenvorsteherschaft die Kompetenz zutrauen, sie in ihrer Arbeit zu führen?

c) Bei der Kerngemeinde geniessen die Pfarrerinnen und Pfarrer grosse Autorität. Sie werden erlebt als Leitende im Gottesdienst, als Seelsorgende in schwierigen Lebenssituationen, als Lehrende im Konfirmandenunterricht, als Conferenciers bei Gemeindeanlässen. Die eher randständigen Kirchenmitglieder identifizieren ohnehin die Kirche mit den Pfarrpersonen. Aus der Perspektive der Gemeindeglieder werden deshalb die Pfarrer und Pfarrerinnen als die leitenden Figuren gesehen und für das Leben der Kirchgemeinde verantwortlich gemacht. Wie sollten sie diese Verantwortung an die Kirchenvorsteherschaft weiter schieben?

d) In der Verfassung meiner Baselstädtischen Kirche sind die Pfarrer der Aufsicht des Kirchenrates, also der Leitungsbehörde der Kantonalkirche unterstellt. Ihm als der Instanz, welche die Pfarrerinnen und Pfarrer durch die Ordination zum Dienst befähigt, steht auch zu, zu beurteilen, ob sie ihr Amt entsprechend den Bedingungen ihrer Befähigung ausüben. Meine Kolleginnen und Kollegen haben das immer wieder zum Anlass genommen, gegen eine Unterstellung unter die Vorsteherschaft der Gemeinde zu protestieren.

e) Im Bestreben, dem „Dienst am Worte Gottes", dessen Aufgabe es ist, die Wahrheit Gottes zu verkünden ohne Rücksicht darauf, ob sie der Gemeinde süss klingt oder sauer, eine möglichst grosse Unabhängigkeit von den Stimmungen und Meinungen in der Gemeinde zu sichern, werden Pfarrerinnen und Pfarrer in den meisten Kirchen von der Gesamtgemeinde gewählt und können auch nur mit verhältnismässig aufwendigen Verfahren wieder von der Gesamtgemeinde abgewählt werden.

Wie soll eine Kirchenvorsteherschaft eine Führungsverantwortung gegenüber Personen wahrnehmen, deren Anstellung sie im Konfliktfall nicht in Frage stellen kann?

## *D. Plädoyer für die Führungsverantwortung der Kirchenvorsteherschaften*

Trotz all dieser genannten Umstände, welche die Führung kirchlicher Mitarbeitender und insbesondere der Pfarrerinnen und Pfarrer durch die Kirchenvorsteherschaften erschweren, plädiere ich dafür, daran grundsätzlich festzuhalten und alle Voraussetzungen dafür zu schaffen, dass die real existierenden (nicht idealen!) Vorsteherschaften diese Verantwortung wahrnehmen können.

Führung heisst für mich ein System der Zusammenarbeit entwickeln und erhalten und umfasst folgende Verantwortungsbereiche:

- Mit einer gegebenen Organisation aufgrund gegebener Voraussetzungen und Bedingungen die Zielsetzungen und die nötigen Wege und Schritte auf das Ziel zu so zu erarbeiten und zu formulieren, dass alle Beteiligten ihren Beitrag dazu in erstrebenswerter Weise leisten können;
- mit den einzelnen Beteiligten ihren Beitrag zu den gemeinsamen Zielen (Auftrag, Verantwortung, Zuständigkeiten) zu vereinbaren und regelmässig zu überprüfen;
- dafür zu sorgen, dass die einzelnen Beteiligten ihre Zusammenarbeit absprechen, untereinander Feed-back organisieren und Schnittstellen klären;
- bei Konflikten als Schlichtungsstelle wirken.

Führung heisst nicht: andere herumkommandieren und besser wissen oder können, was sie zu tun haben und wie sie es tun. Das sage ich ausdrücklich, weil ich in der Kirche häufig einem autoritär-willkürlichen Führungsverständnis begegnet bin, das sich auf das Weisungsrecht reduzierte: Wer darf wem sagen, was er oder sie zu tun hat und wie sie oder er es gefälligst tun soll.

Verstehen wir Führung aber als Sorge um das gute und harmonische Zusammenwirken mündiger und fähiger Menschen, so sieht die Sache anders aus. Da kann eine Pfarrperson ihre geistliche Leitungsverantwortung wahrnehmen, indem sie dem Kirchenvorstand darlegt, wie nach ihrem Verständnis der heiligen Schrift die Gemeinde diesen oder jenen

Punkt im Vertrauen und Gehorsam gegenüber Gott zu ordnen oder diesen oder jenen Schritt zu vollziehen habe, und gleichzeitig dem selben Kirchenvorstand Rechenschaft über seine Tätigkeit, die Verwendung seiner Arbeitszeit, die Zielsetzung in seinen verschiedenen Arbeitsgebieten ablegen. Da kann eine Pfarrerin oder ein Pfarrer als Seelsorger Führungsverantwortung gegenüber Gemeindegliedern wahrnehmen und mit ihnen ihre Zielsetzungen und nächste Schritte auf ihrem Glaubensweg klären; und derselbe Pfarrer oder die Pfarrerin kann im Konfliktfall im Kollegenkreis den Schlichtungsdienst des Vorstandspräsidiums in Anspruch nehmen.

Jedem seine Verantwortung und damit auch seine Zuständigkeit an seinem Ort. Das heisst für mich geschwisterlich Kirche sein und erscheint mir auch als geeignetes Organisationsmodell in einer Kirche, die auf die gute, innovative und hingebungsvolle Mitarbeit von Menschen mit unterschiedlichen Fähigkeiten und Erfahrungen angewiesen ist.

Das Gegenüber von ehrenamtlichen Leitungsgremien und professionellen Mitarbeitenden gestaltet sich im Übrigen nach meiner Erfahrung am besten dort, wo die letzteren in einem strukturierten Team zusammengefasst werden, das sich selbst konstituiert und die Aufgabe der Koordination der professionellen Arbeit sowie der Beratung der Kirchenvorsteherschaft hat. Dieses Team kann als Kollektiv durch eine Delegation in der Vorsteherschaft mit beratender Stimme vertreten sein. Die Vorsteherschaft kann ihm Gegenstände zur Vorberatung und Antragstellung zuweisen. Es kann auch aus eigener Initiative Anträge an die Vorsteherschaft stellen. Eine solche Struktur stellt sicher, dass alle Mitarbeitenden stufengerecht informiert werden und gleichwertige Mitsprache haben.

## *E. Das kirchliche Amt als privilegierte Anstellungsform?*

Ich habe oben bereits erwähnt, dass zur Sicherung der Unabhängigkeit des Verkündigungsdienstes in unserer Baselstädtischen Kirche, wie in vielen anderen Kantonalkirchen, Anstellung und Entlassung der Pfarrerinnen und Pfarrer dem Entscheid der Gesamtgemeinde unterstellt sind. Die Rechtsform der Beamtung, nach der Inhaber öffentlicher Ämter für feste Wahlperioden gewählt und danach durch eine Wiederwahl (öffentlich oder still) jeweils für weitere Perioden bestätigt werden, ist zudem Bestandteil des staatskirchlichen Erbes unserer Kirchen. In den staatlichen Organisationen gilt diese Art von Anstellungsverhältnis allerdings zunehmend als veraltet. Sie wird auch als ungerechtfertigte Privilegierung gewisser Angestelltenkategorien im öffentlichen Dienst empfunden und im Zuge der Flexibilisierung der Verwaltungen abgebaut.

Auch die Baselstädtische Kirche empfindet in ihrer gegenwärtigen Situation den Beamtenstatus, der ein Abwahlverfahren erfordert, wenn das Anstellungsverhältnis mit einem Pfarrer oder einer Pfarrerin von Seiten der Arbeitgeberin aufgelöst werden sollte, als untauglich und hinderlich.

Zum Ersten wird dort, wo die Unzufriedenheit mit dem Verhalten oder der Leistung eines Pfarrers den Kirchenvorstand zur Einsicht führt, ein Anstellungsverhältnis sei aufzulösen, der in solchen Fällen bestehende Konflikt durch ein öffentliches Verfahren angeheizt und der Schaden vergrössert. Eine Kirchgemeindeversammlung ist schlicht überfordert, wenn sie die Abwahl bzw. die Nichtwiederwahl eines Pfarrers beschliessen soll, und zwar gerade wegen der Ausnahmestellung der Pfarrer durch die Verkündigung und Seelsorge.

Wichtiger aber ist, dass eine Kirche wie diejenige von Basel-Stadt vor die Notwenigkeit gestellt ist, ihre personellen Ressourcen aufgrund der sich verknappenden Mittel möglichst flexibel einsetzen zu können. Gerade wenn man eine menschliche Personalplanung mit Rücksicht auf die Fähigkeiten und Bedürfnisse der Mitarbeitenden und mit höchstmöglicher Anstellungssicherheit verwirklichen will, muss es möglich sein, Mitarbeitende zu versetzen oder ihre Tätigkeitsgebiete zu verändern. Andererseits ist es Tatsache, dass Pfarrerinnen und Pfarrer (und zwar sowohl in Gemeinden wie in kantonalkirchlichen Ämtern) ein verantwortungsvolles Amt innehaben, das einen hohen Identifikationsgrad mit der Kirche voraussetzt, und nicht nur eine wenig verbindliche Anstellung. Diskutiert wird nun, dem lediglich noch dadurch Rechnung zu tragen, dass sie von der Gesamtgemeinde gewählt und nicht einfach angestellt werden und einer besonderen Amtsverantwortung mit speziellem Disziplinarrecht unterstehen, jedoch kündbar sind, freilich von einer besonders langen Kündigungsfrist von 12 Monate profitieren. Dass mit der Kündigungsmöglichkeit ein gewisser Druck zur ordentlichen Amtausübung verbunden ist, ist auch für „Dienerinnen und Diener des Wortes“ nicht von Schaden. Eine „hire and fire“-Mentalität muss damit noch keineswegs verbunden sein.

## *IV. Schluss*

Unsere reformieren „Landeskirchen“ sind Gebilde mit einer jahrhundertealten Tradition und werden auch als Hüterinnen der Tradition angesehen. Seit einiger Zeit befinden sie sich aber inmitten einer Gesellschaft des atemberaubend raschen sozialen Wandels. Die Sozialgestalt der Kirche war immer abhängig von den Ordnungsvorstellungen der Gesellschaft, in der sie sich zum Dienst berufen wusste. Manches Tradierte an der Gestalt unserer Kirche ist deshalb nicht mehr funktionsfähig und muss verändert werden. Wir tun gut daran, genau zu prüfen, was zu derjenigen Tradition gehört, von der die Kirche lebt und die sie nicht aufgeben kann, ohne sich selbst aufzugeben, und was tradiertes Gut ist, das veraltet und nur mit Schaden von der Kirche weiter mitgeschleppt wird. Diese Unterscheidung ist nicht zuletzt auch bei den Attributen des kirchlichen Amtes wichtig.

SJKR/ASDE 11 (2006), S. 49-69

# Die Zürcher Kirchenordnungen von 1905 und 1967 und ihre Bedeutung für die Praktische Theologie*

von Cla Reto Famos (Zürich)

## *I. Einführung*

Die Frage nach der Bedeutung der Zürcher Kirchenordnungen (KO) von 1967 und ihrer Vorgängerin von 1905 für die Praktische Theologie verbindet eine historische Betrachtung mit einem aktuellen Bezug. Die KO von 1905 wurde von der KO 1967 abgelöst. Diese wiederum steht noch in Geltung, wurde aber in den letzten Jahrzehnten stark überarbeitet. Und seit einigen Jahren werden Vorarbeiten für eine Totalrevision geleistet[1]. Wegen der Verwerfung der kantonalen Kirchenvorlagen im Jahre 2003[2] sind diese Vorbereitungen sistiert worden. Stattdessen wurde eine Teilrevision in Angriff genommen, welche am 1. September 2006 in Kraft trat[3].

* Überarbeitete Fassung der am 29. April 2005 gehaltenen Probevorlesung zur Erlangung der venia legendi vor der Theologischen Fakultät der Universität Zürich.

1 Siehe *Alfred Frühauf*, Die Kirchenordnung 2006 – das Projekt, Akzente, in: Ingolf U. Dalferth/Cla Reto Famos (Hg.), Das Recht der Kirche. Zur Revision der Zürcher Kirchenordnung, Zürich 2004, S. 163 ff. Zur gesamtschweizerischen Perspektive siehe *Dieter Kraus*, Revisionen reformierter Kirchenverfassungen und Kirchenordnungen in der Schweiz – Themen und Tendenzen, ebda., S. 27 ff.

2 Am 30. November 2003 stimmte das Zürcher Stimmvolk über drei Vorlagen zur Neuregelung des Verhältnisses zwischen Kirchen und Staat ab: Die Änderung der Kirchenartikel der Kantonsverfassung (in erster Linie Art. 64 aKV), eine Kirchengesetzvorlage und ein Anerkennungsgesetz. Alle drei Vorlagen wurden abgelehnt.

3 Der Vernehmlassungsentwurf zur Änderung der Kirchenordnung wurde vom Kirchenrat am 2. Februar 2005 verabschiedet. Dieser geht auf einen Auftrag der Synode zurück, den diese aufgrund des Antrags und Berichts des Kirchenrates vom 21. September 2004 erteilt hatte. Vgl. Protokoll der Evangelisch-reformierten Kirchensynode des Kantons Zürich, 31. Amtsdauer, 3. Sitzung vom 30. März 2004, S. 17-30 und Anhang. Die Teilrevision umfasst die Bereiche: Mitglied-

Nach Annahme der neuen Kantonsverfassung 2005 wurde ein Entwurf für ein neues Kirchengesetz vom Regierungsrat am 31. Mai 2006 verabschiedet. Die Beratungen im Kantonsrat werden voraussichtlich im Frühling 2007 stattfinden. Bei Annahme des neuen Kirchengesetzes wird eine Totalrevision der KO notwendig. Insofern mag ein Blick zurück durchaus zukunftsträchtig sein.

An anderer Stelle habe ich mich mit der Frage auseinandergesetzt, welche Anforderungen aus praktisch-theologischer Perspektive an eine Kirchenordnung zu stellen sind[4]: Das Kirchenrecht hat von der Theologie her betrachtet die Aufgabe, Regeln des guten Zusammenlebens in der Kirche zu entwickeln. Es muss einen formellen Prozess der Adaption des Evangeliums an gesellschaftliche Veränderungen gewährleisten, mit seinen Mitteln einen Beitrag zum Ausgleich von Einheit und Freiheit leisten und die Voraussetzungen für gelingende Innovation schaffen. Dabei ist das Kirchenrecht nicht Selbstzweck, sondern hat die Aufgabe, das Leben der Kirche so zu regeln, dass sie ihrer Sendung gerecht werden kann, Kirchenrecht hat also für die Theologie sozusagen die Funktion des praktischen Hausbaus.

Hier möchte ich nun in die andere Richtung fragen, welche Bedeutung eine Kirchenordnung für die Praktische Theologie haben kann. Gibt es neben den Forderungen der Theologie, welche das Kirchenrecht zu erfüllen hat, auch Anregungen, Anfragen, Herausforderungen oder vielleicht sogar Aufgaben des Kirchenrechts an die Theologie?

Die Beantwortung dieser Fragen soll über den Weg der Wahrnehmung der kirchenrechtlichen Entwicklungen des evangelischen Zürichs im 20. Jahrhunderts angegangen werden. Daraus lassen sich exemplarische Aspekte der Entwicklung der praktisch-theologischen Diskussion beleuchten.

Zwischen dem Kirchenrecht und der Praktischen Theologie gibt es eine starke Kommunikation und Interdependenz: Kirchenrecht bildet Entwicklungen der Praktischen Theologie ab und ist daher für Vergangenheit und

---

schaft, Gemeindeleitung, Religionspädagogisches Handeln, landeskirchliches Personalrecht, Finanzen der Landeskirche und ein neu zu schaffender Finanzausgleich, gesamtkirchliche Dienste und gewisse kirchlich mitverantwortete Bildungsinstitutionen.

4 *Cla Reto Famos*, Anforderungen an eine Kirchenordnung aus praktisch-theologischer Perspektive, in: Ingolf U. Dalferth/Cla Reto Famos (Hg.), Das Recht der Kirche. Zur Revision der Zürcher Kirchenordnung, Zürich 2004, S. 209 ff.

Gegenwart ein wichtiges Spiegelbild. Praktische Theologie ihrerseits übernimmt Impulse von Seiten des Kirchenrechts, insbesondere dient das Kirchenrecht massgeblich zur Perpetuierung von einmal eingerichteten Verhältnissen und Strukturen. Das Übertragen theologischer Erkenntnisse in juristische Systematik ist ein eigenständiger, komplexer Prozess, der seinerseits wieder auf die theologische Diskussion zurückstrahlt.

Die Entwicklungen des evangelischen Kirchenrechts und des Staatskirchenrechts sind in der Schweiz vielfältig untersucht worden. Oft liegt der Schwerpunkt auf den Fragen nach dem Verhältnis von Kirche und Staat sowie nach dem Wesen und Aufbau der Kirche. Heute möchte ich darüber hinaus der Frage nachgehen, welche Anregungen für praktisch-theologisches Forschen in kirchenrechtlichen Texten zu erheben sind.

Dazu ist in einem ersten Schritt die Entwicklung darzustellen, welche zu den beiden kirchenrechtlichen Erlassen führte und sie in Aufbau und Ausrichtung prägte. Anschliessend werde ich an ausgewählten Punkten Beobachtungen aus praktisch-theologischer Perspektive machen, um schliesslich in einigen Thesen die Bedeutung der beiden Kirchenordnungen als kirchenrechtliche Texte für die Praktische Theologie herauszuarbeiten.

## *II. Die Kirchenordnung von 1905*

In der Zürcher Kirche blickt man auf eine lange und reiche Geschichte der Kirchenordnung zurück, angefangen mit der „Restitution und Verbesserung" von 1532[5]. Die KO 1905 markiert aber insofern eine Zäsur, als sie als die erste autonom und demokratisch verfasste innerkirchliche Ordnung der evangelischen Landeskirche des Kantons Zürich bezeichnet werden kann. Sie bedeutet damit einen wichtigen Schritt auf dem Werdegang der Zürcher Landeskirche, der in rechtlicher Hinsicht von Eduard Rübel als ein Herauswachsen aus dem zürcherischen Staat[6] und von Walter Hildebrandt als eine langsame Entwicklung ihrer autonomen Kirchen-

5 *Emil Egli*, Actensammlung zur Geschichte der Zürcher Reformation in den Jahren 1519-1533, Zürich 1879 (Nachdruck 1973), Nr. 1899, S. 825-837. Vgl. *Emidio Campi*, Bullingers Rechts- und Staatsdenken, in: EvTh 64/2004, S. 123-126.

6 *Eduard Rübel*, Kirchengesetz und Kirchenordnung der Zürcher Landeskirche, 2. Aufl. Zürich 1983, S. 3.

gewalt[7] bezeichnet worden ist[8]. Die folgende tabellarische Darstellung versucht diesen Vorgang zu verdeutlichen.

| **Kantonales Gesetz** | **Kirchenordnung** |
|---|---|
| Gesetz betreffend die Organisation des Kirchenwesens des Kantons Zürich vom 2. Juni 1803 | |
| Gesetz über die Organisation des Kirchenwesens des Kantons Zürich vom 29. Oktober 1831 | |
| Gesetz betreffend das Kirchenwesen des Kantons Zürich vom 20. August 1861 | |
| Gesetz betreffend die Kirchensynode sowie die Wahlart und Zusammensetzung des Kirchenrates vom 3. November 1895 | |
| Gesetz betreffend die Organisation der evangelischen Landeskirche des Kantons Zürich vom 26. Oktober 1902 | Kirchenordnung für die evangelische Landeskirche des Kantons Zürich vom 13. Februar 1905 |
| Gesetz über die evangelisch-reformierte Landeskirche vom 7. Juli 1963 | Kirchenordnung der evangelisch-reformierten Landeskirche des Kantons Zürich vom 2. Juli 1967 |

Im Gesetz betreffend die Organisation des Kirchenwesens des Kantons Zürich vom 2. Juni 1803 finden sich die ersten Ansätze einer eigenen kirchlichen Organisation, indem die Oberaufsicht über das Kirchenwesen dem Kirchenrat als einem besonderen staatliches Organ übertragen wurde. Allerdings hatte die Synode noch keinerlei Rechtssetzungsbefugnisse.

7 *Walter Hildebrandt*, Die autonome Kirchengewalt. Untersuchungen zur Kenntnis der evangelisch-reformierten Landeskirchen mit besonderer Darstellung der neuern Entwicklung im Stande Zürich, Zürich 1928.

8 Vgl. zum Weiteren: *Johann Caspar Bluntschli*, Zur Geschichte der reformierten Kirchenverfassung, Tübingen 1842; *Gotthard Schmid*, Die evangelisch-reformierte Landeskirche des Kantons Zürich. Eine Kirchenkunde für unsere Gemeindeglieder, Zürich 1954. Siehe insbesondere zum historischen Werden der kirchlichen Institutionen: *Wilhelm Baltischweiler*, Die Institutionen der evangelisch-reformierten Landeskirche des Kantons Zürich in ihrer geschichtlichen Entwicklung, Zürich 1904.

In der Restauration blieben diese kirchlichen Verhältnisse nahezu unverändert. Erst mit der Staatsverfassung vom 20. März 1831 und dem darauf gestützt erlassenen Gesetz über die Organisation des Kirchenwesens des Kantons Zürich vom 29. Oktober 1831 erhielt die Synode die Befugnis, über rein kirchliche Gegenstände zu beschliessen. Grundlegend dazu war die Unterscheidung von res interna und externa[9]. Zu den innerkirchlichen Angelegenheiten gehörten u.a. Kultus, Religionsunterricht und Seelsorge. Nach wie vor lag die formale Rechtsetzungskompetenz beim Grossen Rat (kantonale Legislative), die Beschlüsse der Synode hatten lediglich die Form bindender Anträge. Das Gesetz betreffend das Kirchenwesen des Kantons Zürich vom 20. August 1861[10] brachte in dieser Hinsicht einen gewissen Rückschritt, indem der Grosse Rat sich im Selbstbewusstsein als besser legitimierte Volksvertreter einen Teil der innerkirchlichen Kompetenz von der Synode aneignete und sich inhaltlich den endgültigen Entscheid vorbehielt. Schon 1869 brachte dann die neue Kantonsverfassung in Art. 63 die Autonomie der Landeskirche im Bereich des Kultus, während der Staat sich auf die Oberaufsicht zu beschränken und ein Organisationsgesetz zu erlassen hatte. Der Erlass dieses Kirchengesetzes zog sich allerdings über Jahrzehnte hin. 1895 brachte das Gesetz betreffend die Kirchensynode[11] den entscheidenden Wechsel von der reinen Geistlichensynode zur gemischten Synode. Die Synode wurde kirchliche Volksvertretung und erhielt nun eindeutig die Kompetenz zur Ordnung der rein kirchlichen Gegenstände. Die Landeskirche erhielt eine gewisse Autonomie, d.h. das Recht, innerhalb der Schranken des staatlichen Rechtes die kirchlichen Angelegenheiten selbständig zu ordnen. § 3 Abs. 2 des Kirchengesetzes von 1902 gab der Synode den Auftrag zum Erlass einer Kirchenordnung, welche dem Regierungsrat zur Prüfung der Verfassungs- und Gesetzmässigkeit vorzulegen sei. Während dem Gesetz betreffend das Kirchenwesen von 1861 lediglich eine Reihe von Verord-

9 Allerdings ist die Unterscheidung zwischen inneren und äussern Angelegenheiten wesentlich älter. Sie erscheint schon in der Ordnung von 1532, wo die Synode explizit auf die Regelung all dessen verzichtet, was „nit betrifft die leer und das leben der prädicanten oder darus erwachsen, sunder üsserlich und hierin nit vergriffen ist“. *E. Egli*, Actensammlung (Anm. 5), S. 837.

10 Abgedruckt in: Das Reformirte Kirchenwesen des Kantons Zürich. Zusammenstellung der zur Zeit in Kraft stehenden Verfassungsbestimmungen, Gesetze und Verordnungen, Zürich 1888, S. 47 ff.

11 Gesetz betreffend die Kirchensynode sowie die Wahlart und Zusammensetzung des Kirchenrates.

nungen betreffend das Kirchenwesen folgten, präzisierte nun neu die von der Kirchensynode am 13. Februar 1905 erlassene Kirchenordnung als (relativ) autonomes kirchliches Recht die innere Gestalt der evangelischen Landeskirche – der allerdings immer noch keine Rechtspersönlichkeit zukam. Zudem lehnt sich die KO 1905 – wie ein Blick auf das Inhaltsverzeichnis zeigt – fast vollständig an das Kirchengesetz von 1902 an und geht lediglich im Bereich der Pfarramtsführung wesentlich über dessen Aussagen hinaus. Damit liegt die KO 1905 noch durchaus in der Tradition der Prädikantenordnungen des 16. Jahrhunderts (siehe Anm. 10).

| **Kirchengesetz 1902** | **Kirchenordnung 1905** |
|---|---|
| *Erster Abschnitt:*<br>Allgemeine Bestimmungen | *Erster Abschnitt:*<br>Allgemeine Bestimmungen |
| *Zweiter Abschnitt:*<br>Kirchliche Gemeindeorganisation:<br>1. Kirchgemeinden<br>2. Französische Kirche | *Zweiter Abschnitt:*<br>Kirchliche Gemeindeorganisation:<br>1. Die Kirchgemeinde<br>2. Die französische Kirchengemeinschaft |
| *Dritter Abschnitt:*<br>Kirchliche Behörden<br>A. Gemeindekirchenpflege<br>B. Bezirkskirchenpflege<br>C. Kantonale Behörden:<br>1. Die Synode<br>2. Der Kirchenrat | *Dritter Abschnitt:*<br>Kirchliche Behörden<br>A. Gemeindekirchenpflege<br>B. Bezirkskirchenpflege<br>C. Kant. Kirchenbehörden:<br>1. Die Synode<br>2. Der Kirchenrat |
| *Vierter Abschnitt:*<br>Die Geistlichen | *Vierter Abschnitt:*<br>Die Geistlichen:<br>1. Allgemeine Bestimmungen<br>2. Die Amtsverrichtungen der Geistlichen |
| *Fünfter Abschnitt:*<br>Übergangsbestimmungen | *Fünfter Abschnitt:*<br>Übergangsbestimmungen |

In der Einschätzung Eduard Rübels war die KO 1905 denn auch „weitgehend Ausführungsverordnung zum Kirchengesetz“[12]. Es handelt sich ins-

12 *E. Rübel*, Kirchengesetz und Kirchenordnung (Anm. 6), S. 60.

gesamt um einen kirchlichen Erlass, welcher sich sowohl in Strukturfragen als auch inhaltlich markant durch den herrschenden politischen und theologischen Liberalismus geprägt zeigt.

## *III. Die Kirchenordnung von 1967*

Auch die KO von 1967 folgt zeitlich im Abstand von wenigen Jahren auf den Erlass eines staatlichen Kirchengesetzes[13]. Dem Gesetz über die evangelisch-reformierte Landeskirche des Kantons Zürich vom 7. Juli 1963 geht eine längere Entstehungsgeschichte voraus[14]. Seit den zwanziger Jahren wurde die fehlende Rechtspersönlichkeit der evangelischen Landeskirche zunehmend als problematisch empfunden. Beispielsweise führte dies dazu, dass nicht die Landeskirche, sondern der Regierungsrat das Konkordat betreffend die gegenseitige Zulassung evangelisch-reformierter Geistlicher in den Kirchendienst 1922 erneuern musste. Als ein staatliches Konkordat wurde es der allgemeinen Volksabstimmung unterstellt. Somit hatten auch Katholiken, deren Zahl insbesondere durch den Zuzug aus der Innerschweiz seit den letzten Jahrzehnten des 19. Jahrhunderts stark zugenommen hatte, über die Zulassung zum reformierten Kirchendienst zu entscheiden. Dieser Zustand wurde allseits als unbefriedigend empfunden. Aber erst 1963 wurden gleichzeitig eine neue Verfassungsgrundlage sowie je ein evangelisch-reformiertes und ein katholisches Kirchengesetz zur Abstimmung gebracht.

Das Kirchengesetz von 1963 verpflichtete in § 55 den Kirchenrat, der Synode spätestens ein Jahr nach dem Inkrafttreten des Gesetzes den Entwurf einer neuen Kirchenordnung vorzulegen. Schon 1943 hatte der Zwingliforscher und Kirchenrat Oskar Farner den Auftrag erhalten, eine neue Kirchenordnung zu entwerfen. Der vorliegende Entwurf wurde aber

13 Siehe zum Weiteren: *Hans Heinrich Schmid*, Umbau der Kirche. Die Revision der Zürcher Kirchengesetzgebung 1943-1967 aus der Sicht eines ihrer Väter, Zürich 1988; *Hans Heinrich Schmid*, Kirche, Staat und Gesellschaft in der Zürcher Kirchengesetzgebung von 1963/67: Gotthard Schmid, in: Jan Bauke/Matthias Krieg (Hg.), Die Kirche und ihre Ordnung, *denkMal – Standpunkte aus Theologie und Kirche*, Bd. 4, Zürich 2003; *Hans Heinrich Schmid*, Gründe und Hintergründe der Zürcher Kirchengesetzgebung von 1963/67, in: Ingolf U. Dalferth/Cla Reto Famos (Hg.), Das Recht der Kirche. Zur Revision der Zürcher Kirchenordnung, Zürich 2004, S. 141 ff.

14 *E. Rübel*, Kirchengesetz und Kirchenordnung (Anm. 6), S. 62 ff.

als zu lang und zu bekenntnishaft-persönlich gefärbt betrachtet. So kam nicht dieser Vorschlag von Seiten der positiven Fraktion, sondern der von Gotthard Schmid und Eduard Rübel erarbeitete Entwurf und mit ihm wiederum ein liberaler Ansatz zum Zug. Die dialektische Theologie wurde damit in Zürich trotz ihres bedeutenden Exponenten Emil Brunner zumindest kirchenrechtlich übersprungen. Ihr Einfluss ist durchaus nachweisbar – beispielsweise in der Auftragskategorie als dem zentralem Strukturprinzip der KO 1967 – aber insgesamt eher untergeordnet.

Nachdem das Kirchengesetz von 1963 der Landeskirche erstmals die Rechtspersönlichkeit in Form des öffentlichrechtlichen Körperschaftsstatus gebracht hatte, zeugte die KO 1967 von einer Aufbruchstimmung in Sachen innerkirchlicher Autonomie. Eine Verfassungsänderung brachte die Möglichkeit der Einführung eines kirchlichen Frauenstimmrechts, und an vielen Stellen erhielt die Landeskirche einen erheblich grösseren Spielraum, den sie nach eigenen Massstäben und theologischen Kriterien auszufüllen begann. Ein Vergleich von Kirchengesetz und KO zeigt nun deutlich einen weiteren kirchlichen Spielraum:

| **Kirchengesetz 1963** | **Kirchenordnung 1967** |
|---|---|
| *Erster Abschnitt:*<br>Allgemeine Bestimmungen | *Erster Hauptteil:*<br>Grundsätzliches |
| *Zweiter Abschnitt:*<br>Die Kirchgemeinden | *Zweiter Hauptteil:*<br>Die Kirchgemeinde |
| *Dritter Abschnitt:*<br>Die kirchlichen Bezirke | *Dritter Hauptteil:*<br>Auftrag der Kirchgemeinde |
| *Vierter Abschnitt:*<br>Die Kirchensynode | *Vierter Hauptteil:*<br>Ämter und Dienste der Kirchgemeinde |
| *Fünfter Abschnitt:*<br>Der Kirchenrat | *Fünfter Hauptteil:*<br>Der kirchliche Bezirk |
| *Sechster Abschnitt:*<br>Die Rekurskommission | *Sechster Hauptteil:*<br>Die Landeskirche |
| *Siebter Abschnitt:*<br>Die Pfarrer | *Siebter Hauptteil:*<br>Aufgaben und Werke der Landeskirche |
| *Achter Abschnitt:*<br>Übergangs- und Schlussbestimmungen | Übergangsbestimmungen |

Die Kirchgemeinden erhalten in der KO 1967 ein stärkeres Gewicht. Das Pfarramt erhält keinen eigenen Abschnitt mehr, sondern wird im vierten Abschnitt (Ämter und Dienste der Kirchgemeinde) geregelt. Damit wird die Pfarrerzentrierung institutionell aufgebrochen. In den folgenden Jahrzehnten hat eine starke Ausdifferenzierung kirchlicher Berufe stattgefunden.

In den Jahrzehnten seit der Totalrevision ist die KO 1967 in verschiedenen Teilrevisionen stark verändert worden. Dabei wurde der Einfluss der empirischen Wende in der Praktischen Theologie deutlich sichtbar, wie wir weiter hinten noch genauer sehen werden.

## *IV. Beobachtungen aus der Sicht der Praktischen Theologie*

### *A. Stärkung der Autonomie: Vom Landeskirchentum zur öffentlichrechtlich anerkannten Körperschaft*

Die Entwicklung von 1905 zur KO 1967 markiert eine wichtige Etappe auf dem Weg der evangelischen Kirche zu grösserer Selbständigkeit. Die Reformation brachte in Zürich[15] von Anfang an eine sehr starke Einflussnahme des Staates in kirchlichen Belangen[16]. Erst seit der Regeneration 1831 und dem sukzessiven Ausbau der Religionsfreiheit kann man von einem Landeskirchentum mit relativer Eigenständigkeit sprechen. Dieser Prozess der zunehmenden Entflechtung vom Staat und dem entsprechenden Zugewinn an Autonomie setzt sich aktuell fort. Mit der Annahme der neuen Kantonsverfassung vom 27. Februar 2005[17] wurde der Autonomiegrad der öffentlichrechtlich anerkannten Religionsgemeinschaften weiter erhöht. In Art. 130 Abs. 2 wird ihnen neu das Recht zugestanden, das kirchliche Stimm- und Wahlrecht selbständig zu regeln. Im neuen Kirchengesetz, das voraussichtlich im Frühling 2007 vom Kantonsrat behandelt wird, sollen die öffentlichrechtlich anerkannten Kirchen

15 Dies gilt für andere eidgenössische Orte analog. Siehe etwa *Kurt Guggisberg*, Bernische Kirchengeschichte, Bern 1954, S. 55 ff.

16 *Dieter Kraus*, Schweizerisches Staatskirchenrecht. Hauptlinien des Verhältnisses von Staat und Kirche auf eidgenössischer und kantonaler Ebene, Tübingen 1993, S. 17-23. Zur Beteiligung der Obrigkeit an der Kirchenleitung in den Jahren nach Huldrich Zwingli und der theologischen Bewertung dieser Vorgänge siehe *E. Campi*, Bullingers Rechts- und Staatsdenken (Anm. 5), S. 119 ff.

17 KV des Kantons Zürich vom 27. Februar 2005, in Kraft seit 1. Januar 2006.

auch für die Bildung, Aufhebung und Zusammenlegung von Kirchgemeinden selbst zuständig sein. Der Staat stellt lediglich die Wahrung von demokratischen und rechtsstaatlichen Grundsätzen sicher.

## *B. Kirche und Ordnung: Die Entwicklung eines spannungsreichen Verhältnisses*

Vor dem Hintergrund der Entwicklung zur kirchlichen Autonomie erhalten praktisch-theologische Diskussionen der Vergangenheit eine wesentliche Plastizität. Wenn Carl Immanuel Nitzsch im 19. Jahrhundert von der Gemeinde als dem aktuosen Subjekt spricht[18], schwingt damit auch die Frage nach der Stellung der Kirche gegenüber und im Gefüge des Staates mit. Es war nicht zuletzt Schleiermacher, der die Kirche als Volkskirche, als die durch das Volk mitverantwortete, nicht einfach nur durch die Obrigkeit verwaltete Kirche entworfen hatte[19]. Die dogmatisch umstrittenen ekklesiologischen Aussagen Emil Brunners – der neben systematischer auch praktische Theologie lehrte – erscheinen vor dem Hintergrund der Zürcher staatskirchenrechtlichen Verhältnisse in einem etwas anderen Licht. Der Gedanke, dass die Organisation der Kirche und vor allem ihre rechtliche Ordnung nur ein Ersatz für die Fülle des Geistes sei[20], war trotz seiner Überspitztheit in einer Zürcher Landeskirche, die noch in den fünfziger Jahren vollständig im Staat integriert war, wohl naheliegender als in der Basler Kirche, welche schon seit 1910 als öffentlichrechtliche Persönlichkeit selbständig war und unter der sogenannten hinkenden Trennung eine Eigenständigkeit genoss, wie man sie in Zürich auch heute noch nicht kennt. Karl Barth schrieb 1955:

> „Staatskirchenrecht kann nie Kirchenrecht werden oder sein wollen oder als solches von der Kirche übernommen und anerkannt werden. Staatskirchenrechtliche Sätze gehören also nie und nimmer in eine Kirchenverfassung oder Kirchenordnung.“[21]

18 *Carl Immanuel Nitzsch*, Praktische Theologie, Bd. 1, Bonn 1847, S. 15.

19 *Friedrich Schleiermacher*, Kurze Darstellung des theologischen Studiums zum Behuf einleitender Vorlesungen. Kritische Ausgabe hg. v. Heinrich Scholz, Darmstadt 1969, S. 325.

20 *Emil Brunner*, Das Missverständnis der Kirche, 3. Aufl. Zürich 1988, S. 57 f.

21 *Karl Barth*, Kirchliche Dogmatik: Die Lehre von der Versöhnung, Bd. IV/2, Zollikon 1955, S. 779.

In Zürich hiess es damals im *kantonalen* Gesetz betreffend die Organisation der evangelischen Landeskirche des Kantons Zürich vom 26. Oktober 1902 in § 1:

> „Die evangelische Landeskirche des Kantons Zürich ist ein Teil der gesamten christlichen Kirche. Ihr Zweck ist die Erweckung und Erhaltung religiöser Gesinnung und sittlichen Lebens ihrer Glieder nach Christi Lehre und Vorbild zum Heile der Einzelnen, zur Erbauung der Gemeinden und zum Wohle des Volkes. Sie sucht diesen Zweck gemäss den Grundsätzen des Protestantismus und entsprechend der verfassungsmässig gewährleisteten Glaubensfreiheit zu erreichen."

Problematisch ist nicht allein, dass hier in einem staatlichen Gesetz theologische Aussagen gemacht werden. Fast noch fragwürdiger ist die auffallende Verdoppelung grundlegender ekklesiologischer Aussagen, zu welcher die wörtliche Wiederholung dieses Textes in § 1 der KO 1905 führt. Aber auch noch 1963 ist man weit von dem durch Karl Barth formulierten Anspruch. In § 1 des kantonalen Gesetzes über die evangelisch-reformierte Landeskirche vom 7. Juli 1963 heisst es:

> „Die evangelisch-reformierte Landeskirche des Kantons Zürich besteht auf Grund des Evangeliums und der von Huldrych Zwingli begonnenen und gemäss den Beschlüssen des zürcherischen Rates durchgeführten Reformation."

Im gleichzeitig erlassenen Gesetz über das katholische Kirchenwesen heisst es dagegen in § 1 ohne theologische Bezüge und damit in Übereinstimmung mit dem Grundsatz der konfessionellen Neutralität des Staates:

> „Im Kanton Zürich bestehen die kantonale römisch-katholische Körperschaft und die im Anhang dieses Gesetzes genannten römisch-katholischen Kirchgemeinden. Sie sind staatlich anerkannte Personen des öffentlichen Rechts und steuerfrei nach den Bestimmungen der Steuergesetzgebung."

## *C. Bedeutungswandel von Taufe und Kirchenmitgliedschaft*

Bei der Frage der Kirchenmitgliedschaft zeigt sich eine enge Interdependenz von theologischer Systematik und rechtlichem Umfeld. In der Kirchengesetzgebung von 1902 findet sich die heute noch geltende Mitgliedschaftspräsumption, welche auf die kirchliche Regelung verweist:

> „Als Mitglied der Landeskirche wird jeder evangelische Einwohner des Kantons betrachtet, der nicht ausdrücklich seinen Austritt genommen oder seine Nichtzugehörigkeit erklärt hat."

Aufschlussreich ist in diesem Zusammenhang die Veränderung der Bedeutung, welche der Taufe zugemessen wurde. In der KO 1905 wird die Taufe noch als „Feier der Aufnahme in die christliche Kirche" (§ 59 Abs. 1) bezeichnet. Parallel dazu wird die Konfirmation als „Bestätigung des Taufbundes" aufgefasst (§ 61). Allerdings erfährt diese theologische Position durch staatlichen Eingriff eine erhebliche Umdeutung. Der Regierungsrat genehmigte § 60, welcher die Aufnahme in die Kirche regelt, nur unter der Bedingung, dass die Taufe fakultativ sei[22]. Zur Begründung verwies der Regierungsrat auf Art. 63 Abs. 2 der KV vom 18. April 1869, der in religiösen Fragen jeden Zwang gegen Gemeinden, Genossenschaften und Einzelne ausschloss[23]. Das Gesetz habe gemäss Art. 63 Abs. 4 KV die kirchliche Organisation „mit Ausschluss jedes Gewissenszwanges" zu regeln. Gemäss einem Regierungsratsbeschluss von 1871 mussten Konversionen dem Regierungsrat zur Kenntnis gebracht werden und konnten erst als vollzogen betrachtet werden, wenn derselbe keine Einwände gelten gemacht hatte[24]. Aus heutiger Sicht ist dies als ein Verstoss gegen die korporative Religionsfreiheit zu werten, auch wenn die evangelische Landeskirche damals eine staatliche Einrichtung ohne rechtliche Eigenständigkeit war.

Blieb die Taufe als Mitgliedschaftsvoraussetzung in der KO 1905 noch grundsätzlich bestehen[25], so wurde sie in der KO 1967 deutlich herabge-

22 § 60 KO 1905: „Die Aufnahme von Personen, die bisher einer ausserchristlichen Religionsgemeinschaft angehört haben, in die evangelische Landeskirche geschieht durch die heilige Taufe und ein feierliches Gelöbnis."

23 Art. 63 KV ZH von 1869 (O.G. XIV. 549) lautete:
„Die Glaubens-, Kultus- und Lehrfreiheit ist gewährleistet. Die bürgerlichen Rechte und Pflichten sind unabhängig vom Glaubensbekenntnisse.
Jeder Zwang gegen Gemeinden, Genossenschaften und Einzelne ist ausgeschlossen.
Die evangelische Landeskirche und die übrigen kirchlichen Genossenschaften ordnen ihre Kultusverhältnisse selbständig unter Oberaufsicht des Staates.
Die Organisation der erstern, mit Ausschluss jedes Gewissenszwanges, bestimmt das Gesetz.
Der Staat übernimmt im allgemeinen die bisherigen Leistungen für kirchliche Bedürfnisse."
Abgedruckt in: Reformirtes Kirchenwesen des Kantons Zürich (Anm. 10), S. 5.

24 Siehe dazu ebda., S. 114.

25 Im Gesetz betreffend das Kirchenwesen des Kantons Zürich vom 20. August 1861 findet sich keine Erwähnung der Taufe. Nach § 2 geniessen alle Glieder der

stuft und als Voraussetzung gekippt. In § 3 Abs. 2 KO 1905 hiess es noch ambivalent:

> „Das religiöse Zeichen der Aufnahme in die christliche Kirche ist die heilige Taufe."

Art. 8 KO 1967 reduziert die Taufe deutlich auf ihren Symbolcharakter:

> „Die Taufe gilt als Zeichen der Zugehörigkeit zur Gemeinde Jesu Christi."

Die Taufe ist nun nicht mehr Feier der Aufnahme in die christliche Kirche, sondern „als Zeugnis von Gottes Barmherzigkeit [...] der Kirche von ihrem Herrn aufgetragen" (KO 1967 Art. 59).

Diese kirchenrechtliche Entwicklung führt zu grundlegenden theologischen Fragen. Ist die Taufe – nach Zwingli „ein einweihendes und verpflichtendes Sakrament"[26] – Zeichen, Voraussetzung, Tor oder Teil der Kirchengliedschaft? Die Zürcher Kirchenordnung betrachtet seit hundert Jahren – in einer ersten Phase auf äusseren Druck, danach selbstbestimmt und nicht zuletzt unter dem Eindruck theologischer Entwicklungen nach der sogenannten empirischen Wende[27] – die Taufe als Gnadenzeichen, das kirchenrechtlich keine Voraussetzung der Kirchenmitgliedschaft ist. Diese Auffassung hat sich in der reformierten Schweiz durchgesetzt, ist aber im internationalen Kontext stark umstritten.

---

Landeskirche von ihrer Konfirmation an gleiche kirchliche Rechte unter Vorbehalt der gesetzlichen Erfordernisse. Damit ist die Taufe implizit vorausgesetzt.

26 *Huldrych Zwingli*, Kommentar über die wahre und falsche Religion, in: Schriften, Bd. 3, Zürich 1995, S. 239. Die Taufe ist „nur das Zeichen und die Zeremonie der eigentlichen Sache". Deshalb „sind die Zeremonien äussere Zeichen, welche andern Menschen beweisen, dass derjenige, der diese Zeichen annimmt, sich zu einem neuen Leben verpflichtet hat oder dass er Christus bekennen will bis in den Tod" (ebda., S. 252).

27 Siehe statt vieler: *Robert Leuenberger*, Taufe in der Krise, Stuttgart 1973; *Theophil Müller*, Konfirmation – Hochzeit – Taufe – Bestattung. Sinn und Aufgabe der Kasualgottesdienste, Stuttgart/Berlin/Köln/Mainz 1988; *Eberhard Winkler*, Tore zum Leben. Taufe, Konfirmation, Trauung, Bestattung, Neukirchen-Vluyn 1995.

## D. *Ein Feld ständiger Veränderungen: Zum religionspädagogischen Niederschlag in der Zürcher Kirchenordnung*

Die Zürcher Kirchenordnung lehnt sich in ihrer Entwicklung an die jeweils herrschenden religionspädagogische Konzepte. Allerdings geschieht dies mit einer gewissen zeitlichen Verzögerung.

Die KO 1905 war als liberale Ordnung auch im Bereich des Unterrichtswesens durch einen freiheitlichen Geist geprägt[28]. Es wurde Wert gelegt auf einen Religionsunterricht, der christliche Inhalte behandelte, ohne konfessionell spezifisch zu sein[29].

In der Verordnung des Kirchenrates über den Lehr- und Gedächtnisstoff der kirchlichen Unterweisung vom 27. November 1912 sind die religionspädagogischen Konzepte der Herbartianer[30] mit ihrer religionsdidaktischen Formalstufenmethode gut erkennbar. Das fünfstufige Unterrichtsmodell von Wilhelm Rein (1847-1929) (Vorbereitung – Darbietung

28 Im Lehrplan der Volksschule des Kantons Zürich vom 15. April 1905 wurde als Haupterziehungsziel die Befähigung zur Selbsterziehung im Sinne der Forderungen der Aufklärung, der Humanität und der Toleranz festgelegt. Im Unterricht in der biblischen Geschichte und Sittenlehre legte man das Hauptgewicht auf die „Bildung des Gemüts und des Charakters durch Weckung edler Gesinnungen und Anregung zum sittlichen Handeln". Abgedruckt in: *Staatskanzlei/Sekretariat des Kirchenwesens* (Hg.), Sammlung der Gesetze und Verordnungen betreffend das reformierte Kirchenwesen des Kantons Zürich, Zürich 1915, S. 70.

29 Schon damals galt: „In den Klassen 1-6 haben im Unterrichte in der biblischen Geschichte und Sittenlehre alle konfessionellen Besonderheiten zurückzutreten, so dass der Unterricht von den Angehörigen aller Konfessionen ohne Beeinträchtigung ihrer Glaubens- und Gewissensfreiheit besucht werden kann. Der konfessionelle Charakter tritt erst in der 7. und 8. Klasse mit der Erteilung dieses Unterrichtes durch den Geistlichen hervor." Abgedruckt ebda., S. 71. Schon in einem Kreisschreiben von 1879 wurde die Frage aufgeworfen, „ob der Religionsunterricht künftig als ein Schulfach beizubehalten, oder ob derselbe ausschliesslich der Kirche und den Familien anheimzugeben sei". Reformirtes Kirchenwesen des Kantons Zürich (Anm. 10), S. 133 ff.

30 Der Philosoph und Pädagoge Johann Friedrich Herbart (1766-1841) war seit 1808 Inhaber des ehemaligen Lehrstuhles Kants in Königsberg und entwickelte eine Theorie, welche mit der Forderung verbunden war, dass jeder Unterricht unabhängig vom behandelten Stoff formal in vier Stufen ablaufen soll: Von der *Klarheit* (des Neuen) zur *Assoziation* (mit bereits Bekanntem) über das *System* (als Einordnung in den Zusammenhang) zur *Methode* (als selbständige Weiterbildung und Anwendung des Erkannten).

– Verknüpfung – Zusammenfassung – Anwendung)[31] hat die methodischen Anweisungen des Memorierens inspiriert, indem deutlich auf die Methode der Verknüpfung rekurriert wird[32]. Ersichtlich wird auch die für die Zeit typische stark historische Ausrichtung und der kognitivistisch-lehrhafte Überhang der herbartianischen Religionsdidaktik. Herbartianischen Einflüssen ist auch die ethisch akzentuierte Unterrichtsgestaltung und die Ausrichtung der Erziehungsziele auf Charakterstärke und Sittlichkeit zuzuschreiben[33], was sich mit liberalen Ansätzen gut kombinieren liess.

Die KO 1905 und die auf ihrer Grundlage erlassene Unterweisungsverordnung (UVO) von 1912 sind somit im Wesentlichen von den religionspädagogischen Konzepten des ausgehenden 19. Jahrhunderts geprägt, nehmen aber durchaus schon Elemente der sogenannten liberalen Religionspädagogik auf. 1910, also nur zwei Jahre vor Erlass der VO 1912 war Richard Kabischs (1868-1914) berühmtes Werk „Wie lehren wir Religion?" erstmals erschienen[34]. Der Streit über die Lehrbarkeit der Religion wird in der VO 1912 im Sinne von Kabisch entschieden, der die Frage bejaht und eine religiöse Anlage jedes Kindes voraussetzt, die durch den Unterricht höher entwickelt werden soll, indem durch die personale Repräsentanz der Lehrperson der Funke überspringen kann. Die Unterweisungsverordnung – sie enthält insofern sogar schon Ansätze einer Symboldidaktik – plädiert z.B. bei der Stoffauswahl für eine einschränkende

31 *Gottfried Adam/Rainer Lachmann*, Religionspädagogisches Kompendium, 5. Aufl. Göttingen 1997, S. 225.

32 „Zur verständnisvollen Aufnahme der Sprüche wird die lebendige Verknüpfung mit behandelten biblischen Erzählungen beitragen. Auch manche Lieder werden am besten zum Auswendiglernen aufgegeben, nachdem ihnen zuvor eine solche Erzählung den Boden bereitet, d.h. die Gemütsstimmung erzeugt hat, die ihren Inhalt verständlich macht. Einzelne Lieder werden am wirksamsten im Anschluss an das Kirchenjahr (Festlieder, Bettag, Jahreswechsel) oder an den Naturlauf (z.B. Gerhardts Sommerlied), eventuell auch an eingreifende Ereignisse im Schul- und Volksleben memoriert. Zur Befruchtung mancher memorierter, besonders klassischer Lieder trägt auch der dankbare Hinweis auf ihre Dichter, auf den Ursprung alter Melodien und auf geschichtliche Zeugnisse von ihrer Segenswirkung bei." Abgedruckt in: *Staatskanzlei/Sekretariat des Kirchenwesens* (Hg.), Das reformierte Kirchenwesen (Anm. 28), S. 216.

33 Ebda., S. 42.

34 *Richard Kabisch*, Wie lehren wir Religion? Versuch einer Methodik des evangelischen Religionsunterrichts für alle Schulen auf psychologischer Grundlage, Göttingen 1910.

Auswahl aus dem Alten Testament, „damit die ‚Bilder' doch anschaulich und anregend genug dargestellt werden können und so der biblische Geschichtsunterricht auch hier seinen Zweck erreicht, den Kindern wirkliches religiöses Leben zur Anschauung zu bringen, damit sich daran ihr eigenes entzünde".[35] Auch die Berücksichtigung der psychologischen Zusammenhänge ist ein zentrales Anliegen der liberalen Praktischen Theologie. Für Paul Drews ist deshalb in seiner Publikation von 1910[36] die Praktische Theologie wesentlich Kirchenkunde und Prinzipienlehre sowie religiöse Psychologie. Zumindest in Ansätzen sind diese Entwicklungen in der Unterweisungsverordnung aufgenommen[37].

Die KO 1967 liegt historisch ebenfalls am Anfang einer neuen Epoche der Praktischen Theologie – der empirischen Wende, deren Erkenntnisse aber erst in den folgenden Teilrevisionen aufgenommen wurden. Allerdings ist auch der Einfluss der sogenannten Evangelischen Unterweisung im Umkreis der Wort Gottes-Theologie nur schwach[38]. Durch die Entscheidung des Kirchenrates zugunsten des Vorschlags Schmid/Rübel und gegen die Fassung Farner erhielt die KO 1967 auch im Bereich der Religionspädagogik eine deutlich liberale Note. Es ist trotzdem kein Zufall, dass die KO 1967 im Bereich des Unterrichts die meisten und wesentlichsten Revisionen erfahren hat[39]. Die KO 1967 kannte noch eine vierjährige obligatorische Kinderlehre. In der Revision von 1973 wurde die Kinderlehre als Voraussetzung der Konfirmation gestrichen, was dazu führte, dass die Verpflichtung zum Jugendgottesdienst (wie dieses Angebot nun hiess) nicht mehr durchsetzbar war. 1989 wurde dann der ganze Titel Unterricht revidiert. Unter anderem wurde die Taufe als Voraussetzung der Konfirmation fallengelassen, so dass nun nur noch der Besuch

35 *Staatskanzlei/Sekretariat des Kirchenwesens* (Hg.), Das reformierte Kirchenwesen (Anm. 28), S. 216.

36 *Paul Drews*, Das Problem der Praktischen Theologie. Zugleich ein Beitrag zur Reform des theologischen Studiums, Tübingen 1910.

37 Wenn es beispielsweise zum Thema der Bibelauslegung heisst: „Leitender Grundsatz für die Bibelauslegung sei, sie dem Verständnis und besondern seelischen Bedürfnis dieser Altersstufe anzupassen […]"; *Staatskanzlei/Sekretariat des Kirchenwesens* (Hg.), Das reformierte Kirchenwesen (Anm. 28), S. 217.

38 Siehe m.w.H. zu den religionspädagogischen Konzeptionen des 20. Jahrhunderts: *Adam/Lachmann*, Religionspädagogisches Kompendium (Anm. 31), S. 37-86.

39 Die empirische Wende machte sich religionspädagogisch in der Gründung eines katechetischen Instituts der Landeskirche bemerkbar, das seither wesentliche Impulse zur Weiterentwicklung sowohl des kirchlichen als auch des schulischen Religionsunterrichts initiiert hat.

des schulischen und kirchlichen Unterrichts obligatorisch blieb. Deutlich sind hier (und in anderen schweizerischen Kirchenordnungen) praktisch-theologische Entwürfe richtungweisend, welche die Konfirmation wesentlich als Übergangsritus und Fest des Erwachsenwerdens interpretieren[40].

Mit der Teilrevision von 2006 scheint sich eine gewisse Trendwende anzubahnen. Die Konfirmation nimmt nach Art. 92a „das Ja Gottes auf, wie es in der Taufe zum Ausdruck kommt." Die Taufe wird allerdings lediglich als Regel bezeichnet und ist damit keine Voraussetzung zur Konfirmation wie der Besuch des schulischen Religionsunterrichts und der verbindlichen kirchlichen Angebote. Die Konfirmation bleibt damit kirchenrechtlich eine Unterrichtsabschlussfeier.

Die Veränderungen im schulischen Religionsunterricht – der Bedeutungswandel des Faches Biblische Geschichte, die Einführung des konfessionell-kooperativen Religionsunterrichts als Antwort auf die konfessionelle Heterogenisierung und nun des neuen Fachs Religion und Kultur als Antwort auf die religiöse Pluralisierung[41] führten in den letzten Jahren zum Wegfall weiter Teile schulischer Traditionsvermittlung und damit zu einem deutlichen Defizit in der kirchlichen Unterweisung. Mit dem neuen Religionspädagogischen Gesamtkonzept ist nun wiederum in diesem Bereich eine nächste Revision der KO 1967 vollzogen worden. Der grosse Reformbedarf in der Religionspädagogik ist nicht nur auf den Einfluss der empirischen Wende in der Praktischen Theologie zurückzuführen, sondern hat auch wesentlich mit der starken Verzahnung dieses Bereiches mit staatlichen Institutionen und dem hohen Verpflichtungsgrad religionspädagogischer Angebote zu tun.

## *E. Formen der Ausdifferenzierung: Entwicklungen in der Seelsorge*

Die Entwicklung im pastoralen Bereich ist geprägt von der zunehmenden Ausdifferenzierung von Seelsorgediensten. Schon 1892 wurde die Seelsorge an den staatlichen Kranken- und Pflegeanstalten geregelt[42]. Auch

40 Z.B. *T. Müller*, Konfirmation – Hochzeit – Taufe – Bestattung (Anm. 27), S. 69-92.

41 *Ralph Kunz u.a.* (Hg.), Religion und Kultur – ein Schulfach für alle?, Zürich 2005.

42 Reglement für die Pastoration an den staatlichen Kranken- und Pflegeanstalten des Kantons Zürich vom 24. Oktober 1892, abgedruckt in: *Staatskanzlei/Sekre-*

für die Gefangenenseelsorge und die seelsorgliche Betreuung der Taubstummen im Kanton Zürich wurde gesorgt[43]. In der KO 1905 wird die Seelsorge in einem einzigen, allerdings relativ umfangreichen Paragraphen, behandelt. Leitkategorie ist das Eingehen auf die religiösen Bedürfnisse der Gemeindeglieder.

> § 78 KO 1905: „Die Pfarrer sind die berufenen Seelsorger ihrer Gemeinden. Als solche werden sie jeden schicklichen Anlass benützen, um mit ihren Kirchgenossen in persönlichen Verkehr zu treten, mit ihren Verhältnissen und namentlich ihren religiösen Bedürfnissen vertraut zu werden.
>
> Als solche Anlässe eignen sich im besondern die Besuche bei Kranken und Armen, Mühseligen und Beladenen, ferner bei den Eltern der Schüler, namentlich der Konfirmanden, und bei Todesfällen in der Gemeinde.
>
> Der Pfarrer wird auch gemeinnützigen und wohltätigen Bestrebungen seine Teilnahme entgegenbringen und nach Bedürfnis dabei tätig mit eingreifen, aber stets bedenken, dass vor allem das religiöse Wohlergehen seiner Gemeinde, die Förderung christlicher Gesinnung und guter Sitte seiner Fürsorge anvertraut sind und dass er hierin durch sein eigenes Beispiel das beste tun soll."

Der Paragraph, welcher interessante Rückschlüsse auf die Pfarramtspraxis zulässt, erinnert im Stil eher an Pastoraltheologien und Dienstanweisungen. In der KO 1967, die knapper und juristisch präziser formuliert ist, gibt es keinen Artikel, der sich mit den einzelnen pastoralen Tätigkeiten auseinandersetzt. Dagegen verweist Art. 96, der den Randtitel „Seelsorge" trägt, auf die Mitverantwortung jedes Gemeindeglieds für die Seelsorge. Im siebten Hauptteil zu Aufgaben und Werken der Landeskirche finden sich dagegen wichtige Hinweise, wie mit der sich abzeichnenden gesellschaftlichen Ausdifferenzierung umzugehen sei[44]. Art. 193 Abs. 2 KO gibt der Synode die Befugnis, gesamtkirchliche Pfarrämter und Dienste zu schaffen. Damit kann die Kirche auf neue gesellschaftliche Entwicklungen flexibel reagieren. In den letzten Jahren sind auf die-

---

*tariat des Kirchenwesens* (Hg.), Das reformierte Kirchenwesen (Anm. 28), S. 169 f.

43 1904 wurden die Pfarrämter erstmals zur Zählung der erwachsenen Taubstummen evangelischen Bekenntnisses aufgefordert. 1909 schuf der Regierungsrat auf Antrag des Kirchenrats ein besonderes Pfarramt für die Taubstummen und erliess ein entsprechendes Reglement betreffend die Pastoration der Taubstummen im Kanton Zürich vom 29. März 1909, abgedruckt ebda., S. 173.

44 Der Staat hatte im Laufe der Jahrzehnte für neue seelsorgliche Aufgaben die entsprechenden Pfarrämter eingerichtet, war für einen weiteren Ausbau aber nur noch zögernd bereit.

sem Wege eine ganze Reihe von neuen Seelsorgezweigen entstanden, die als bewusste Antwort auf Veränderungen im persönlichen und gemeinschaftlichen Leben der Menschen aufgefasst werden können. Die Internetseelsorge reagiert auf neue Kommunikationsverhalten der Menschen. Die Flughafenseelsorge und die Bahnhofseelsorge passen sich an die heutigen Verkehrsströme an. Das Aidspfarramt lässt die Kirche im Brennpunkt einer gesellschaftlichen Problematik erscheinen. Alle diese neueren Entwicklungen erscheinen nun aber nicht mehr direkt in der KO 1967, sondern in eigenen Verordnungen und Beschlüssen oder sie werden in Verträgen zwischen den verschiedenen Trägern (andere Kantonalkirchen, römisch-katholische Instanzen oder staatliche Stellen) geregelt. Es drückt sich damit ein Emanzipationsprozess der Kirche ab, die in den letzten Jahrzehnten deutlicher zu einem eigenständigen Handeln gefunden hat. Kritisch muss man feststellen, dass das seelsorgliche Handeln der Kirche heute in ihrer rechtlichen Grundordnung nur marginal behandelt wird. Während dem Gottesdienst und dem pädagogischen Handeln der Kirche eigene Abschnitte gewidmet sind, fehlt eine grundsätzliche Besinnung auf die Bedeutung und die Grundstruktur der kirchlichen Seelsorge in der geltenden KO.

## *V. Ergebnisse: Die exemplarische Bedeutung der Kirchenordnungen für die Praktische Theologie*

Wenn wir mit einigen Streiflichtern die Bedeutung der Zürcher Kirchenordnungen für die Praktische Theologie in ihren verschiedenen Schattierungen untersucht haben, konnte dies nur exemplarisch geschehen. Es hat sich aber deutlich gezeigt, dass die Impulse des Kirchenrechts markant sind und über Tagesaktualitäten hinaus zu einer Intensivierung der Auseinandersetzung mit kirchenjuristischen Fragen führen sollten. Ich möchte meine Überlegungen in fünf Thesen zusammenfassen.

1. Die Zürcher Kirchenordnungen von 1905 und 1967 spiegeln mit einer gewissen zeitlichen Verzögerung die Entwicklung der Diskussion in der Theologie. Als kirchenrechtliche Texte dienen sie als eine wichtige kirchen- und theologiegeschichtliche Quelle. Sie verhelfen damit der Praktischen Theologie zu einem besseren Verständnis ihrer eigenen geschichtlichen Grundlagen, indem sie die Umsetzung theologischer Modelle und ihre Brechung in der rechtlichen Systematik aufzeigen.

2. Die Entwicklung der Zürcher Kirchenordnung reflektiert einen Prozess der zunehmenden Autonomie der Kirche in ihrer Beziehung zum Staat. Damit verbreitert sich das Aufgabenfeld der Theologie vom ius in sacra auf das Ganze der kirchlichen Ordnung. Die Ordnung der Kirche ist kein Akzidens, sondern genuiner Ausdruck des Evangeliums, das zu verkünden der Kirche aufgetragen ist. Weil die Kirche „mit ihrer Botschaft wie mit ihrer Ordnung mitten in der Welt“[45] das Evangelium bezeugt, muss die kirchliche Ordnung in allen ihren Dimensionen theologisch verantwortet sein. Die Zürcher Kirchenordnungen bringen in ihrer geschichtlichen Tendenz diesen Zusammenhang deutlich zum Ausdruck und stellen der Theologie eine Aufgabe, die in den letzten Jahren grösser geworden ist: die Grundlagen einer dem Evangelium gemässen kirchlichen Ordnung unter wechselnden gesellschaftlichen Verhältnissen immer wieder neu zu erarbeiten[46].

3. Kirchenrecht strukturiert das kirchliche Handeln nach formalen Grundsätzen und ist deshalb für eine Praktische Theologie als Wissenschaft, die sich der Reflexion der christlichen Glaubenspraxis in Kirche und Gesellschaft widmet, eine zentrale Bezugsgrösse. Das Kirchenrecht hat als planende Ordnung der christlichen Gemeinschaft die Aufgabe, theologische Erkenntnisse mit juristischer Methode zu bearbeiten. Kirchenrecht verfestigt, konkretisiert und perpetuiert Ergebnisse der theologischen Diskussion, indem es diese in eine sozial verbindliche Form bringt. Das Beispiel des Entwurfs Oskar Farners zeigt, dass kirchliches Recht nicht einfach in die Form eines theologischen Bekenntnisses gegossen werden kann. Kirchenrecht fusst auf dem Bekenntnis der Kirche, mit dem es aber nicht gleichzusetzen ist.

4. Kirchenrecht und Theologie stehen in einem dynamischen Wechselverhältnis. Während Kirchenrecht auf den Rückbezug auf theologische Erkenntnisse angewiesen ist, stellt es seinerseits einen Faktor im Prozess der theologischen Urteilsbildung dar. Am Beispiel der Veränderungen des Tauf- und Konfirmationsverständnisses konnte dieser wechselseitige Prozess aufgezeigt werden. Während die Veränderungen der Tauftheologie wesentlich durch (staatlich durchgesetztes) Kirchenrecht ausgelöst und verstärkt wurden, führten die praktisch-theologischen Diskussionen

45 Barmen III.

46 Siehe dazu *Ingolf U. Dalferth*, Ekklesiologische Aspekte einer evangelischen Kirchenordnung, in: Ingolf U. Dalferth/Cla Reto Famos (Hg.), Das Recht der Kirche. Zur Revision der Zürcher Kirchenordnung, Zürich 2004, S. 263 ff.

zur Konfirmation als Kasualie in den achtziger Jahren zur Auflösung des kirchenrechtlichen Bandes zwischen Taufe und Konfirmation. Das Recht hatte den fliessenden Prozess der praktisch-theologischen Diskussion zu einem gegebenen Zeitpunkt verfestigt, konkretisiert und damit auch auf die Probe gestellt. Dies wiederum führte zu neuen Anstössen in der praktisch-theologischen Diskussion.

5. Kirchenrecht entwickelt als soziales System Regeln des guten Zusammenlebens in der Kirche und konkretisiert die christliche Glaubenspraxis. Das Kirchenrecht leistet damit einen wichtigen Beitrag an die Aufgaben der Theologie. Das Recht erinnert daran, dass Theologie als Interpretations*praxis*[47] nicht nur Diskussion, sondern auch Entscheidung, nicht nur Ideen, sondern auch Strukturen nötig hat. Mit ihrer Nähe zum Staatskirchenrecht verweist das Kirchenrecht im Rechtsstaat zudem auf die entscheidende Bedeutung von Demokratie und Menschenrechten auch im kirchlichen Bereich. Theologie ist als wissenschaftliche Reflexion des christlichen Wirklichkeitsverständnisses[48] auf die fruchtbringende Kombination von Aussen- und Innenperspektive angewiesen[49].

47 *Ingolf U. Dalferth*, Evangelische Theologie als Interpretationspraxis. Eine systematische Orientierung, Leipzig 2004.

48 *Johannes Fischer*, Gott im Spannungsfeld zwischen Glaube und Wissen, in: Ingolf U. Dalferth/Johannes Fischer/Hans-Peter Grosshans (Hg.), Denkwürdiges Geheimnis. Beiträge zur Gotteslehre. Festschrift für Eberhard Jüngel zum 70. Geburtstag, Tübingen 2004, S. 111 f.

49 *I. Dalferth*, Interpretationspraxis (Anm. 47), S. 128.

SJKR/ASDE 11 (2006), S. 71-96

# Wirkungsorientiertes Kirchen-Management in Zeiten des Umbruchs*

von Daniel Kosch (Zürich)

> Die katholische Kirche ist eine Kirche des Noch: noch gross, stark, wichtig. Aber ein Wandel hat begonnen, wie er tiefer kaum greifen kann. Er wird die Kirche in den kommenden zehn bis 15 Jahren nicht weniger verändern als das Zweite Vatikanische Konzil, das vor nunmehr 40 Jahren zu Ende ging. [...]
>
> In dieser Zeit also durchlebt die katholische Kirche ihren Wandel von der Volkskirche zur Kirche im Volke, von der Institution, die auf den Einfluss der Institution bauen kann, zur Gemeinschaft, die über ihr Wort, ihren Geist, ihre Taten wirkt. (Matthias Drobiniski[1])

## *I. Grundsätzliche Überlegungen*

Management- und Marketingsprache haben eine Nähe zum Religiösen. So gehört es zur Entwicklung einer Marketing-Strategie, dass das Unternehmen seine „Vision" und seine „Mission" formuliert. Das „Unternehmen Kirche" hat diesbezüglich einen Vorsprung: Die „Vision" ist ihr vorgegeben in Gestalt der neuen Welt Gottes, in der die Menschen gerecht, geschwisterlich und friedlich zusammenleben, versöhnt mit Gott, mit ihren Mitmenschen und ihrer Umwelt und im Einklang mit sich selbst.

Auch über die „Mission" der Kirche besteht kein Zweifel: Sie ist gesandt zu allen Menschen, um ihnen diese neue Welt Gottes zu verkünden

* Überarbeitete und erweiterte Fassung eines Referates anlässlich der Herbstkonferenz der Finanzkammerdirektoren der Diözesen Österreichs vom 12. Oktober 2006 unter dem Thema „Reformprozesse des Wirtschaftens und der Verwaltung in österreichischen Diözesen".

1 *Matthias Drobinsiki*, Oh Gott, die Kirche. Versuch über das katholische Deutschland, Düsseldorf 2006, S. 76, 152.

und schon ansatzweise erfahrbar zu machen, sowie um sie dafür zu gewinnen, ihre Existenz in den Dienst dieser Vision zu stellen, in der Nachfolge Jesu und in der Kraft des Heiligen Geistes.

Trotz der unüberhörbaren Anleihen des Management und des Marketings an der Sprache des Evangeliums werden zahlreiche Bedenken und kritische Rückfragen formuliert, sobald Kirche und Management oder Verkündigung und Marketing in einem Atemzug genannt werden. Rasch taucht die Angst auf, das göttliche Geheimnis der Kirche werde verdunkelt und sie werde zum gewöhnlichen Unternehmen degradiert. Oder es wird befürchtet, da falle der Geist dem Geld zum Opfer, Leistungs- und Nützlichkeitsdenken liessen keinen Raum mehr für die Erfahrung voraussetzungslos geschenkter Gnade, und die unzeitgemässe Botschaft von Gottes Vorliebe für die Armen oder das anstössige Wort von der erlösenden Macht des Kreuzes blieben auf der Strecke, weil sie nicht dem Zeitgeist entsprechen, nicht „trendy“ oder „lifestyle-kompatibel“ sind und schon gar keine „wellness“ verheissen[2].

Auch wenn sich die Stimmen mehren, die für unternehmerisches Denken in den Kirchen plädieren, sind diese Bedenken und Einwände ernst zu nehmen. Denn schon die Bibel weiss um die Verwechslungsgefahr von Gottesdienst und Götzendienst, warnt vor der Gefahr des Tanzes um das goldene Kalb und vor der Faszination von Geld, Erfolg und Besitz, die den Menschen so sehr in Beschlag nehmen können, dass für Gott in ihren Herzen und in ihrem Handeln kein Raum mehr bleibt. Es ist daher entscheidend, dass sich das „Management-Denken“ nicht verselbständigt und dass Marketing-Methoden das Ziel nicht aus den Augen verlieren. Im Kirchen-Management darf es nicht dazu kommen, dass der „Zweck die

2 Vgl. z.B. *Matthias Scharer*, In Zielen gefangen? Anfragen an die Logik der Effizienz in der Seelsorger des Nordens aus religionsdidaktischer und lateinamerikanischer Sicht, in: Bernd Jochen Hilberath/Bernhard Nitsche (Hg.), Ist Kirche planbar? Organisationsentwicklung und Theologie in Interaktion, Mainz 2002, S. 53-67; *Edmund Arens*, Zur Qualität des theologischen Dienstes/Produktes. Ein fundamentaltheologischer Einspruch, in: Orientierung 64 (2000), S. 124-127; *Wolfram Stierle*, Geld hinkt nicht. Zur ökonomischen Anamnese akuter Verrenkungen im Kirchen-Marketing, in: Jürgen Ebach u.a. (Hg.), Leget Anmut in das Geben. Zum Verhältnis von Ökonomie und Theologie, Gütersloh 2001, S. 226-232; *Initiativkreis „Kirche in der Wettbewerbsgesellschaft“*, Evangelium hören. Wider die Ökonomisierung der Kirche und die Praxisferne der Kirchenorganisation. Ein theologischer Ruf zur Erneuerung, 2. Aufl. Nürnberg 1999.

Mittel heiligt", sondern es muss streng darauf geachtet werden, dass die Ziele die Mittel definieren, d.h. sie festlegen und zugleich begrenzen.

Wer Menschen davon überzeugen will, dass die Botschaft von der Weltliebe Gottes die Menschen befreit und zum aufrechten Gang ermächtigt, darf keine Marketing-Strategien einsetzen, die diese Menschen manipulieren und ihre Entscheidungsfreiheit nicht respektieren. Und wer das Bergpredigt-Wort: „Gehet nicht auf in den Sorgen dieser Welt, suchet zuerst Gottes Reich [...] und alles andere wird euch dazu geschenkt", zu den Kernsätzen des Evangeliums zählt, kann die finanzielle und institutionelle Selbsterhaltung der Kirche nicht zum unausgesprochenen, aber im Hintergrund umso wirksameren Hauptziel einer Kirchen-Management-Strategie machen.

Dennoch gibt es nicht nur praktische, sondern auch gute theologische Gründe für die Kirche, sich auf einen Dialog mit Theorien und Methoden von Management und Marketing einzulassen und zu fragen, was sie in einem solchen Dialog für sich selbst lernen kann.

Davon, dass die Kirche eine „Mission", einen Auftrag hat, war schon die Rede. Und weil dieser Auftrag sich an alle Menschen, ja an alle Welt richtet, ist auch die Frage notwendig: Wie erreichen wir diese Menschen? Wie machen wir sie auf uns und unsere Botschaft aufmerksam? Wie gewinnen wir sie für die faszinierende Nachricht, dass Gottes grenzenlose Güte auch und gerade sie meint und dass es sich lohnt, sein Leben im Geist Jesu zu gestalten? – Diese Fragen mit Marketing-Fachleuten zu diskutieren, die in Kommunikation und Werbung Erfahrung haben, und von ihrem Wissen und ihrer Praxis zu profitieren, entspricht der Aufforderung Jesu „Lernt von den Kindern dieser Welt", aber auch der Forderung des Zweiten Vatikanischen Konzils, die Erkenntnisse der Humanwissenschaften für Theologie und Pastoral fruchtbar zu machen (GS 62).

Hinzu kommt: Wer wie die Kirche erhebliche personelle, spirituelle, materielle und finanzielle Mittel einsetzt, um seine Ziele zu erreichen, ist gefordert, diese Ressourcen möglichst sinn- und wirkungsvoll einzusetzen. Menschliche Arbeitskraft und Kreativität wie materielle Mittel sind Gaben des Schöpfers, mit denen die Kirche genau so schonend, verantwortungsbewusst und nachhaltig umgehen soll, wie sie dies von anderen erwartet. Inspiriert von der Benediktsregel plädiert z.B. *Anselm Grün* für eine Spiritualität, die „nicht etwas rein Übernatürliches ist, sondern die sich ausdrückt in einem guten Wirtschaften, in einem angemessenen Umgang mit den Dingen. Wer Gott nicht fürchtet, der geht auch nicht sorgfältig mit den Dingen um. Daher weisen wirtschaftliche Probleme der

Klöster immer darauf hin, dass auch die Spiritualität nicht stark genug ist, alle Bereiche einzubeziehen“[3].

Um das Grundanliegen eines Kirchen-Management zu formulieren, das darauf abzielt, die Botschaft und Praxis des Evangeliums bestmöglich zur Geltung zu bringen, hat der evangelische Schweizer Theologe *Cla Reto Famos* den Begriff der „auftragsbestimmten Bedürfnisorientierung“ geprägt[4]. Er betont einerseits den Vorrang des Auftrags und trägt anderseits der Tatsache Rechnung, dass nicht nur Management und Marketing, sondern auch das Evangelium letztlich darauf aus ist, Antwort zu bieten auf die tiefsten Bedürfnisse der Menschen, ihre Freude und Hoffnung, aber auch ihre Trauer und Angst (vgl. GS 1). Ich selbst habe dafür den Begriff einer „wirkungsorientierten Pastoral“ vorgeschlagen[5]. Der Ausdruck „Wirkungsorientierung“ knüpft einerseits an die Terminologie des New Public Management[6] an und plädiert zugleich für eine kirchliche Praxis, die sich an den angestrebten Wirkungen ausrichtet. Anderseits knüpft der Begriff „wirkungsorientierte Pastoral“ an das Kirchenverständnis des Zweiten Vatikanischen Konzils an, das die Kirche als Sakrament des universalen Heilswillens Gottes in der Welt versteht (LG 1). Ein Sakrament ist ein „wirkmächtiges Zeichen“. Dementsprechend soll Gottes Heil durch die Kirche mitten in der Welt anfanghaft erfahrbar und wirksam werden[7].

3 *Anselm Grün*, Menschen führen – Leben wecken. Anregungen aus der Regel Benedikts von Nursia, 3. Aufl. Münsterschwarzach 2001, S. 31.

4 *Cla Reto Famos*, Auftragsbestimmte Bedürfnisorientierung. Ein Beitrag zur ökonomischen Reflexionsperspektive in der Praktischen Theologie, in: PTh 92 (2003), S. 385-402; *ders.*, Die Kirche zwischen Auftrag und Bedürfnis, in: Verbands-Management 30 (2004), S. 48-59; *ders.*, Kirche zwischen Auftrag und Bedürfnis. Ein Beitrag zur ökonomischen Reflexionsperspektive in der Praktischen Theologie (ReligionsRecht im Dialog 3), Münster 2005.

5 *Daniel Kosch*, Wirkungsorientierte Pastoral, in: SKZ 171 (2003), S. 840-846, 851-852.

6 Eine gute Einführung bieten: *Kuno Schedler/Isabella Proeller*, New Public Management, Bern 2000.

7 Auch *Medard Kehl*, Kirche als „Dienstleistungsorganisation“, in: StdZ 125 (2000), S. 389-400, bes. S. 393 ff. sieht im Begriff der Kirche als „universales Sakrament des Heils“ (LG 48) „das breiteste theologische ‚Auffangbecken‘ für das gegenwärtige empirische Verständnis der Kirche als ‚Dienstleistungsorganisation‘, auch wegen seiner kritischen Kraft gegenüber den Zwiespältigkeiten dieser Sicht von Kirche.“

## *II. Gründe für Change-Management in der Kirche*

Das in den letzten Jahren deutlich erstarkte Interesse kirchlicher Institutionen an Management- und Marketingfragen, die bedeutende Zahl von Leitbild- und Strategieprozessen, die zahlreichen pastoralen Orientierungsrahmen, Entwicklungspläne etc.[8], der zunehmende Bedarf an Organisationsentwicklung und Beratung, sowie die vielen Publikationen[9], Tagungen und Weiterbildungsangebote werfen die Frage auf, welches im kirchlichen Bereich die Auslöser für den Wunsch nach Change-Management bzw. nach Management-Konzepten sind, die auf die spezifischen Gegebenheiten in der Kirche zugeschnitten sind.

Dass Unternehmen und Institutionen sich vertieft mit Marketingfragen auseinandersetzen oder sich mit Change-Management[10] befassen, kann verschiedene Gründe haben. Ein erstes mögliches Motiv ist, dass man die eigene Mission und Vision neu interpretiert. Eine zweite Ursache kann sein, dass sich das gesellschaftliche Umfeld gewandelt hat, so dass die

8 Sorgfältig dokumentiert und reflektiert wird ein solcher diözesaner Prozess in: *Klaus Kiessling/Viera Priker/Jochen Sautermeister* (Hg.), Wohin geht die Kirche morgen? Entwicklung pastoraler Prioritäten in der Diözese Rottenburg-Stuttgart, Ostfildern 2005; in der Schweiz hat besonders die „Basler-Kirchenstudie" viel Beachtung gefunden: *Manfred Bruhn/Albrecht Grözinger*, Kirche und Marktorientierung. Impulse aus der Ökumenischen Basler Kirchenstudie, Freiburg 2000.

9 Einen Forschungsüberblick bietet: *Cla Reto Famos*, Management-Konzepte in der Kirche, in: ThLZ 128 (2003), S. 991-1012.
Wichtige Monographien und Sammelbände: *Hans-Jürgen Abromeit u.a.* (Hg.), Leiten in der Kirche. Rechtliche, theologische und organisationswissenschaftliche Aspekte (Greifswalder theologische Forschungen 13), Frankfurt a.M. 2006, *Pius Bischofberger*, Kirchliches Management – Grundlagen und Grenzen (ReligionsRecht im Dialog 1), Münster 2005; *C. R. Famos*, Kirche (Anm. 4); *B. J. Hilberath/B. Nitsche* (Hg.), Kirche (Anm. 2); *Cla Reto Famos/Ralph Kunz* (Hg.), Kirche und Marketing. Beiträge zu einer Verhältnisbestimmung, Zürich 2006; *Steffen W. Hillebrecht* (Hg.), Kirchliches Marketing, Paderborn 1997; *Werner Krämer/Karl Gabriel/Norbert Zöller*, Neoliberalismus als Leitbild für kirchliche Innovationsprozesse? Arbeitgeberin Kirche unter Marktdruck, Münster 2000; *Martin Mertes*, Controlling in der Kirche. Aufgaben, Instrumente und Organisation dargestellt am Beispiel des Bistums Münster (LLG 7), Gütersloh 2000; *Martin Pott*, Kundenorientierung in Pastoral und Caritas? Anstösse zum kirchlichen Handeln im Kontext der Marktgesellschaft, Münster 2000.

10 Als Standardwerk sei verwiesen auf: *Klaus Doppler/Christoph Lauterburg*, Change Management. Den Unternehmenswandel gestalten, 9. Aufl. Frankfurt a.M. 2000.

Organisation, ihre Produkte und Dienstleistungen neu ausgerichtet werden müssen. Ein dritter Auslöser kann sein, dass man zur Überzeugung kommt, mit der bisherigen Organisation könne die Mission nicht (mehr) adäquat erfüllt und die Vision nicht (mehr) verwirklicht werden. Ein vierter Anlass mag sein, dass man mit der Qualität und Wirkung der Dienstleistungen und Produkte nicht (mehr) zufrieden ist. Ein fünfter möglicher Grund für einen Change-Prozess ist die Tatsache, dass sich die verfügbaren personellen, finanziellen oder infrastrukturellen Ressourcen ändern oder dass sich Änderungen in diesem Bereich abzeichnen[11].

Die Frage, welcher bzw. welche dieser Gründe nun in der katholischen Kirche für einen erhöhten Reflexions- und Anpassungsbedarf im Bereich des Kirchenmanagements sorgen, ist keineswegs nur von theoretischem Interesse, denn unterschiedliche Diagnosen über die Herkunft des Leidensdrucks und Veränderungsbedarfs haben unterschiedliche Therapie- bzw. Handlungsansätze zur Folge.

Wer den Auslöser der „Kirchenkrise" primär in ihrer zentralistisch-hierarchischen Organisation sieht, wird andere Postulate formulieren, als wer sich v.a. um rückläufige Steuereinnahmen sorgt. Wer v.a. die Sorge hat, dass die Kirche die Menschen von heute nicht mehr erreicht, wird andere Fachleute zuziehen, als wer der Überzeugung ist, die Kirche leide letztlich daran, dass ihr der lebendige Glaube abhanden gekommen sei. Wer die Qualität der erbrachten Dienstleistungen bemängelt, setzt anders an, als wer überzeugt ist, dass die notwendige Erneuerung der Kirche nur aus einer entschiedenen Rückwendung zum Geist und zu den Texten des Zweiten Vatikanischen Konzils kommen könne.

## *III. Ein interdisziplinärer Ansatz*

Wer die bereits seit längerer Zeit andauernde Diskussion über die Ursachen der „Kirchenkrise" und über mögliche Wege und Auswege verfolgt, wird unschwer zur Feststellung gelangen, dass jede monokausale Erklärung der Umbruch-Situation, in der sich die katholische Kirche befindet, zu kurz greift[12]. Gefragt ist ein interdisziplinärer Ansatz, der (1) theologi-

11 Diese fünf möglichen Ursachen korrespondieren dem Management-Modell, das im Folgenden präsentiert wird (s.u. V.).

12 Das einschlägige „Impulspapier des Rates der EKD": Kirche der Freiheit. Perspektiven für die evangelische Kirche im 21. Jahrhundert, Hannover 2006,

schen Fragen nach Auftrag und Botschaft der Kirche, (2) religionssoziologischen Fragen nach dem gesellschaftlichen Kontext kirchlichen Handelns, (3) organisationsentwicklerischen Zugängen, (4) aber auch Erkenntnissen aus den Bereichen des Qualitätsmanagements und schliesslich (5) den klassischen Fragen der Betriebswirtschaft (Finanzen, Personal, Produktionsmittel und Infrastruktur) die notwendige Aufmerksamkeit schenkt.

Aus diesem Postulat eines interdisziplinären Ansatzes ergibt sich bereits eine erste, ebenso konkrete wie anspruchsvolle Konsequenz für die Praxis: Kohärentes und wirkungsvolles Kirchenmanagement ist nur in intensivem Dialog und enger Kooperation zwischen den verschiedenen beteiligten Akteuren möglich: Bischöfe und Finanzfachleute, Unternehmensberaterinnen und Theologen, Organisationsentwickler und Religionssoziologinnen sind gefordert, sich über die Ausgangslage, Veränderungsansätze und praktische Massnahmen zu verständigen und die erzielten Wirkungen und Entwicklungen zu beobachten und zu reflektieren, um daraus für die Zukunft zu lernen. Die praktische Erfahrung und die Lektüre einschlägiger Literatur zeigen, dass wir diesbezüglich erst am Anfang stehen. Sakramentenspender und Säckelmeister, aber auch praktische Theologen und Kirchenmanager entwickeln ihre Konzeptionen oft eher neben- als miteinander. So verdienstvoll es z.B. ist, dass der renommierte Pastoraltheologe *Paul M. Zulehner* sich unter dem Titel „Kirche umbauen – nicht totsparen"[13] mit den kirchlichen Finanzierungsproblemen befasst, so enttäuscht werden primär mit Finanzierungsfragen be-

---

S. 20 ff., benennt „acht zentrale Herausforderungen": 1. die demographische Entwicklung, 2. die finanzielle Entwicklung, 3. die „volkskirchliche" Situation des gottesdienstlichen Handelns, 4. die Kirche und die nächste Generation, 5. die zukünftige Situation der Mitarbeiterschaft, 6. die Kirche und ihre Kirchen, 7. die Selbstverwaltungskosten der Kirchen, 8. zur Analyse kirchlicher Schwachstellen. *M. Drobinsiki*, Oh Gott (Anm. 1), S. 76 ff., identifiziert sechs Krisen: 1. die Finanzkrise, 2. die Mitglieder- und Säkularisierungskrise, 3. die Glaubwürdigkeitskrise, 4. die Kommunikationskrise, 5. die Krise des Priesteramts, 6. die Krise der Reformer.

Die zahlreichen Übereinstimmungen belegen, dass es nicht sachgemäss ist, die Ursachen der Krise einseitig in den „spezifisch katholischen" Diskussionsfeldern zu suchen, was allerdings nicht heisst, dass der entsprechende Problemstau die Ausgangslage nicht zusätzlich belastet.

13 *Paul M. Zulehner*, Kirche umbauen – nicht totsparen, Ostfildern 2004; vgl. auch *Leo Karrer*, Kirche unter Sparzwang. Ende von Visionen? Anstoss zu Visionen?, in: Pastoraltheologische Informationen 24 (2004), S. 50-64.

fasste Leser/innen das Büchlein aus der Hand legen, da es in finanzieller Hinsicht nicht über sehr abstrakte Überlegungen hinauskommt. Allerdings zeigt der sehr sorgfältig angelegte, breit abgestützte und auch theoretisch reflektierte Prozess in der Diözese Rottenburg-Stuttgart auf, wie schwierig es ist, den Transfer von den pastoralen Prioritäten zu den finanziellen Realitäten zu leisten[14]. Diese Schwierigkeiten dürfen allerdings kein Grund zur Resignation oder zum Rückzug auf die je eigenen Zuständigkeitsbereiche sein – im Gegenteil: Sie fordern dazu heraus, das Miteinander zu suchen und wo nötig auch streitbaren Auseinandersetzungen nicht aus dem Weg zu gehen[15].

## *IV. Problemlösende Wirkung von Konflikten*

Dass dieser Dialog zwischen den Vertretern verschiedener Perspektiven konfliktiv oder zumindest spannungsreich ist, liegt aber nicht nur an deren unterschiedlichen Blickwinkeln und Interessen, sondern ist in der Sache selbst begründet. Die Spannung zwischen Geld und Geist, zwischen dem Göttlichen und dem Menschlichen, zwischen der Freiheit des Geistes und den Gesetzen der Institution, zwischen Charisma und Amt, zwischen Heiligkeit und Sünde, zwischen Ideal und Wirklichkeit, zwischen kirchlicher Identität und Eingebundensein in das gesellschaftliche Gefüge, zwischen dem Leitungsanspruch der Verantwortungsträger und dem Willen nach Mitbestimmung der Basis, zwischen der Kirche vor Ort und den diözesanen, nationalen oder weltweiten Strukturen der Kirche, zwischen verschiedenen Frömmigkeitsstilen, Kirchenbildern, pastoralen Zielvorstellungen, zwischen Einheit und Vielfalt und viele andere Spannungen charakterisieren nicht nur die Situation der Kirche in der heutigen Zeit, sondern bestimmen die Geschichte der Kirche seit ihren Anfängen

14 *K. Kiessling/V. Priker/J. Sautermeister* (Hg.), Wohin (Anm. 8); zu einem viel bescheideneren Projekt aus der Schweiz vgl. *Daniel Kosch*, Prioritäten setzen – Kräfte bündeln – Aufträge klären, in: SKZ 173 (2005), S. 700-704.

15 Eine Methode zur Umsetzung dieses interdisziplinären Ansatzes ist die Einberufung von ‚runden Tischen' bzw. interdisziplinären Arbeitsgruppen, bei denen vereinbart wird, dass jede/r sich hauptsächlich darauf beschränkt, die eigene Perspektive einzubringen: Der Pastoraltheologe argumentiert pastoral, der Finanzverantwortliche finanziell etc.

und finden ihren Niederschlag sowohl im biblischen Zeugnis als auch in den Dokumenten des letzten Konzils.

Jedes Managementkonzept, das den Eigenheiten der Kirche wirklich gerecht wird, muss diesen Polaritäten Rechnung tragen[16].

Unter dem Titel „Konflikte – eine Chance für Probleme" hat *Uta Pohl-Patalong* hilfreiche Erkenntnisse aus Konflikttheorien für die Planung in der Kirche abgeleitet[17]. In Anlehnung an *Lewis A. Coser* formuliert sie sieben positive Funktionen von Konflikten: 1. Konflikte nach aussen können den Zusammenhalt festigen. 2. Konflikte können Beziehungen erhalten. 3. Konflikte können das Auseinanderfallen des Systems verhindern. 4. Konflikte können neue Beziehungen schaffen. 5. Konflikte können gemeinsame Grundlagen deutlich machen. 6. Konflikte können Regeln und Normen hervorbringen bzw. an veränderte Bedingungen anpassen. 7. Konflikte können Koalitionen schaffen.

*Uta Pohl-Patalong* warnt vor den „destruktiven Wirkungen verdrängter Konflikte": „Lässt eine Organisation Konflikte nicht zu, hat dies also zunächst einmal Entscheidungen von minderer Qualität zur Folge". Dementsprechend hält sie fest: „Ein gelungener Umgang mit Konflikten verbessert die Qualität des Unternehmens, reduziert seine Kosten, erhöht die Leistung, regt die Kreativität an, verbessert die Zusammenarbeit und etabliert neue Wege, die Tätigkeiten des Unternehmens zu verbessern. Diese Wirkungen sind allerdings an die Voraussetzung eines bestimmten Umgangs mit Konflikten gebunden."

Diese Betonung der „problemlösende(n) Wirkung von Konflikten" ist nicht zuletzt deshalb wichtig, weil in der Kirche vielerorts die Überzeugung vorherrscht, wenn man schon von aussen mit grossen Schwierigkeiten konfrontiert sei, gelte es, wenigstens nach innen die Reihen zu schliessen – was eher zu einer Lähmung des Systems führt und notwendigen Wandel verhindert, als die erwünschte Harmonie und Bündelung der Kräfte zu erzeugen.

16 Dies gilt auch für jedes Kirchenbild bzw. für jede Ekklesiologie.

17 *Uta Pohl-Patalong*, Von der Ortskirche zu kirchlichen Orten. Ein Zukunftsmodell, 2. Aufl. Göttingen 2006, S. 25 ff.

## *V. Ein Einfaches Management-Modell*

In dieser Gemengelage einer Umbruchsituation mit ganz verschiedenen Ursachen (s.o. II.), eines anspruchsvollen interdisziplinären Gesprächs (s.o. III.) und einer von Konflikten und Polaritäten geprägten Kirche (s.o. IV.) droht die „Komplexitätsfalle“[18]: Vor lauter Gesichtspunkten, Zugängen und Problemen, die es zu beachten gilt, droht das Kirchenmanagement in der Analyse stecken zu bleiben, statt die Handlungsfähigkeit zu erhöhen.

Um dieser Gefahr der Überkomplexität zu entgehen, orientierte ich mich im Folgenden an einem einfachen Management-Modell[19], das sich gut auf die Kirche bzw. auf kirchliche Institutionen anwenden lässt. Es berücksichtigt fünf Dimensionen.

*1. Auftrag und Ziele*, bzw. Vision und Mission: Hauptzuständig dafür ist die Theologie bzw. die Kirchenleitung mit dem Auftrag, die Botschaft des Evangeliums für die jeweilige Zeit und Situation der Kirche zu konkretisieren.

*2. Personal, Infrastruktur und Finanzen:* Obwohl die Ressourcen für das kirchliche Handeln ebenfalls von erheblicher theologischer Bedeutung sind und die Kirchenleitung in höchstem Masse gefordert ist, sich

18 Vgl. *Maximilian Wallerath*, Möglichkeiten der Organisationswissenschaften in einer Überzeugungsgemeinschaft, in: H. J. Abromeit u.a. (Hg.), Leiten (Anm. 9), S. 51-69, 60: „Allen Reformansätzen ist eine grundlegende Schwierigkeit gemeinsam: Ihr Gelingen setzt voraus, dass sie das *Mass mittlerer Komplexität* wahren. Mit anderen Worten: Die Organisation hat den schmalen Grad zwischen überfordernden Gesamtlösungen und – aufs Ganze gesehen – wenig belangreichen Detaillösungen zu erkennen und zu begehen. Das ist leichter gesagt als getan. Zu bedenken ist, dass es stets um *Optimierungsentscheidungen* bei bestehenden Zielkonflikten geht. So streiten regelmässig Aufgabengerechtigkeit und Wirtschaftlichkeit, flache Hierarchien und die Problematik der Führungs- und Kontrollspanne oder Verantwortungsklarheit und vernetzte Strukturen.“

19 Zur Bedeutung eines Management-Modells vgl. *Johannes Rüegg-Stürm*, Das neue St. Galler Management-Modell. Grundkategorien einer integrierten Managementlehre. Der HSG-Ansatz, 2. Aufl. Bern 2003. Er erwähnt u.a. folgende Zwecke eines Management-Modells: Es hilft, rasch Wichtiges von weniger Wichtigem unterscheiden zu können, zeigt Wirkungszusammenhänge auf und dient damit in Situationen hoher Ungewissheit und Mehrdeutigkeit einer raschen Orientierung, es dient der Strukturierung organisationaler Kommunikation und der Aufmerksamkeitssteuerung, es stärkt die kollektive Handlungsfähigkeit einer Organisation (S. 13-15).

mit den entsprechenden Fragen zu befassen, hat hier der Dialog mit Betriebswirtschaft und Management einen zentralen Stellenwert.

*3. Organisation:* Die Organisation entsteht gewissermassen aus der Kombination der beiden Dimensionen „Auftrag/Ziele" und „Personal/Infrastruktur/Finanzen": Sie setzt die Vision mit den verfügbaren Mitteln um, woraus Produkte und Dienstleistungen resultieren. Zugleich folgt die Organisation eigenen Gesetzmässigkeiten. Für diese ist aus der Perspektive des „göttlichen Auftrags" einerseits die Theologie, genauer die Ekklesiologie, zuständig, aus der Perspektive der ebenfalls konstitutiven „menschlichen bzw. natürlichen Ressourcen" kommt hier den Erkenntnissen der Organisationslehre und Organisationsentwicklung ein hoher Stellenwert zu.

*4. Produkte und Dienstleistungen:* Damit sind die konkreten Vollzüge gemeint, mit denen die Kirche ihre Anspruchsgruppen in den eigenen Reihen und in der Gesamtgesellschaft erreicht. Zuständig dafür ist einerseits die praktische Theologie (von der Liturgiewissenschaft über Konzepte diakonischen Handelns bis zur Religionspädagogik etc.). Anderseits ist diesbezüglich viel von Marketing und Konzepten des Qualitätsmanagements zu lernen.

*5. Anspruchsgruppen:* Gemeint sind die Menschen, die die Kirche mit ihrer Verkündigung und ihrem praktischen Handeln erreicht. Viele von ihnen sind jedoch nicht nur „Zielgruppe", sondern zugleich „Träger/innen" des kirchlichen Handelns, zumal die Kirche als „Volk Gottes" nicht nur aus ihren Amtsträgern und Funktionären, sondern aus all ihren Mitgliedern besteht. Unter dieser Perspektive betrachtet, ist die Unterscheidung zwischen „Organisation" und „Anspruchsgruppen" nicht sachgemäss. Zugleich gilt es der Tatsache Rechnung zu tragen, dass es zum Wesen einer Institution gehört, dass sie auch von ihren eigenen Mitgliedern als „Gegenüber" wahrgenommen wird. So verstehen sich z.B. die Teilnehmenden an einem Gottesdienst nicht primär als „Subjekte", sondern als – aktiv beteiligte – „Adressat/innen" des gottesdienstlichen Handelns. Was den gesellschaftlichen Kontext, die nähere Charakterisierung der Anspruchsgruppen und deren Befindlichkeiten betrifft, so muss die Kirche einerseits das Gespräch mit der Religions- bzw. Pastoralsoziologie, anderseits aber mit der Marktforschung suchen. Wie bereits im Zusammenhang mit der Suche nach möglichen Gründen für den erhöhten Bedarf der Kirche nach handlungsleitenden Konzepten erwähnt, setzen verschiedene Vorschläge zur Sicherung der Zukunftsfähigkeit der Kirche je bei einer (oder mehreren) dieser Dimensionen an. Das ist angesichts der ansonsten drohenden „Komplexitätsfalle“ unvermeidlich und legitim, darf allerdings nicht dazu führen, dass die anderen Dimensionen ausser Acht gelassen werden. Vielmehr gilt es in jedem Fall, ihr Zusammenspiel zu beachten. In einer Kurzformel lässt sich dieses wie folgt ausdrücken: Geleitet vom Auftrag und den Zielen gestaltet die Organisation mit den verfügbaren Ressourcen ihr eigenes Leben und stellt im Blick auf die Anspruchsgruppen Produkte und Dienstleistungen bereit.

Während der Hauptzweck dieser komplexen Operation bei einer Profit-Organisation darin besteht, Gewinn zu machen, stehen für die Kirche als Mitglieder- und Non-Profit-Organisation andere Zwecke im Vordergrund. (1.) An erster Stelle ist die uneigennützige Verwirklichung der eigenen Vision und Mission zu nennen: Gottes grenzenlose Güte zu verkünden und erfahrbar zu machen, oder – um eine schöne Formulierung von *Fulbert Steffensky* aufzunehmen – Gott zu loben, das Recht zu ehren und Gesicht zu zeigen[20]. (2.) An zweiter Stelle bezweckt die Kirche, die eigenen Mitglieder und alle Menschen guten Willens dafür zu gewinnen, sich als Glaubensgemeinschaft für die Botschaft und Praxis des Evangeliums einzusetzen. (3.) Drittens bezweckt die Kirche, die Solidarität ihrer Mitglieder und die Unterstützung anderer zu mobilisieren, um über die für die Zielerreichung notwendigen Ressourcen personeller, finanzieller und infrastruktureller Art zu verfügen.

## *VI. Wirkungsorientierter Ansatz bei Produkten und Dienstleistungen*

Wer bei der praktischen Verwirklichung dieser Zielsetzungen gleichzeitig dem Auftrag (des Evangeliums) und dem Bedürfnis (der Anspruchsgruppen) gerecht werden, bzw. die Wirkung kirchlichen Handelns steuernd beeinflussen will, wird sein Augenmerk primär auf die Produkte und Dienstleistungen richten[21].

20 *Fulbert Steffensky*, Gott loben, das Recht ehren, Gesicht zeigen. Das Wesen und die zentralen Aufgaben der Kirche, in: Schwarzbrot-Spiritualität, Stuttgart 2005, S. 53-72.

21 Nicht zu unterschätzen sind auch die Auswirkungen der Art der „Organisation“ der Kirche bzw. kirchlicher Institutionen auf das „Management“ bzw. auf Steuerungsprozesse in der Kirche. Zu dieser theologisch bzw. ekklesiologisch brisanten Frage s.u. VIII.

Immer wieder sorgt in diesem Zusammenhang die terminologische Frage für Diskussionen, wie korrekt zu benennen ist, was die Kirche „produziert“ oder „anbietet“: Vom Gottesdienst über das Bildungsangebot zur caritativen Nothilfe, vom Kirchenblatt über den Raum der Stille im Einkaufszentrum bis zum nationalen Ministrant/innenfest, von der Beerdigung über den Religionsunterricht bis zum Internetportal der katholischen Kirche. Aber im Kontext der Fragen, um die es hier geht, soll die Frage nach der Begrifflichkeit nicht überbewertet werden – und so bleibe ich bei den ganz profanen Ausdrücken „Produkt“ und „Dienstleistung“, wobei zu letzterem Begriff anzumerken ist, dass es auch ausserhalb der Kirche viele „Dienstleistungen“ gibt, die eine aktive Beteiligung jener erfordern, die diese in Anspruch nehmen. Kirche als „Dienstleistungsorganisation“ zu verstehen, impliziert also keineswegs, deren Adressaten nur noch als passive „Konsumenten“ oder „Kundinnen“ zu sehen. So sind z.B. auch eine Psychotherapie oder ein Angebot für Wanderferien Dienstleistungen, deren Qualität und Erfolg nicht von den Anbietern allein gewährleistet werden kann, sondern entscheidend davon abhängen, ob es zu einer gelingenden Interaktion zwischen dem Anbieter und den Adressat/innen sowie zwischen den verschiedenen Adressat/innen kommt. Ähnliches gilt für sehr viele kirchliche Aktivitäten – vom Beichtgespräch über das Pfarreifest bis zum Peace-Camp einer geistlichen Bewegung.

Ein wirkungsorientiertes kirchliches Management, das bei den Produkten und Dienstleistungen ansetzt, unterscheidet sich von der herkömmlichen Art der Steuerung vor allem in zwei Punkten: Es verknüpft erstens die inhaltlichen Fragen mit den finanziellen und organisatorischen und überwindet damit die Trennung von Pastoral und Verwaltung, bzw. Geist und Geld. Und es geht zweitens bei der Frage des Ressourceneinsatzes (Geld, Personal, Infrastruktur) nicht mehr von einer „input“-Steuerung aus, sondern orientiert sich am „outcome“: Für bestimmte Leistungen, die in einer vereinbarten Qualität zu erbringen sind, werden entsprechende Ressourcen bereitgestellt[22]. Dies führt – analog zum Konzept des „New Public Management“ – dazu, dass Leistungsaufträge und Globalbudgets zu zentralen Steuerungsinstrumenten werden, während die traditionellen kameralistischen Budgets an Bedeutung verlieren[23].

22 Vgl. dazu näher: *D. Kosch*, Pastoral (Anm. 5).

23 Zur praktischen Umsetzung vgl. die Erarbeitung von „Leistungsvereinbarungen“ mit kirchlichen Institutionen auf gesamtschweizerischer Ebene – nähere Informationen unter www.kath.ch/rkz (Rubrik: Mitfinanzierierung).

Konkret gilt es, zunächst die einzelnen Produkte und Dienstleistungen zu erfassen, sinnvoll zu gruppieren, zu quantifizieren und den Ressourcenbedarf sowie die Wirkung zu erfassen oder seriös abzuschätzen: Was bieten wir an? In welcher Menge? Welchen Aufwand leisten wir dafür? Wen erreichen wir? Allein schon eine solche Erfassung der Produkte- und Dienstleistungspalette wird in einer kirchlichen Institution, die diese Daten noch nie umfassend erhoben hat, nicht nur interessante Erkenntnisse zu Tage fördern, sondern auch inhaltliche Diskussionen auslösen.

Aufgrund der Kenntnis des Ist-Zustandes kann der Soll-Zustand thematisiert werden. Dabei geht es sowohl um quantitative als auch um qualitative Fragen. Die Kriterien, die in diesem Zusammenhang wegleitend sind, ergeben sich erneut aus dem präsentierten einfachen Management-Modell:

- Entspricht die Produktepalette, entsprechen die Qualität und die Gewichtung der einzelnen Angebote und Dienstleistungen unserem Auftrag und unserer Vision von Kirche?
- Tragen wir mit unserer Planung den effektiv verfügbaren personellen, finanziellen und infrastrukturellen Ressourcen Rechnung? Entspricht dieser Ressourceneinsatz dem aktuellen Auftrag und den heutigen Bedürfnissen – oder müssen die Ressourcen anders eingesetzt werden, um die angestrebte Wirkung zu erzielen?
- Entspricht die Palette der Produkte und Dienstleistungen und deren Qualität unserer Organisation und unserem Selbstverständnis? Oder erfordert sie Anpassungen, so dass wir uns neu positionieren und organisieren müssen, um den erkannten Herausforderungen gerecht zu werden?
- Werden wir mit dieser Produktepalette unseren Anspruchsgruppen gerecht? Entspricht die Ausrichtung auf bestimmte Anspruchsgruppen unserem Auftrag und unserer Vision von Kirche? Oder erfordert eine Ausrichtung daran diesbezüglich Anpassungen?

Es liegt auf der Hand, dass es einfacher ist, solche Fragen zu stellen, als sie zu beantworten. Und es ist ebenfalls keine Überraschung, dass die Beantwortung dieser Fragen mit der Bearbeitung von Zielkonflikten und der Austragung von Meinungsverschiedenheiten verbunden ist (s.o. IV.).

Damit sich die Abfolge von Analyse, Planung und Umsetzung zu einem eigentlichen Regelkreis schliesst, ist als weiterer Schritt die Evaluation unerlässlich, bildet sie doch die Grundlage für die Anpassung der Planung sowie für qualitative und quantitative Entwicklung. In methodischer Hinsicht ist es sehr wichtig, dass die Art der Evaluation, ihre Kriterien und Instrumente schon mit dem Umsetzungsbeschluss festgelegt werden, denn nur so können die gewünschten Daten überhaupt erfasst werden. Etwas platt formuliert: Je nachdem, ob man im Gottesdienst die anwesenden Kinder zählen, die Wirkung der Predigt erfassen oder die Qualität des Gemeindegesangs messen will, wird man andere Messinstrumente und -grössen benötigen.

Der hier nur skizzierte wirkungsorientierte Management-Ansatz bei den Produkten und Dienstleistungen bedarf der sorgfältigen Konkretisierung, wobei vielfältige Instrumente und Techniken z.B. aus dem Bereich des Controlling oder des Qualitätsmanagements zum Einsatz kommen können. Zudem bedarf dieser Ansatz auch der Ergänzung, denn neben den Produkten und Dienstleistungen selbst beeinflussen auch die Preis- bzw. Gegenleistungspolitik, die Kommunikationspolitik und die Distributionspolitik die Wirkung des kirchlichen Handelns nachhaltig[24].

## *VII. Mut des Aufgebenkönnens*

Bei der Konkretisierung des skizzierten wirkungsorientierten Ansatzes besteht die grösste Gefahr wohl darin, dass er dazu (ver)führt, die Antworten auf die gestellten Fragen einseitig im „noch mehr“, „noch besser“, „noch effizienter und effektiver“, „noch gezielter“ zu suchen. Deshalb sei in diesem Zusammenhang an geradezu prophetische Worte des grossen Theologen *Karl Rahner* erinnert. Schon 1972 sprach er in seinem nach wie vor aktuellen Büchlein „Strukturwandel der Kirche als Aufgabe und Chance“[25] vom „Mut des Aufgebenkönnens“ und hielt fest:

24 Vgl. dazu *Dieter K. Tscheulin/Martin Dietrich*, Zur Entwicklung und Bedeutung eines kirchlichen Marketings, in: C. R. Famos/R. Kunz (Hg.), Marketing (Anm. 9), S. 73-94. Zur Preis- bzw. Gegenleistungspolitik gehören nicht nur die monetären Kosten, sondern die gesamte Beitragspolitik (Steuern/Spenden), psychische Kosten, Energiekosten und Opportunitätskosten. Die Distributionspolitik befasst sich mit den Fragen nach der örtlichen und zeitlichen Verteilung der Angebote.

25 *Karl Rahner*, Strukturwandel der Kirche als Aufgabe und Chance, Freiburg 1972, S. 52-56; zur Aktualität dieses Textes s. *Klaus Peter Fischer*, Strukturwandel der Kirche – Aufgabe und Chance? Relecture einer Programmschrift, in: Orientierung 68 (2004), S. 250-256.

„Im Handeln der Kirche auf die Zukunft hin [...] sind in wirklich hart auswählenden Entscheidungen Schwerpunkte zu setzen. Auch die Kirche kann nicht in jeder Zeit gleichmässig alles tun, was an sich in den Umkreis ihrer Sendung und ihrer Aufgabe fällt. Wenn man das Gegenteil versucht, wird man in Wirklichkeit keiner Aufgabe gerecht, weil man sehr endliche Kräfte verzettelt in dem Bemühen, allen und allem gleichzeitig gerecht zu werden. [...] Wenn man aber zu keinen wirklichen Schwerpunktsetzungen kommt, wenn man beschliesst, allen und allem gerecht zu werden, an allen Punkten der Front der Kirche zugleich anzugreifen, wenn man für alle und jede Aufgabe der Kirche ein ideales Programm entwirft, dann hat man sicher falsch gehandelt. Das einzig sichere Kriterium dafür, dass man diesen kapitalen Fehler vermeidet, scheint mir darin zu liegen, dass nicht wenige in der Kirche gegen solche Schwerpunktsetzungen protestieren, wehklagen und erklären, die Kirche [...] nähme die von ihnen vertretenen Anliegen und Bedürfnisse nicht ernst genug. [...]

Rechtzeitiges Planen und rechtzeitiger Beginn der Ausführung des Geplanten müssen in einer Zeit geschehen, in der das Geplante noch gar nicht absolut dringend und für jedermann selbstverständlich ist. Darum aber stehen einem solchen Geplanten innere und äussere Widerstände entgegen, die nur zu leicht zur Vertagung auf spätere Zeiten Anlass geben. [...] In Wahrheit aber wird nur dann rechtzeitig geplant und angefangen, wenn man nach einem durchschnittlichen Urteil auch noch warten könnte. In Wirklichkeit ist es in solchen Fällen höchste Zeit, nur merkt man es nicht."

## *VIII. Folgen für Organisation und Leitungsstil der Kirche*

„Wirkungsorientierung" und „auftragsbestimmte Bedürfnisorientierung" können seitens der Kirchenleitungen und -verwaltungen von einzelnen kirchlichen Stellen, Institutionen etc. nur dann glaubwürdig verlangt werden, wenn sie ihrerseits entsprechend denken und handeln. Ohne geklärte und fassbare Wirkungsziele für das Gesamtsystem und ohne sorgfältige Abstimmung zwischen den einzelnen Entscheidungs- und Handlungsebenen verkommen Management-Konzepte oder auch Leistungsaufträge für einzelne Institutionen oder Projekte zur arbeitsintensiven, aber von Wirkungslosigkeit bedrohten Alibiübung. Von *Konfuzius* stammt das Wort: „Wenn über das Grundsätzliche keine Einigkeit besteht, so ist es sinnlos, miteinander Pläne zu machen". Diese Forderung nach einer klaren Leitung ist keinesfalls mit einem autoritären Führungsstil oder einem zentralistischen Kirchenverständnis gleichzusetzen. Im Gegenteil:

- Ein Führungsstil, der sich an Wirkungszielen orientiert, gewährt bezüglich der Wege, die zu diesen Zielen führen, möglichst grosse Freiheit. Er verzichtet darauf, jedes Detail zu regeln und sich in Einzelheiten einzumischen. Damit respektiert er die Freiheit und die Verantwortung jener, die mit der konkreten Umsetzung beauftragt sind und über die dafür nötigen Fähigkeiten und Begabungen verfügen. Ein solches „strategisches" Führungsverständnis unterscheidet sich ganz erheblich vom interventionistischen und normierenden Führungsstil, wie er immer noch von vielen kirchlichen Amtsträgern und Verwaltungsbehörden praktiziert wird[26]. Begründen lässt sich ein solches Leitungsverständnis nicht nur mit modernen Management-Theorien[27], sondern auch biblisch-theologisch: Der Aufbau der Kirche als „Leib Christi" ist auf die Mitwirkung und die Charismen all seiner Glieder angewiesen.

– Eine Organisation des kirchlichen Lebens, die nicht nur die „Auftragsbestimmung", sondern auch die „Bedürfnisorientierung" aufnimmt, wird die Vielfalt der Anspruchsgruppen ernst nehmen, indem sie sich am Subsidiaritätsprinzip orientiert und sich um grösstmöglichen Respekt vor den unterschiedlichen Situationen und Befindlichkeiten jener Menschen und Gemeinschaften bemüht, die die Kirche ansprechen und einbeziehen will. Setzt sich die Kirchenleitung darüber hinweg, verpasst sie nicht nur die Chance, diese Menschen zu erreichen und für ihre Ziele zu gewinnen, sondern verstösst auch gegen den Auftrag, „zu hören, was der Geist den Gemeinden sagt" (Offb 2,7 u.ö.). „Denn eine Kirche, die bei den Menschen mit ihrer Botschaft nicht ankommt, steht dem Evangelium im Weg. Eine Grundvoraussetzung für das Ankommen des Evangeliums ist Einübung in zielorientiertes Arbeiten und bewusstes Leiten."[28]

26 Prägnant formuliert *H.-J. Abromeit*, Leiten in der Kirche – ein noch nicht geschriebenes Kapitel der praktischen Theologie, in: *ders*., Leiten (Anm. 9), 15-30, 25: „Mochte in der zurückliegenden Zeit Leitung der Kirche durch Verwaltung noch funktionieren, so führt in der Gegenwart die Reduktion der Leitungsaufgaben auf Verwaltung die Kirche in den Untergang. Es gilt, strategisch und mutig ganz neue Entscheidungen zu fällen, die unter dem Verwaltungsparadigma von Leitung nicht in den Blick kommen können."

27 Aus der reichen Literatur siehe bspw. *Klaus Doppler*, Der Change Manager. Sich selbst und andere verändern – und trotzdem bleiben, wer man ist, Frankfurt a.M. 2003.

28 *H.-J. Abromeit*, Leiten (Anm. 26), S. 27. Auf engem Raum konkretisiert dieses Postulat *Peter Barrenstein*, Situation und Verbesserungsansätze in kirchlicher Leitung – Überlegungen aus externer Sicht, ebda., S. 95-107.

Ein wirkungsorientiertes Amts-, Leitungs- und Verwaltungsverständnis unterscheidet sich also von der herkömmlichen Praxis in doppelter Hinsicht: Einerseits, indem es sich viel grundsätzlicher fragt, welches die wirklich wichtigen Ziele und Schwerpunkte kirchlichen Handelns sind und sich damit vom blossen Verwalten des Bestehenden (oder gar des Untergangs) ab- und dem Gestalten der Zukunft zuwendet. Und anderseits, indem es die Gestaltungsmöglichkeiten der Trägerinnen und Träger des kirchlichen Lebens und ihre Freiheit stärkt, sich effektiv – und nicht nur mit schönen Worten – an der „Freude und Hoffnung, Trauer und Angst der Menschen von heute" (GS 1) zu orientieren[29].

## *IX. Auswirkungen auf das Miteinander von kirchenrechtlichen und staatskirchenrechtlichen Strukturen*

Eine Konkretisierung des hier skizzierten Ansatzes in den Strukturen der katholischen Kirche in der Schweiz muss den rechtlichen und finanziellen Rahmenbedingungen Rechnung tragen, die massgeblich durch das sogenannte „duale System" bzw. die Doppelstruktur von kirchlichen und staatskirchenrechtlichen Leitungsstrukturen mitgeprägt werden. Diese Doppelstruktur und die vielfältigen Fragen, die damit verbunden sind, können hier nicht näher erläutert werden[30]. Entscheidend für die Thema-

29 Ein solches Leitungsverständnis hat weitreichende Folgen für die Ausgestaltung kirchlicher Ämter und Dienste, für die rechtliche Umsetzung des „Glaubenssinns des Gottesvolkes" und für die Erweiterung von Mitbestimmungsrechten der Laien; vgl. dazu z.B. *Sabine Demel*, Dringender Handlungsbedarf. Der Glaubenssinn des Gottesvolkes und seine rechtliche Umsetzung, in: HerKorr 58 (12/2004), S. 618-623; *dies.*, Mitmachen – Mitreden – Mitbestimmen. Grundlagen, Möglichkeiten und Grenzen in der katholischen Theologie, Regensburg 2001.

30 Zum schweizerischen Staatskirchenrecht allg. s. *Dieter Kraus*, Schweizerisches Staatskirchenrecht, Tübingen 1993; *Christoph Winzeler*, Einführung in das Religionsverfassungsrecht der Schweiz, Zürich 2005; *René Pahud de Mortanges/Erwin Tanner* (Hg.), Kooperation zwischen Staat und Religionsgemeinschaften nach schweizerischem Recht. Coopération entre Etat et communautés religieuses selon le droit suisse, Zürich 2005.
Zur spezifischen Situation der katholischen Kirche s. *Urs Josef Cavelti*, Kirchenrecht im demokratischen Umfeld, Freiburg 1999; *Dieter Kraus*, Kirche und Demokratie im schweizerischen Staatskirchenrecht. Zum Verhältnis kanonischer und kantonaler Prinzipien in der römisch-katholischen Kirchenorganisation in der Schweiz, in: IKZ Communio 25 (1996), S. 169 ff.

tik eines wirkungsorientierten Kirchen-Managements sind folgende Aspekte:

- Die Zuständigkeiten sind geteilt: Für die sogenannten „äusseren Angelegenheiten" sind die staatskirchenrechtlichen Organe zuständig, die „inneren Angelegenheiten" fallen in den Verantwortungsbereich der kirchlichen Organe. Die Entscheidungen über Finanzen, Infrastrukturen und personelle Ressourcen fallen also nicht in den gleichen Gremien wie die Entscheidungen über pastorale Prioritäten und die inhaltliche Ausrichtung des kirchlichen Handelns.
- Die staatskirchenrechtlichen und die kirchlichen Strukturen haben einen unterschiedlichen Aufbau: Bischof *Peter Henrici* spricht von der „Gegenläufigkeit zwischen dem Selbstverständnis unserer Kirchgemeinden und dem Selbstverständnis der katholischen Kirche". „Die katholische Kirche baut sich nicht ‚kongregationalistisch' von unten, von den vergemeinschafteten Pfarreien her auf, sondern sakramental-eucharistisch von oben, von Christus her. Sie ist ‚hierarchisch' verfasst [...] Damit bewegt sich die den kirchlichen Körperschaften vom Staat zugewiesene demokratische Organisationsform gegenläufig zu der vom Kirchenrecht vorgesehenen. Im Staatskirchenrecht kommt der Primat (und die Finanzhoheit) den einzelnen Kirchgemeinden zu, im Kirchenrecht dagegen den Bistümern. Die Spannungen und Missverständnisse, die auch in unserer schweizerischen Idylle nicht fehlen, dürften zu einem guten Teil auf diese Gegenläufigkeit von staatskirchenrechtlichem und kirchenrechtlichem Strukturaufbau zurückzuführen sein."[31]

---

Zur neueren Diskussion der Chancen und Problemen des dualen Systems s. *Daniel Kosch*, Perspektiven für ein partnerschaftliches und streitbares Miteinander pastoraler und staatskirchenrechtlicher Strukturen, in: SJKR/ASDE 10 (2005), S. 81-110 (Lit!); *ders.*, Staatskirchenrechtliche Strukturen im Dienst der Kirche, in: SKZ 172 (2004), S. 858, 860-863, 880-884, 889-890; *ders.*, Das Miteinander von kirchenrechtlichen und öffentlichrechtlichen Strukturen als Lernchance, in: Adrian Loretan-Saladin/Toni Bernet-Strahm (Hg.), Das Kreuz der Kirche mit der Demokratie. Zum Verhältnis von katholischer Kirche und Rechtsstaat, Zürich 2006, S. 69-87.

31 *Peter Henrici*, Gegenwart und Zukunft des Verhältnisses zwischen Staat und Kirche(n), in: SKZ 172 (2004), S. 918, 920-923, hier: 920.

### A. *Auswirkungen auf Prozesse des Kirchenmanagements*

Es ist verständlich und nahe liegend, dass insbesondere mit dieser Doppelstruktur nicht Vertraute primär deren Schwierigkeiten wahrnehmen werden: Unterschiedliche Rechtssysteme, unterschiedliche Leitungsstrukturen und -kulturen, unterschiedliche Abläufe, schwieriges Zusammenspiel zwischen inhaltlich-pastoraler und finanziell-administrativer Steuerung, Hierarchie versus Demokratie, Zentralismus versus Föderalismus, weltkirchlicher Universalismus versus gemeindezentrierter Partikularismus etc.

Diese Schwierigkeiten sind gewiss nicht zu verharmlosen. Und in Zeiten des Umbruchs und des permanenten Wandels werden sie noch deutlicher spürbar als in einer Phase, während der es weit weniger strittig und unklar war, was zum „Kerngeschäft der Kirche" gehört und wie sie sich zu dafür zu organisieren hat[32].

Neben den Schwierigkeiten dürfen aber die Chancen nicht übersehen werden, die diese Doppelstruktur im Vergleich mit einer Kirchenorganisation hat, die sich ausschliesslich am kanonischen Recht orientiert: 1. Die demokratischen Mitwirkungsrechte der Kirchenangehörigen im Bereich der Kirchenfinanzierung und der Wahl der Pfarrer bzw. Gemeindeleiter/innen sorgen dafür, dass das Prinzip der „Bedürfnisorientierung" beachtet wird. 2. Die Prinzipien der Rechtsstaatlichkeit und der finanziellen Transparenz sorgen für einen hohen Standard im Bereich der „good governance". 3. Die staatskirchenrechtlichen Gremien ermöglichen vielen Laien in der Kirche echte Partizipation und Mitverantwortung, was die Identifikation mit der Kirche und die Bereitschaft zur materiellen Solidarität deutlich stärkt. 4. Die föderalistische Struktur und die Gemeindeautonomie erleichtern ein situationsangepasstes Handeln und niederschwellige, relativ rasche Entscheidungen, die nicht von den Gesetzmässigkeiten eines zentralen Verwaltungsapparates abhängig sind.

### B. *Anforderungen an eine zukunftsfähige Weiterentwicklung*

Obwohl das Miteinander von kirchlichen und staatskirchenrechtlichen Strukturen nach wie vor produktive gegenseitige Lernprozesse ermöglicht[33] und auch aus religionsrechtlichen Überlegungen eine „Chan-

32 Dazu s. v.a. *D. Kosch*, Strukturen (Anm. 30).
33 S. dazu *D. Kosch*, Miteinander (Anm. 30).

ce" darstellt[34], müssen gerade im Hinblick auf ein „wirkungsorientiertes Kirchenmanagement" einige Anforderungen an die Weiterentwicklung dieser Doppelstruktur und der beiden „Partner" formuliert werden, damit diese ihre Verantwortung nicht nur „einvernehmlich"[35], sondern auch zukunftsgerichtet wahrnehmen können[36]:

1. Kirchliche und staatskirchenrechtliche Instanzen müssen anerkennen, dass die „gemeinsamen Angelegenheiten" (res mixtae) sehr viel wichtiger und zahlreicher sind als die Angelegenheiten, die klar in die Zuständigkeit einer der beiden Seiten fallen. Dass die eine Seite einen Pastoralplan entwickelt oder die andere einen Finanzplan und man sich erst gegen Ende der Arbeiten informiert, ohne echte Mitbestimmungsmöglichkeiten einzuräumen, sind Vorgänge, die nicht nur das „Miteinander" belasten, sondern auch Sinn und Wirkung des eigenen Handelns in Frage stellen.

2. Dass sehr viele Fragen zu den „res mixtae" gehören, erfordert ein neues, sehr viel verbindlicheres Miteinander der kirchlichen und staatskirchenrechtlichen Instanzen, das nicht nur auf „Vertrauen" und „Partnerschaftlichkeit" basieren kann, sondern auch auf verbindlichen Regelungen der Zusammenarbeit inkl. Verfahren zur Bereinigung von ernsthaften Differenzen. Voraussetzung dafür ist die gegenseitige „Anerkennung"

34 S. dazu v.a. *Giusep Nay*, Kirche und Staat im Lichte der Religionsfreiheit. Die schweizerische Lösung des Dualismus, in: Adrian Loretan/Franco Luzatto (Hg.), Gesellschaftliche Ängste als theologische Herausforderung. Kontext Europa, Münster 2004, S. 65-78; *ders.*, Schweizerischer Rechtsstaat und Religionsgemeinschaften: Hilfen und Grenzen, in: A. Loretan-Saladin/T. Bernet-Strahm (Hg.), Kreuz (Anm. 30), S. 35-47; *ders.*, Staatskirchenrecht: Der Dualismus als Chance, in: SKZ 172 (2004), S. 898, 900-903.

35 *René Zihlmann*, Einvernehmlich. Zürcher Erfahrungen zur Partnerschaft zwischen kanonischen Instanzen und religionsrechtlichen Körperschaften. In: Roger Liggenstorfer/Brigitte Muth-Oelschner (Hg.), Anleitungen und Rezepte für eine Kirche der Hoffnung. Festschrift zum 50. Geburtstag von Bischof Dr. Kurt Koch. (K)Ein Kochbuch, Fribourg 2000, S. 575-595.

36 Mit den Auswirkungen der Doppelstruktur der katholischen Kirche in der Schweiz auf das Kirchenmanagement befassen sich insbesondere: *Fabian Berz/Erich Häring/Alois Reinhard*, Das synoptische Aufmerksamkeitspapier unter dem speziellen Blickwinkel des deutschsprachigen Teils des Bistums Basel, in: B. J. Hilberath/B. Nische (Hg.), Kirche (Anm. 2), S. 135-163; *P. Bischofberger*, Management (Anm. 9); *Bruno Dähler/Urban Fink*, Neu Church Management. Finanzmanagement und Kundenmarketing in der katholischen Kirche in der Schweiz, Bern 1999.

nicht nur im Sinne der Wertschätzung, sondern der Respektierung der jeweiligen Stellung innerhalb der Kirche und der jeweiligen vom kirchlichen oder staatlichen Recht gewährten Zuständigkeiten.

3. Beide Instanzen sind gefordert, „wirkungsorientiert" zu denken bzw. ihr Handeln am Grundsatz der „auftragsbestimmten Bedürfnisorientierung" auszurichten. Dies bedingt einen Perspektivenwechsel weg von der Wahrung der eigenen Interessen und der eigenen Autonomie, hin zu gemeinsamen Zielen, in deren Dienst man sich stellt.

4. Für die kirchlichen Organe hat ein solcher Perspektivenwechsel zur Folge, dass sie zu Gunsten eines partizipativeren Führungsstils ihre oft überzogenen Ansprüche bezüglich „Letzt- und Alleinverantwortung" zurücknehmen und sich auf ein System der Gewaltenteilung einlassen.

5. Die staatskirchenrechtlichen Instanzen sind vor allem gefordert, in finanzieller wie organisatorischer Hinsicht das Prinzip der praktisch uneingeschränkten Gemeindeautonomie und kantonalen Kirchenhoheit zu überdenken. Es besteht ein weit reichender Konsens darüber, dass die kleinräumige Strukturen und eine Verteilung der finanziellen Mittel, welche die übergeordneten Ebenen (z.T. schon die Kantone, generell aber die Diözesen und die nationale Ebene) vernachlässigt, nicht nur Prozesse des Leitens, Koordinierens und der Weiterentwicklung kirchlichen Handelns, sondern auch die gesamtgesellschaftliche Wirkung und Wahrnehmbarkeit der Kirche erschwert, wenn verunmöglicht. Finanzielle Mittel „wirkungsorientiert" einzusetzen, heisst diese möglichst auf jener Ebene zu verwenden, auf der ein bestimmtes Ziel am besten und wirkungsvollsten erreicht wird. Wie die Mittel zur optimalen Zielerreichung auf die verschiedenen Ebenen verteilt werden sollen, muss je nach Tätigkeitsbereich geklärt und ausgehandelt werden.

6. Neben einer Umlenkung der Finanzflüsse im Sinne einer möglichst „ebenen-gerechten" Kirchenfinanzierung (die angesichts des zu erwartenden Rückgangs der finanziellen Ressourcen noch an Dringlichkeit gewinnen wird), sind die staatskirchenrechtlichen Strukturen gefordert, ihre z.T. sehr kleinräumigen Organisationsformen zu überprüfen und sowohl die interkommunale als auch die interkantonale Zusammenarbeit sehr viel verbindlicher zu gestalten. Wenn solche Prozesse sorgfältig mit der territorialen Organisation der kirchlichen Strukturen koordiniert werden, kann dies auch den Diözesen die Wahrnehmung ihrer Management-Aufgaben erleichtern.

7. Eine weitere gemeinsame Aufgabe besteht darin, Voraussetzungen zu schaffen, um den gestiegenen Anforderungen an die „Leitungs- und

Managementkompetenz" der Verantwortlichen besser entsprechen zu können. Im Bereich der staatskirchenrechtlichen Organe stösst das Milizsystem immer deutlicher wahrnehmbar an Grenzen: Die Komplexität der Aufgaben führt an vielen Orten – v.a. in grösseren Organisationen – zur zeitlichen, aber auch fachlichen Überforderung. Und bei der Bestellung kirchlicher Leitungsämter wird der Führungserfahrung nach wie vor zu wenig Rechnung getragen: theologisches Fachwissen, vorausgesetzte Priesterweihe und kirchenpolitische Ausrichtung haben weitaus mehr Bedeutung als Managementkompetenz. Zudem fehlt es im kirchlichen wie im staatskirchenrechtlichen Bereich an Aus- und Weiterbildungsmöglichkeiten für die höheren Kader. Mindestens teilweise gemeinsame Ausbildungsangebote könnten sehr viel dazu beitragen, das in der Praxis unumgängliche Miteinander einzuüben und das Bewusstsein für die gemeinsame Verantwortung zu stärken.

8. Diese anspruchsvollen Voraussetzungen für eine zeitgemässe Wahrnehmung ihrer Leitungsverantwortung, aber auch die mehrfach erwähnten fundamentalen Umbrüche in der Kirche, insbesondere die Auflösung der Identität zwischen „Staatsvolk" und „Kirchenvolk" bzw. die Ablösung der „Volkskirche" durch eine neue Gestalt von Kirche[37] fordern aber nicht nur dazu heraus, die Praxis der Zusammenarbeit in der Doppelstruktur zu überdenken, sondern auch über den resultierenden kirchen- und staatskirchenrechtlichen Reformbedarf nachzudenken.

## *X. Management-Spiritualität für eine Kirche in Zeiten des Wandels*

Zweifellos besteht ein erhebliches Gefälle zwischen der eingangs erwähnten „Vision" von Kirche im Dienst am Reich Gottes (s.o. I.) und der

37 *H.-J. Abromeit*, Leiten (Anm. 26), S. 24-27, plädiert entschieden für den Abschied von der „staatsanaloge(n) Organisation der Kirche in der konstantinischen Epoche" und den Übergang „vom konstantinischen zum unternehmerischen Leitungs-Paradigma". Auch Bischof *Kurt Koch* stellt die „ekklesiologische[n] Strukturprobleme der katholischen Kirche in der Schweiz" in den Kontext des nachkonstantinischen Zeitalters und des „äusserst labil und fragil gewordene[n] Status der volkskirchlichen Situation hierzulande" (Kirche an der Schwelle zum dritten Jahrtausend, in: *ders.*, Kirche im Übergang zum dritten Jahrtausend, Freiburg 2000, S. 12-30, bes. S. 16, 21 ff.).

skizzierten Erarbeitung eines Produkteplans mit quantitativen und qualitativen Aussagen, Indikatoren zu Wirkungszielen und Vorgaben für die Evaluation (s.o. VI), oder der Reflexion über die Auswirkungen auf die typisch schweizerische Doppelstruktur (s.o. IX). Angesichts dieses Gefälles mag – besonders unter Theolog/innen und Mitgliedern der Kirchenleitung – manch eine/r versucht sein, lieber in den Höhen der Reich-Gottes-Theologie zu verbleiben und diese praktischen Umsetzungsversuche als „Banalisierung“ oder „Trivialisierung“ des kirchlichen Auftrags zu ignorieren. Darum geht es jedoch nicht. Vielmehr geht es um notwendige Konkretisierungsprozesse, die die Kirche oder einzelne kirchliche Institutionen herausfordern, sich ganz praktisch zu fragen, was es heisst, als Kirche zu leben, die die Zeichen der Zeit ernst nimmt und in der Treue zum Evangelium wächst. *Karl Rahner* hat schon 1962 mit Nachdruck die bohrende Frage gestellt: „Wissen wir eine Antwort, wenn einer uns fragt: Was wollt ihr Christen in den nächsten Jahren konkret, was wollt ihr heute erreichen, was noch nicht ist, aber nach euch werden soll, und zwar hier und jetzt und nicht nur in der Ewigkeit?“[38]

Das Impulspapier der Evangelischen Kirchen Deutschlands (EKD)[39] formuliert in der Sprache des Managements: „Wer verändern will, muss konkret werden und auch Zahlen wagen. Nur auf Grund von klaren Zielwerten lässt sich das eigene Wirken wahrnehmen und in seiner Qualität einschätzen.“

### *A. Bereitschaft, mit Ungewissheit zu leben*

Zwar trifft es zu, dass die Kirche einen grossen Nachholbedarf im Management-Bereich hat. Aber es wäre völlig verfehlt, Kirchen-Management als „Allheilmittel“ aufzufassen. Die tiefgreifenden Umbrüche, mit denen die Kirche gegenwärtig konfrontiert ist, resultieren aus einem gesamtgesellschaftlichen Wandel und können von der Kirche selbst nur in beschränktem Umfang beeinflusst werden. Theologisch formuliert: Was Gott in unserer Zeit mit seiner Kirche vorhat, ist ungewiss – niemand kann es mit Bestimmtheit sagen. Dass vieles sich äusserlich und innerlich verändern wird, dass vieles an der alten Gestalt der Kirche sterben wird, ist offenkundig. Aber das „Neue“, die „künftige Gestalt“ der Kirche

38 *Karl Rahner*, Löscht den Geist nicht aus!, in: Schriften zur Theologie VII., Einsiedeln 1966, S. 77-90, hier: 82.
39 *Impulspapier* (Anm. 12), S. 101.

zeichnet sich noch nicht – oder erst in Umrissen – ab[40]. Kirchen-Management sollte nicht dazu missbraucht werden, der mit diesem Transformationsprozess verbundenen Trauer des Abschieds, der Ratlosigkeit und Ungewissheit zu entkommen. *Fulbert Steffensky* beobachtet: „Es besteht die Gefahr, dass wir, nur um unserer Resignation und Trauer zu entkommen, irgendetwas tun; irgendwelche Dinge treiben, an denen sich herumbasteln lässt. [...] Wir brauchen einen geistlichen Umgang mit dieser Situation, nicht nur einen pragmatischen."[41]

## *B. Mut, „die Möglichkeiten zu ergreifen und in die Zukunft zu blicken"*[42]

Eine „Management-Spiritualität" für eine Kirche in Zeiten eines tiefgreifenden Wandels lässt sich vielleicht mit folgenden Stichworten skizzieren:

– Sie braucht den Mut zum Wesentlichen und zum eigenen Profil[43]. Schwerpunktsetzung ist wichtiger als Vollständigkeit.

40 Vgl. *H.-J. Abromeit*, Leiten (Anm. 26), S. 24: „Die Kirche [ist] in einer Umstellungskrise und hat ihren Ort in der Gesellschaft, die sich nun als freiheitliche Demokratie und pluralistisch organisiert, noch nicht gefunden."

41 *F. Steffensky*, Gott (Anm. 20), S. 71 f. Vgl. auch *Michael Herbst*, Spirituelles Gemeindemanagement, in: H.-J. Abromeit u.a. (Hg.), Leiten (Anm. 9), S. 71-83. Zu einem spirituell inspirierten Führungsverständnis generell s. z.B. *Friedrich Assländer/Anselm Grün*, Spirituell führen mit Benedikt und der Bibel, Münsterschwarzach 2006.

42 Vgl. dazu das geistliche Testament von Papst Johannes XXIII., das mit den Worten endet: „Die heutige Situation, die Herausforderung der letzten Jahre und ein tieferes Glaubensverständnis haben uns mit neuen Realitäten konfrontiert, wie ich es in meiner Rede zur Konzilseröffnung sagte. Nicht das Evangelium ist es, das sich verändert; nein, wir sind es, die gerade anfangen, es besser zu verstehen. Wer ein recht langes Leben gehabt hat, [...] der weiss, das der Augenblick gekommen ist, die Zeichen der Zeit zu erkennen, die von ihnen gebotenen Möglichkeiten zu ergreifen und in die Zukunft zu blicken." Vgl. dazu *Ludwig Kaufmann/Nikolaus Klein*, Johannes XXIII. Prophetie im Vermächtnis, Fribourg 1990, Zitat: S. 24 f.

43 *M. Kehl*, Dienstleistungsorganisation (Anm. 7), S. 398 präzisiert: „Wir brauchen den Mut und die Entschiedenheit für eine partikulare, in sich selbst noch einmal sehr differenzierte *kirchliche Eigenkultur*, ohne sie programmatisch als *Gegenkultur* zur Moderne zu deklarieren." Damit sichert er die modische Forderung nach einer „Kirche mit Profil" gegen zwei Missverständnisse ab: Es geht weder

- Sie braucht den Mut zum Experiment: Auf neue Fragen neue Antworten zu suchen und damit neue Erfahrungen zu machen, ist wichtiger als garantierter Erfolg[44].
- Sie braucht den Mut zur Wahrhaftigkeit: Die Realitäten auch wenn sie schwierig sind beim Namen zu nennen, ist wichtiger als das Aufrechterhalten von überkommenen Bildern, die nicht mehr der Wirklichkeit entsprechen.
- Sie braucht den Mut zum Aushalten und Austragen von Spannungen und Konflikten: Der Zerrissenheit unserer Welt und Gesellschaft und der Vielfalt und Unübersichtlichkeit sowie den Zielkonflikten innerhalb der Kirche Rechnung zu tragen, ist wichtiger als die Befriedigung des Bedürfnisses nach Harmonie.
- Sie braucht den Mut, den Glauben mit Managementkonzepten, die Hoffnung mit Finanzplänen und Entwicklungszielen, und die Liebe mit modernen Führungsgrundsätzen ins Gespräch zu bringen. Das komplexe und anspruchsvolle Miteinander von Treue zum Evangelium und modernem Management ist ein entscheidender Faktor für die Zukunftsfähigkeit der Kirche.

---

darum, im Namen des Profils Einheit bzw. Geschlossenheit statt Vielfalt zu fordern, noch in den vorkonziliaren Gegensatz zwischen Kirche und Moderne zurückzufallen. Beides würde weder dem kirchlichen Selbstverständnis gerecht, noch entspräche es dem Ziel einer recht verstandenen „Wirkungs-“ bzw. „Bedürfnisorientierung“.

44 Dass dieser „Mut zum Wagnis“ der Zukunft gegenüber für die Kirche das einzig sichere Handlungsprinzip sei, hat *K. Rahner*, Geist (Anm. 38), S. 85, ebenfalls schon 1962 formuliert: „Wir dürfen heute eigentlich nicht bei der Lösung von echten Problemen fragen: Wie weit *muss* ich gehen, weil es einfach von der Situation erzwungen wird, wenigstens so weit zu gehen, sondern wir müssten fragen: Wie weit *darf* man unter Ausnützung aller theologischen und pastoralen Möglichkeiten gehen, weil die Lage des Reiches Gottes sicher so ist, dass wir das Äusserste wagen müssen, um so zu bestehen, wie Gott es von uns verlangt.“

SJKR/ASDE 11 (2006), S. 97-114

# Rechtsprechung

## Religionsrechtlich bedeutsame Entscheide des Bundesgerichts in den Jahren 2005–2006*

von Dieter Kraus (Luxemburg)

### *I. Überblick*

Die nachstehend wiedergegebenen Entscheide des Bundesgerichts betreffen zum einen das kirchliche Glockengeläut und zum anderen das Einbürgerungsrecht.

Das kirchliche Glockengeläut hat das Bundesgericht bereits mehrfach beschäftigt (siehe BGE 126 II 366 – Bubikon[1] sowie BG 1A. 240/2002 vom 13. Mai 2003[2]). Im jetzt entschiedenen Verfahren geht es um das viertelstündliche Läuten der Kirchenglocken während der Nachtzeit (22.00 bis 6.00 Uhr). Auch diesmal wird kein Verstoss gegen Bundesrecht festgestellt. Die kantonalen Instanzen hätten ihr Ermessen bei der Abwägung zwischen dem Interesse der Bewahrung einer alt hergebrachten und durchweg akzeptierten Tradition einerseits und dem Ruhebedürfnis anderseits nicht überschritten. Das Bundesgericht lässt indes – im sachten Wege der Bezugnahme auf eine Broschüre der Zürcher evangelisch-reformierten Landeskirche – anklingen, dass ein viertelstündliches Läuten während der Nachtzeit vielleicht überdacht werden sollte. Dem ist zuzustimmen, nicht zuletzt um das schöne und schützenswerte Anliegen der Aufrechterhaltung und Weiterführung des kirchlichen Glockenrufs

* In Fortführung von SJKR/ASDE 10 (2005), S. 111 ff.

1 Mit Anmerkung abgedruckt in SJKR/ASDE 6 (2001), S. 98 ff.

2 Zusammenfassend wiedergegeben in SJKR/ASDE 8 (2003), S. 152 ff.

nicht durch Beharren auf einem Teilaspekt, dessen Relevanz sich nicht ohne weiteres vermitteln lässt, zu gefährden. Der Entscheid ist auszugsweise abgedruckt hinten S. 98 ff.

Der zweite in diesem Band wiedergegebene Entscheid betrifft Aspekte der Religionszugehörigkeit bei der Verleihung des Schweizerbürgerrechts. Die Beschwerdeführerin machte vor dem Bundesgericht geltend, sie sei wegen ihres religiösen Bekenntnisses im Einbürgerungsverfahren diskriminiert worden. Die Befolgung islamischer Bekleidungs- und Verhaltensregeln hätte überdies dazu geführt, dass sie spezifisch als Frau betroffen sei. Die kantonalen Instanzen hatten die Verweigerung der Einbürgerung im Wesentlichen damit begründet, dass der Integrationswille der Beschwerdeführerin fehle bzw. ungenügend sei und dies im Einzelnen dargelegt. Das Bundesgericht, das sich ausführlich und grundsätzlich mit dem Zusammenhang religiöser Lebensgestaltung und Integrationswillen auseinander setzte, kommt zu dem Schluss, dass bei dieser Sachlage weder eine (direkte oder indirekte) religiöse noch eine geschlechterspezifische Benachteiligung vorliege. Der Entscheid ist auszugsweise abgedruckt hinten S. 107 ff.

## *II. Entscheid des Bundesgerichts vom 20. Februar 2006 i.S. X. gegen Evangelisch-reformierte Kirchgemeinde Gossau (1A.159/2005)*

### Immissionen (Kirchenglockengeläut)

*Sachverhalt:*

Der Gemeinderat Gossau lehnte am 16. April 2003 ein Gesuch von X. ab, die evangelisch-reformierte Kirchgemeinde Gossau zu verpflichten, das Kirchengeläut und den Stundenschlag der Kirche einzuschränken. Den hiergegen von X. erhobenen Rekurs wies die Baurekurskommission III des Kantons Zürich am 21. April 2004 ab. Diesen Entscheid zog X. an das Verwaltungsgericht des Kantons Zürich weiter und verlangte u.a., die evangelisch-reformierte Kirchgemeinde Gossau sei zu verpflichten, ab sofort die Nachtruhe einzuhalten und auf die Stunden- und Viertelstundenschläge zwischen 21.45 Uhr und 6.00 Uhr zu verzichten. Das Verwaltungsgericht hat die Beschwerde mit Entscheid vom 27. April 2005 abgewiesen. Hiergegen richtet sich die Verwaltungsgerichtsbeschwerde beim Bundesgericht.

*Das Bundesgericht zieht in Erwägung:*

1. 1.1 Der angefochtene Entscheid stützt sich auf eidgenössisches Umweltschutzrecht und ist kantonal letztinstanzlich (Art. 98 lit. g OG). Da kein Ausschlussgrund im Sinne der Art. 99 ff. OG vorliegt, ist die Verwaltungsgerichtsbeschwerde zulässig (Art. 97 f. OG i.V.m. Art. 5 VwVG).

Nach Art. 103 lit. a OG ist zur Verwaltungsgerichtsbeschwerde berechtigt, wer durch die angefochtene Verfügung berührt ist und ein schutzwürdiges Interesse an deren Aufhebung oder Änderung hat. Dabei wird verlangt, dass der Beschwerdeführer durch den Entscheid stärker als jedermann betroffen ist und in einer besonderen, beachtenswerten, nahen Beziehung zur Streitsache steht. Ein schutzwürdiges Interesse liegt vor, wenn die tatsächliche oder rechtliche Situation des Beschwerdeführers durch den Ausgang des Verfahrens beeinflusst werden kann. Der Beschwerdeführer wohnt zirka 200 m vom Kirchturm der evangelisch-reformierten Kirche in Gossau entfernt, also nicht in unmittelbarer Nähe der Glocken. Seine Schlafzimmerfenster gewähren indessen freie Sicht auf die Kirche. Stehen grossflächige Immissionen in Frage, hat das Bundesgericht erkannt, dass ein sehr weiter Kreis Betroffener zur Beschwerdeführung legitimiert sein kann, so zum Beispiel die Anwohner eines Flughafens einschliesslich jener, die in der Verlängerung der Flugplatzpisten, d.h. im Bereich der An- und Abflugschneisen, wohnen (BGE 120 Ib 379 E. 4b und c S. 386 f. mit Hinweis auf BGE 104 Ib 318; vgl. auch BGE 124 II 293 E. 3a S. 303 f.; 121 II 176 E. 2a und b S. 177 f.). In dicht besiedelten Gebieten kann somit grundsätzlich sehr vielen Personen die Beschwerdelegitimation zukommen, ohne dass bereits von einer Popularbeschwerde gesprochen werden müsste (BGE 110 Ib 99 E. 1c S. 102). Im Lichte dieser Rechtsprechung ist X. zur Verwaltungsgerichtsbeschwerde legitimiert. Da auch die übrigen Sachurteilsvoraussetzungen erfüllt sind, ist auf die Beschwerde grundsätzlich einzutreten.

1.2 […].

1.3 Das Bundesgericht prüft, ob das Verwaltungsgericht Bundesrecht verletzt hat (Art. 104 lit. a OG). Dabei ist es an die Feststellungen des Sachverhalts durch die Vorinstanz gebunden, sofern diese nicht offensichtlich unrichtig oder unvollständig sind oder unter Verletzung wesentlicher Verfahrensbestimmungen getroffen worden sind (Art. 105 Abs. 2 OG).

2. 2.1 Das Bundesgericht hatte sich bereits in früheren Entscheiden mit als störend empfundenem kirchlichem Glockengeläut auseinander zu setzen (BGE 126 II 366; Urteil des Bundesgerichts 1A. 240/2002 vom 13. Mai 2003). Danach ist unbestritten, dass Glockengeläut, auch soweit es Teil der Religionsausübung darstellt und unter dem Schutz der Glaubens- und Gewissensfreiheit steht (Art. 15 Abs. 2 BV), zum Schutz der öffentlichen Ruhe gewissen Einschränkungen unterworfen werden darf (Art. 36 BV; BGE 126 II 366 E. 2a S. 367, mit Hinweis auf BGE 36 I 374 E. 3 S. 378; Ulrich Häfelin, Kommentar BV 1874, Art. 50 Rz. 24 f. und dortige Hinweise; Peter Karlen, Das Grundrecht der Religionsfreiheit in der Schweiz, Zürich 1988, S. 230, 308 und 318). Auch steht ausser Frage, dass die Umweltschutzgesetzgebung grundsätzlich auf Kirchengeläut anwendbar ist.

2.2 Das Glockenspiel der evangelisch-reformierten Kirche in Gossau ist eine mit einer Baute dauerhaft verbundene ortsfeste Einrichtung. Sie erweist sich damit als eine Anlage im Sinne von Art. 7 Abs. 7 des Bundesgesetzes vom 7. Oktober 1983 über den Umweltschutz (USG; SR 814.01) und Art. 2 Abs. 1 der Lärmschutz-Verordnung vom 15. Dezember 1986 (LSV; SR 814.41). Da die Kirche samt ihrem Läutwerk bereits vor dem Inkrafttreten des Umweltschutzgesetzes am 1. Januar 1985 bestanden hat und keine Erweiterung der Anlage beabsichtigt ist, untersteht sie nicht den Vorschriften für Neuanlagen (Art. 25 USG, Art. 7 LSV). Indessen ist die Sanierung der ortsfesten Anlage anzuordnen, wenn sie den Vorschriften des Umweltschutzgesetzes nicht genügt (Art. 16 Abs. 1 USG). Zu diesen Vorschriften zählen auch die in Art. 11 Abs. 2 und 3 USG enthaltenen Bestimmungen. Danach sind Emissionen im Rahmen der Vorsorge unabhängig von der bestehenden Umweltbelastung so weit zu begrenzen, als dies technisch und betrieblich möglich und wirtschaftlich tragbar ist (Abs. 2). Wenn feststeht oder zu erwarten ist, dass die Einwirkungen unter Berücksichtigung der bestehenden Umweltbelastung schädlich oder lästig werden, sind die Emissionsbegrenzungen zu verschärfen (Abs. 3). Solche Begrenzungen werden gemäss Art. 12 Abs. 2 USG durch Verordnungen oder, soweit diese nichts vorsehen, durch unmittelbar auf das

Umweltschutzgesetz abgestützte Verfügungen vorgeschrieben. Daran ändert nichts, ob bekannt ist, dass die Immissionsgrenzwerte überschritten werden, oder dass Art. 13 LSV die Sanierungspflicht nur für jene bestehenden ortsfesten Anlagen vorsieht, welche wesentlich zur Überschreitung der Immissionsgrenzwerte beitragen. Schutzmassnahmen nach Art. 12 Abs. 2 USG sind nicht erst zu ergreifen, wenn die Umweltbelastung schädlich oder lästig wird, sondern es müssen gestützt auf das Vorsorgeprinzip die unnötigen Emissionen vermieden werden (BGE 126 II 366 E. 2b S. 368; 113 Ib 393 E. 3 S. 400; 115 Ib 446 E. 3d S. 453 f.; 119 Ib 179 E. 2e S. 190). Das ist allerdings nicht so zu verstehen, dass jeder im strengen Sinne unnötige Lärm völlig untersagt werden müsste. Es gibt keinen Anspruch auf absolute Ruhe; vielmehr sind geringfügige, nicht erhebliche Störungen hinzunehmen (Art. 15 USG; BGE 126 II 366 E. 2b S. 368; 123 II 325 E. 4d/bb S. 334 f.; Urteil des Bundesgerichts vom 18. März 1998 in: URP 1998 S. 529 E. 5b/c; Christoph Zäch/Robert Wolf, Kommentar USG, Zürich 2000, N. 23 zu Art. 15).

2.3 Die Lärmimmissionen ortsfester Anlagen sind grundsätzlich anhand der vom Bundesrat festgelegten Belastungsgrenzwerte (Anhänge 3-8 LSV) zu beurteilen (Art. 40 Abs. 1 LSV). Für die Lärmbelastung durch Glockenspiele hat der Bundesrat jedoch keine Grenzwerte festgelegt. Fehlen solche Werte, so müssen die Lärmimmissionen im Einzelfall nach den Kriterien der Art. 15, 19 und 23 USG bewertet werden (Art. 40 Abs. 3 LSV; BGE 126 II 300 E. 4c/aa S. 307, 366 E. 2c S. 368; 123 II 74 E. 4a und b S. 82 f.; 118 Ib 590 E. 3b S. 596). Im Rahmen dieser Einzelfallbeurteilung sind der Charakter des Lärms, Zeitpunkt und Häufigkeit seines Auftretens sowie die Lärmempfindlichkeit bzw. Lärmvorbelastung zu berücksichtigen (BGE 123 II 74 E. 5a S. 86, 325 E. 4d/bb S. 335; 118 Ib 590 E. 4a S. 598). Dabei ist nicht auf das subjektive Lärmempfinden einzelner Personen abzustellen, sondern es ist eine objektivierte Betrachtung unter Berücksichtigung von Personen mit erhöhter Empfindlichkeit (Art. 13 Abs. 2 USG) vorzunehmen (BGE 126 II 300 E. 4c/aa S. 307, 366 E. 2c S. 368 f.; 123 II 74 E. 5a S. 86, 325 E. 4d/bb S. 334; Urteil des Bundesgerichts vom 1. Dezember 1994 in URP 1995 S. 31, E. 4c; Zäch/Wolf, a.a.O., N. 25 zu Art. 15).

2.4 Die Lärmschutzvorschriften des Umweltschutzgesetzes sind in erster Linie zugeschnitten auf Geräusche, die als unerwünschte Nebenwirkungen einer bestimmten Tätigkeit auftreten. Diese können grundsätzlich mit geeigneten Massnahmen an der Quelle reduziert werden, ohne dass dadurch die entsprechenden Tätigkeiten als solche in Frage gestellt werden. Daneben gibt es jedoch auch Geräusche, welche den eigentlichen Zweck einer bestimmten Aktivität ausmachen. Dazu gehören beispielsweise das Läuten von Kirchen- oder Kuhglocken, das Musizieren sowie das Halten von Reden mit Lautverstärkern an Anlässen in der Öffentlichkeit. Solche Lärmemissionen können nicht völlig vermieden und in der Regel auch nicht in der Lautstärke wesentlich reduziert werden, ohne dass zugleich der Zweck der sie verursachenden Tätigkeit vereitelt würde. Derartige Lärmemissionen als unnötig und unzulässig zu qualifizieren, würde implizieren, die betreffende Tätigkeit generell als unnötig zu betrachten. Die Rechtsprechung hat im Allgemeinen solche Emissionen zwar aufgrund des Umweltschutzgesetzes beurteilt, aber zugleich unter Berücksichtigung des Interesses an der Lärm verursachenden Tätigkeit diese nicht völlig verboten, sondern bloss einschränkenden Massnahmen unterworfen (BGE 126 II 366 E. 2d S. 269 mit zahlreichen Hinweisen). Da eine Reduktion der Schallintensität meist den mit der betreffenden Tätigkeit verfolgten Zweck vereiteln würde, bestehen die emissionsbeschränkenden Massnahmen in der Regel nicht in einer Reduktion des Schallpegels, sondern in einer Einschränkung der Betriebszeiten (BGE 126 II 366 E. 2d S. 369; 119 Ib 463 E. 4-6 S. 466 ff.; 118 Ib 234 E. 2b S. 239 f.; André Schrade/Theo Loretan, Kommentar USG, Zürich 1998, N. 29 zu Art. 12). Dabei ist eine Interessenabwägung vorzunehmen zwischen dem Ruhebedürfnis der Bevölkerung und dem Interesse an der lärmverursachenden Tätigkeit. Zu beachten sind insbesondere der Charakter des Lärms, Zeitpunkt, Dauer und Häufigkeit seines Auftretens sowie die Lärmempfindlichkeit bzw. die Lärmvorbelastung der betroffenen Zone (BGE 126 II 300 E. 4c/cc S. 307 f., 366 E. 2d S. 369 f; 123 II 325 E. 4d/bb S. 334 f., 123 II 74 E. 5a S. 86; Pra 87/1998 Nr. 170 S. 908). Den örtlichen Behörden ist ein gewisser Beurteilungsspielraum zuzugestehen, soweit es sich um Anlässe mit lokaler Ausprägung oder Tradition handelt (BGE 126 II 300 E. 4c/dd S. 309, 366 E. 2d S. 369 f.).

2.5 Im angefochtenen Entscheid wird zutreffend ausgeführt, die Lärmimmissionen des Glockengeläuts gingen von einer Kirche aus und nicht von einem Unternehmen, das nach marktwirtschaftlichen Prinzipien gewinnorientiert betrieben wird. Deshalb könne das in Art. 11 Abs. 2 USG für die Zulässigkeit von vorsorglichen Massnahmen genannte Kriterium der wirtschaftlichen Tragbarkeit nicht angewendet werden. Es werde vielmehr durch eine Prüfung der Verhältnismässigkeit ersetzt (BGE 127 II 306 E. 8 S. 318). Richtig ist sodann die Erwägung der Vorinstanz, das

Schlagen der Kirchenglocken zur Zeitverkündung falle nicht unter den Schutz der Glaubens- und Gewissensfreiheit im Sinne von Art. 15 BV.

3. Der Beschwerdeführer wohnt in einer Distanz von 200 m von der evangelisch-reformierten Kirche Gossau entfernt. Seine Wohnung verfügt über eine direkte Sichtverbindung zum Kirchturm. Er fühlt sich durch die nächtlichen Schläge der Kirchglocken gestört und macht geltend, er werde von diesen regelmässig aus dem Schlaf geweckt. Der Beschwerdeführer wehrt sich vor Bundesgericht ausschliesslich gegen die Stunden- und Viertelstundenschläge zwischen 21.45 Uhr und 6.00 Uhr.

3.1 Der Beschwerdeführer wirft dem Verwaltungsgericht vor, es stütze sich für die Feststellung, ob die Störung erheblich sei, auf die Lärmwerte, welche in lärmempfindlichen Räumen des Beschwerdeführers bei gekipptem Fenster am Ohr der Schlafenden festgestellt worden seien, nämlich 46 bis 54 dB(A). Damit verletze es die Art. 39-41 LSV. Richtigerweise müssten die bei offenem Fenster gemessenen Werte (61 bis 69 dB[A]) als Vergleichsgrösse herangezogen werden.

Nach der vorne (E. 2.3 und 2.4) beschriebenen Rechtslage ist bei der nach Art. 40 Abs. 3 LSV erforderlichen Beurteilung auf die tatsächlichen Verhältnisse des vorliegenden Einzelfalls abzustellen. Dies hat das Verwaltungsgericht im vorliegenden Fall namentlich durch den Beizug des Lärmgutachtens der EMPA vom 2. Februar 2005 getan. Art. 39 LSV liefert für die Anwendungsfälle von Art. 40 Abs. 3 LSV zwar Anhaltspunkte zur Sachverhaltsermittlung. Die Vorschrift ist aber auf die Beurteilung von Lärmimmissionen zugeschnitten, für welche der Bundesrat Grenzwerte festgesetzt hat. Bei der Beurteilung der Schädlichkeit und Lästigkeit des Lärms von Kirchenglocken, für welche keine Belastungsgrenzwerte bestehen (s. vorne E. 2.3), ist daher entgegen der Meinung des Beschwerdeführers nicht im Sinne eines entscheidenden Kriteriums auf die in Art. 39 Abs. 1 LSV vorgeschriebenen Messungen in der Mitte der offenen Fenster der lärmempfindlichen Gebäude abzustellen.

3.2. 3.2.1 Die EMPA hat bei der Erarbeitung des erwähnten Lärmgutachtens bei der Wohnung des Beschwerdeführers mittels einer automatischen Messstation über den Zeitraum von etwas mehr als einer Woche im Januar 2005 für die Stunden- und Viertelstundenschläge der Kirche Gossau im Mittel Maximalpegel von rund 61 bis 69 dB(A) und Mittelungspegel von rund 54 bis 61 dB(A) ermittelt. In Ziff. 6 b des EMPA-Gutachtens werden diese Messergebnisse insbesondere bezüglich Aufwachreaktionen als Folge des Stundenschlags wie folgt interpretiert:

> „Zur Belästigungsreaktion in der Bevölkerung von Glockengeläut kann keine Aussage gemacht werden, weil dazu die notwendigen wissenschaftlichen Grundlagen fehlen. Hingegen ist ein Hinweis auf die Störung der Kommunikation möglich. Es zeigt sich, dass während des Geläuts die Kommunikation beim Beschwerdeführer aus rein akustischen Gründen im Freien (auf dem Balkon) und im Innern bei geöffneten Fenstern durch die Immissionen des Geläuts erheblich gestört wird. Auch bei geschlossenen Fenstern ist in der Wohnung mit einer – wenn auch geringeren – Störung der Kommunikation zu rechnen.
>
> Für die Beurteilung der Nacht kann ein Vergleich zum Fluglärm zugezogen werden, da das Glockengeläut auch intermittierend auftritt. Die Maximalpegel verursacht durch Stunden- und Viertelstundenschläge am Ohr der schlafenden Person bei einem spaltweise geöffneten Fenster betragen 46-54 dB(A). Sie liegen damit unter dem Pegel, wie er vom Buwal im Fall ‚Frühgeläut Bubikon' mit 60 dB in Anlehnung an die Regelung der Lärmschutzverordnung für Fluglärm angegeben wird. Mit Aufweckreaktionen ist trotzdem zu rechnen, jedoch ist deren Wahrscheinlichkeit gering."

3.2.2 Im angefochtenen Entscheid wird ferner ausgeführt, das Gutachten weise auf einen von Griefahn gefundenen Zusammenhang von Maximalpegeln, Anzahl Ereignissen und Aufwachreaktion hin, wonach beispielsweise bei zwei Ereignissen mit 60 dB(A) eine Aufwachwahrscheinlichkeit von 10 % bestehe. In der Lärmschutzverordnung habe als Grundlage für die Festsetzung der Nachtgrenzwerte eine kritische Schwelle des Maximalpegels von 60 dB(A) am Ohr der schlafenden Person gedient, wobei durch die Wahl eines 1h-Mittelungspegels die Anzahl der Ereignisse ebenfalls in die Beurteilung einbezogen worden sei. Sodann stütze sich das Gutachten auf BGE 126 II 366 E. 3a S. 370 betreffend das Frühgeläut der Kirche in Bubikon. Dort werde eine Stellungnahme des BAFU wiedergegeben, wonach gemäss Untersuchungen der SUVA in 50 Metern Entfernung von einem mittelhohen Kirchturm bei mittelgrossen Kirchglocken am Ohr des Betroffenen im Innern eines Gebäudes bei gekipptem Fenster ein Schallpegel von mehr als 60 dB(A) entstehe. Bei einem solchen Schalldruckpegel sei nachts mit Aufwachreaktionen zu rechnen, so dass von einer erheblichen Störung im Sinn von Art. 15 USG gesprochen werden müsse. Unter Bezugnahme auf diese Beurteilungen der Schallwirkung komme der Gutachter bezüglich des nächtlichen Stundenschlags zum Schluss, dass der Maximalpegel von 46 bis 54 dB(A) am Ohr der schlafenden Person bei einem spaltweise geöffneten Fenster zwar noch unter dem Pegel von 60 dB(A) liege, bei welchem gemäss BAFU mit Aufwachreaktionen zu rechnen sei. Gleichwohl sei mit solchen Reaktionen zu rechnen, doch sei ihre Wahrscheinlichkeit gering.

3.2.3 Das Verwaltungsgericht hält im angefochtenen Entscheid fest, dass die Liegenschaft des Beschwerdeführers gemäss Bau- und Zonenordnung der Gemeinde Gossau vom 29. Juni 1998 (BZO) in der Wohnzone mit Gewerbeerleichterung WG3 liege und der Empfindlichkeitsstufe (ES) III zugewiesen sei. Während der ersten und zweiten (22.00-23.00 Uhr bzw. 23.00-24.00 Uhr) und während der letzten Nachtstunde (05.00-06.00 Uhr) gelte für den Lärm des Gesamtverkehrs von Kleinluftfahrzeugen und Grossflugzeugen in der ES III ein Immissionsgrenzwert von 55 dB(A). Dieser Wert liege in der zweiten und letzten Nachtstunde um 5 dB(A) über demjenigen der Stufe II (Anhang 5 Ziff. 222 LSV). Auch wenn diese Grenzwerte nicht für den nächtlichen Stundenschlag übernommen werden könnten, lasse sich ihnen doch der Hinweis entnehmen, dass bezüglich des nächtlichen Lärms und der damit verbundenen Auswirkungen, insbesondere der Wahrscheinlichkeit des Aufwachens, in der ES III stärkere Beeinträchtigungen hingenommen werden müssten als in einer ES II. In einer der ES III zugewiesenen Zone erscheine deshalb die nur geringe Wahrscheinlichkeit, wegen des nächtlichen Stundenschlags aufzuwachen, von welcher das Gutachten auf Grund der ermittelten Maximalpegel ausgehe, nicht zwingend als erhebliche Störung im Sinne von Art 15 USG. Hinsichtlich des nächtlichen Stundenschlags erweise sich die Beschwerde daher als unbegründet.

3.2.4 Mit diesen Ausführungen hat das Verwaltungsgericht entgegen der Auffassung des Beschwerdeführers kein Bundesrecht verletzt. Vielmehr hat es sich an die in Art. 40 Abs. 3 LSV vorgeschriebenen Grundsätze gehalten. Dass es dabei gleich wie der Gutachter unter anderem auf die Lärmsituation am Ohr der schlafenden Person bei einem spaltweise geöffneten Fenster abgestellt hat, ist sachlich korrekt und nicht zu beanstanden. Der Einwand des Beschwerdeführers, dies sei in heissen Nächten unzumutbar, vermag keine Verletzung von Art. 15 Abs. 1 USG zu begründen. Es geht hier um eine Gesamtbetrachtung, die abweichende Situationen mit stärkeren und schwächeren Lärmimmissionen einschliesst. Wenn die Vorinstanz die in den Anhängen zur LSV enthaltenen Grenzwerte der ES II und III erwähnt, so zieht sie diese nicht im Sinne eines direkten Vergleichs mit dem hier zu beurteilenden Fall bei, für welchen keine Grenzwerte bestehen. Vielmehr benutzt sie die in der LSV mit Grenzwerten geregelten Situationen als Wertungshilfen für die hier zu beurteilenden Lärmimmissionen. Die Rüge, die Belastungsgrenzwerte für Fluglärm seien in unkorrekter Analogie angewendet worden, geht somit fehl.

3.2.5 Der Beschwerdeführer macht weiter geltend, bei der Beurteilung des Glockenschlags sei eine Interessenabwägung vorzunehmen zwischen jenem Bevölkerungsanteil, der sich durch die Schläge gestört fühle oder sich neutral verhalte, und jenem Bevölkerungsteil, der die Glockentöne hören wolle. „Bevölkerung" im Sinne von Art. 15 USG umfasse nur jenen Teil, der durch die Immissionen gestört werde oder diesen neutral gegenüber stehe. Diese Auffassung ist unzutreffend. Sie steht denn auch im Gegensatz zur bundesgerichtlichen Rechtsprechung. Diese geht von einer Abwägung zwischen den Interessen der Bevölkerung als Ganzes an Ruhe und den Interessen an der lärmverursachenden Tätigkeit aus (BGE 126 II 366 E. 2d S. 369).

3.3 Das BAFU schreibt in seiner Vernehmlassung, eine Sanierungspflicht könne sich auch aus Art. 16 in Verbindung mit Art. 11 Abs. 2 USG ergeben. Unabhängig von einer erheblichen Störung gemäss Art. 15 USG seien danach im Sinne der Vorsorge Emissionen so weit zu begrenzen, als dies technisch und betrieblich möglich und wirtschaftlich tragbar sei. Das Kriterium der wirtschaftlichen Tragbarkeit sei hier, da es um eine Kirche gehe, durch eine Prüfung der Verhältnismässigkeit zu ersetzen. In diesem Sinne könnte hier beispielsweise ins Auge gefasst werden, auf die viertelstündlichen Glockenschläge zu verzichten, so dass die Schläge nur noch jede Stunde ertönen würden. Nach einer Broschüre des Kirchenrates der evangelisch-reformierten Landeskirche Zürich mit dem Titel „Vertraute Klänge – störende Klänge" gelte der nächtliche Glockenschlag nicht als „kirchliche Notwendigkeit". Während der Nachtstunden (22.00 Uhr bis 6.00 Uhr) werde sogar der völlige Verzicht darauf in Erwägung gezogen. Auch das Verwaltungsgericht führt in E. 7 des angefochtenen Entscheides aus, bei geringerer Entfernung zwischen Quelle und lärmempfindlichen Räumen wäre mit um 12 dB(A) höheren Werten zu rechnen, was den Rahmen des Vertretbaren sprengen dürfte.

Im Lichte der vorliegenden Ausführungen hat das Verwaltungsgericht sein Ermessen jedoch nicht überschritten, indem es in Bezug auf die Situation beim Beschwerdeführer von einem Verbot oder einer Einschränkung des nächtlichen Stundenschlags abgesehen hat. Wenn die örtlichen Behörden und mit ihnen die kantonalen Rechtsmittelinstanzen davon ausgehen, dass in der Gemeinde Gossau dieser Stundenschlag der Kirche der evangelisch-reformierten Kirche grundsätzlich allgemein akzeptiert wird und dass an der Aufrechterhaltung dieser Tradition ein öffentliches Interesse bestehe, so hat das Bundesgericht keinen Anlass, von dieser Beurteilung der mit den örtlichen Verhältnissen besser vertrauten Behörden abzuweichen (BGE 126 II 366 E. 5b S. 374 mit Hinweisen). Es widerspricht dem Verhältnismässigkeitsprinzip nicht, wenn die kantonalen Instanzen das öffentliche Interesse am Beibehalten einer alt hergebrachten Tradition höher werten als das Ruhebedürfnis des Beschwerdeführers. Der Umstand, dass sich der Beschwerdeführer und allenfalls einige wenige Nachbarn den Behörden gegenüber beklagen, durch das Glockengeläut belästigt zu werden, vermag lärmbegrenzende Massnahmen noch nicht zu rechtfertigen (vgl. BGE 127 II 306 E. 8 S. 318 f.).

Belässt das Bundesumweltschutzrecht den Gemeinden die Entscheidungsfreiheit, die Ruhezeiten verschieden zu regeln, und tragen die kantonalen Rechtsmittelinstanzen bei der Beurteilung von Stunden- und Viertelstundenschlägen der Kirchglocken diesen unterschiedlichen kommunalen Regelungen Rechnung, so verletzen sie damit auch die Rechtsgleichheit (Art. 8 BV) nicht (BGE 126 II 300 E. 4d/ee S. 311, 366 E. 5c S. 319; 125 I 173 E. 6d S. 179).

4. Daraus ergibt sich, dass der angefochtene Entscheid nicht gegen Bundesrecht verstösst und die Beschwerde somit abzuweisen ist, soweit darauf eingetreten werden kann.

## *III. Entscheid des Bundesgerichts vom 10. Mai 2006 i.S. A. gegen Landrat des Kantons Basel-Landschaft (1P.324/2005, publiziert: BGE 132 I 167)*

**Regeste**

**Art. 8 Abs. 2 und 3 BV; diskriminierende Verweigerung einer Einbürgerung?**

**Der Berufung auf Art. 15 BV und Art. 9 EMRK kommt im Hinblick auf die Rüge, die Einbürgerung sei wegen der Religionszugehörigkeit aus diskriminierenden Gründen verweigert worden, keine selbständige Bedeutung zu (E. 3).**

**Mangels hinreichender Integration der Gesuchstellerin verstösst die Verweigerung der Einbürgerung nicht gegen Art. 8 Abs. 2 BV (E. 4).**

*Sachverhalt:*

A. ist türkische Staatsangehörige, wurde in Basel geboren, besuchte in Muttenz die Primarschule, absolvierte in Istanbul eine vierjährige Mittelschule und liess sich dort als Religionslehrerin ausbilden. Heute wohnt sie in Muttenz und übt eine freiwillige Tätigkeit als Religionslehrerin sowie Gelegenheitsarbeiten aus.

Zusammen mit ihren Eltern (B. und C.) und ihrem Bruder (D.) stellte A. im Herbst 2002 in Muttenz ein Gesuch um Einbürgerung; das Gesuch der Mutter, C., ist später zurückgezogen worden.

Die Bürgergemeindeversammlung von Muttenz entsprach dem Gesuch um Aufnahme in das Bürgerrecht und erteilte A., B. und D. das Gemeindebürgerrecht. Das Bundesamt für Zuwanderung, Integration und Auswanderung (IMES) erteilte die eidgenössische Einbürgerungsbewilligung.

Im Hinblick auf die Erteilung des Kantonsbürgerrechts beriet die Petitionskommission des Landrates des Kantons Basel-Landschaft die Einbürgerungsgesuche der Familie einlässlich und hörte A. an. Sie beantragte dem Landrat mit knapper Mehrheit die Ablehnung des Ersuchens von A.; die Mehrheit der Petitionskommission hegte in ihrem Bericht an den Landrat Zweifel an der Integration von A. Demgegenüber befürwortete sie einstimmig die Gutheissung der Gesuche von B. und D.

Der Landrat behandelte die Einbürgerungsgesuche an seiner Sitzung vom 7. April 2005. Nach ausführlicher Diskussion lehnte der Landrat das Einbürgerungsgesuch von A. mit 46 zu 34 Stimmen ab. Die Gesuche von B. und D. wurden unter Erteilung des Kantonsbürgerrechts gutgeheissen.

Gegen diesen Entscheid des Landrates hat A. beim Bundesgericht wegen Verletzung von Art. 8 Abs. 2 und 3 sowie von Art. 15 BV und Art. 9 EMRK staatsrechtliche Beschwerde erhoben. Das Bundesgericht weist die Beschwerde ab, soweit darauf einzutreten ist.

*Aus den Erwägungen:*

2. Die Beschwerdeführerin macht nicht geltend, dass sie nach dem kantonalen Bürgerrechtsgesetz einen Anspruch auf Einbürgerung habe. Für die Bejahung ihrer Legitimation muss sie daher in unmittelbar durch die Bundesverfassung geschützten Interessen betroffen sein.

2.1 Als Partei im kantonalen Verfahren kann die Beschwerdeführerin die Verletzung bundesverfassungsrechtlicher Verfahrensgarantien rügen, deren Missachtung eine formelle Rechtsverweigerung darstellt. Das gilt für Rügen der Verletzung des rechtlichen Gehörs gemäss Art. 29 Abs. 2 BV und trifft namentlich zu, wenn das gänzliche Fehlen einer Begründung des angefochtenen Entscheides beanstandet wird (BGE 129 I 217 E. 1.4 S. 222; 131 I 18).

Hingegen legitimiert diese Parteistellung nicht zur Rüge, ein Entscheid sei mangelhaft begründet, d.h. die Begründung sei unvollständig, zu wenig differenziert oder materiell unzutreffend (BGE 129 I 217 E. 1.4 S. 222).

Eine solche setzt die Legitimation in der Sache selbst voraus, die sich bei Anrufung spezieller Verfassungsrechte bereits aus der Grundrechtsträgerschaft und dem Inhalt der als verletzt gerügten Verfassungsrechte ergibt (BGE 129 I 217 E. 1.1 S. 220). Das trifft auf die Rügen zu, der angefochtene Beschluss verletze das Diskriminierungsverbot und das Gebot der Geschlechtergleichbehandlung gemäss Art. 8 Abs. 2 und 3 BV bzw. der Beschluss halte vor der Religionsfreiheit nach Art. 15 BV und Art. 9 EMRK nicht stand. Bei dieser Sachlage kommt der Anrufung von Art. 13 EMRK in Verbindung mit Art. 9 EMRK keine selbständige Bedeutung zu.

In diesem Rahmen ist die Beschwerdeführerin zur Beschwerde legitimiert.

2.2 Im vorliegenden Fall rügt die Beschwerdeführerin nicht eigentlich das Fehlen einer Begründung überhaupt. Sie macht vielmehr geltend, die Motive des Landrates und damit der angefochtene Beschluss als solcher stützten sich letztlich auf Überlegungen, die gegen das Diskriminierungsverbot sowie gegen die Religionsfreiheit verstiessen.

3. Die Beschwerdeführerin macht eine Verletzung des Diskriminierungsverbots nach Art. 8 Abs. 2 und Abs. 3 BV sowie der Religionsfreiheit gemäss Art. 15 BV und Art. 9 EMRK geltend.

Gemäss Art. 8 Abs. 2 BV darf niemand diskriminiert werden, namentlich nicht wegen seiner Herkunft, Rasse und der religiösen, weltanschaulichen oder politischen Überzeugung. Eine Diskriminierung liegt vor, wenn eine Person ungleich behandelt wird aufgrund ihrer Zugehörigkeit zu einer bestimmten Gruppe, welche historisch oder in der gegenwärtigen sozialen Wirklichkeit tendenziell ausgegrenzt oder als minderwertig behandelt wird. Die Diskriminierung stellt eine qualifizierte Ungleichbehandlung von Personen in vergleichbaren Situationen dar, indem sie eine Benachteilung von Menschen bewirkt, die als Herabwürdigung oder Ausgrenzung einzustufen ist, weil sie an Unterscheidungsmerkmalen anknüpft, die einen wesentlichen und nicht oder nur schwer aufgebbaren Bestandteil der Identität der betroffenen Personen ausmacht. Eine indirekte oder mittelbare Diskriminierung liegt demgegenüber vor, wenn eine Regelung, die keine offensichtliche Benachteiligung von spezifisch gegen Diskriminierung geschützte Gruppen enthält, in ihren tatsächlichen Auswirkungen Angehörige einer solchen Gruppe besonders benachteiligt, ohne dass dies sachlich begründet wäre (BGE 129 I 217 E. 2.1 S. 223 mit Hinweisen auf Rechtsprechung und Doktrin).

Art. 15 Abs. 1 BV gewährleistet die Glaubens- und Gewissensfreiheit; nach Art. 15 Abs. 2 BV hat jede Person das Recht, ihre Religion und ihre weltanschauliche Überzeugung frei zu wählen und allein oder in Gemeinschaft mit anderen zu bekennen. Einen entsprechenden Schutz gewährt Art. 9 Ziff. 1 EMRK, welchem für den vorliegenden Zusammenhang keine über Art. 15 BV hinausgehende Tragweite zukommt (vgl. BGE 123 I 296 E. 2b/aa S. 301).

Im vorliegenden Fall kommt der Berufung auf Art. 15 BV und Art. 9 EMRK keine eigenständige Bedeutung zu. Der Beschwerdeführerin wird durch den angefochtenen Entscheid in keiner Weise versagt, ihre Religion frei zu wählen und auszuüben oder sie durch religiös bedingte Gewohnheiten wie das Verhalten im gesellschaftlichen Umfeld oder das Tragen von Kopftuch und langen Gewändern zu bekennen. Einen Eingriff in die Religionsfreiheit erblickt die Beschwerdeführerin im Umstand, dass sie wegen ihres Bekenntnisses zum Islam und den daraus folgenden Gewohnheiten nicht eingebürgert worden ist bzw. für eine erfolgreiche Einbürgerung ihre Religion aufgeben müsste. Dieser behauptete Eingriff wäre indessen ein indirekter. Er bedeutete, dass die Beschwerdeführerin wegen ihres religiösen Bekenntnisses im Einbürgerungsverfahren benachteiligt worden sei. Eine derartige Benachteiligung wäre indessen typischerweise dem Diskriminierungsverbot gemäss Art. 8 Abs. 2 BV zuzuordnen. Die Beschwerde ist daher unter diesem Gesichtswinkel zu beurteilen.

Dabei zeigen die vorliegenden Gegebenheiten, dass sich nicht bloss die Frage einer diskriminierenden Behandlung wegen einer religiösen Überzeugung nach Art. 8 Abs. 2 BV stellt. Denn mit Entscheiden vom gleichen Tag hat der Landrat dem Vater und dem Bruder der Beschwerdeführerin, die sich gleichermassen zum Islam bekennen, das Kantonsbürgerrecht erteilt. Die Beschwerdeführerin macht daher zusätzlich geltend, dass sie wegen ihrer religiösen Überzeugung spezifisch als Frau benachteiligt werde. Aus dem Koran werde für Musliminnen das Gebot abgeleitet, das Kopftuch und lange Gewänder zu tragen und fremden Männern nicht die Hand zu reichen. Die Befolgung dieser Regeln habe sie im Einbürgerungsverfahren zusätzlich als Frau in diskriminierender Weise benachteiligt. Diese Rüge weist damit einen zusätzlichen Zusammenhang mit dem Verbot der Geschlechterdiskriminierung auf und ist daher auch unter dem Gesichtswinkel von Art. 8 Abs. 3 BV zu beurteilen.

4. 4.1 Für die Beurteilung der von der Beschwerdeführerin vorgetragenen Rüge, der Landratsbeschluss bzw. die Begründung lasse sich vor dem Diskiminierungsverbot nicht halten, ist in erster Linie auf den offiziellen Antrag der (Mehrheit der) Petitionskommission und die von ihr dargelegten Motive abzustellen (vgl. BGE 131 I 18 E. 3.1 S. 20; Urteil 1P.516/2005 vom 19. Januar 2006). Gleichermassen sind die Diskussionsvoten im Landrat, mit denen der Antrag der Kommission unterstützt wurde, mitzuberücksichtigen. Im bundesgerichtlichen Verfahren ist schliesslich die Vernehmlassung des Rechtsdienstes, welche die Begründung der Petitionskommission präzisiert und zu der die Beschwerdeführerin hatte Stellung nehmen können, von Bedeutung.

Demgegenüber tragen die Voten von Landräten, die dem Antrag der Petitionskommission entgegentraten und sich für die Gutheissung des Einbürgerungsgesuchs einsetzten, den angefochtenen Landratsbeschluss gerade nicht mit und sind für die Beurteilung der vorliegenden Beschwerde grundsätzlich ausser Acht zu lassen. Immerhin ist im Einzelfall nicht auszuschliessen, dass Minderheitsvoten gewisse Rückschlüsse auf Haltung und Begründung der Mehrheit zulassen und insoweit die Auffassung der Mehrheit in fragwürdigem Licht erscheinen lassen können.

Im Einzelfall sind die verschiedenen, allenfalls voneinander abweichenden Begründungen miteinander in Beziehung zu setzen und entsprechend zu gewichten. Dabei ist für das bundesgerichtliche Verfahren von Bedeutung, dass ein kantonaler Entscheid auf staatsrechtliche Beschwerde hin nicht schon allein wegen einzelner Begründungselemente, sondern nur dann aufgehoben wird, wenn er sich auch im Ergebnis als verfassungswidrig erweist (BGE 131 I 217 E. 2.1 S. 219; 129 I 8 E. 2.1 S. 9; 127 I 54 E. 2b S. 56; 126 I 50 E. 4d S. 60).

4.2 Die Petitionskommission hielt in ihrem schriftlichen Bericht und Antrag auf Abweisung des Einbürgerungsgesuches Folgendes fest:

> Einschätzung der Integrationswilligkeit
>
> Obwohl A. sich an diversen Orten um eine Arbeitsstelle bemüht hatte, musste sie immer wieder Absagen hinnehmen. So hatte sie sich in den letzten zwei Jahren

> nicht mehr um Arbeit und um bessere Deutsch-Sprachkenntnisse bemüht. Nach ihrer Meinung müsse jeder (Schweizer) selber entscheiden, wie er leben möchte. Sie lebe jedoch so, wie es der Koran vorschreibe.
>
> Ein Indiz für die Integration ist nicht die äussere Erscheinung, sondern die allmähliche Annäherung und Angleichung an die Kultur der Bevölkerung des Aufnahmelandes. Diese Integrationswilligkeit sollte vor einer Einbürgerung klar ersichtlich sein.
>
> Im Zweifel muss ein Dossier gründlich hinterfragt werden. Wenn ein Zweifel beim Bund und Kanton nicht ausgeräumt werden kann, muss ein Nein zur Einbürgerung resultieren. Während eine Kommissionsminderheit der Meinung war, die Integrationserfordernisse seien erfüllt, verneinte dies eine knappe Mehrheit.
>
> Die Antragstellerin hat jederzeit die Möglichkeit, in einem späteren Zeitpunkt ein neues Gesuch zu stellen.

In der mündlichen Berichterstattung im Landrat ist gleichermassen davon ausgegangen worden, dass eine Einbürgerung eine hinreichende Integration erfordere bzw. einen hinreichenden Integrationswillen bereits im Zeitpunkt der Gesuchstellung voraussetze. Als Indiz eines fehlenden bzw. ungenügenden Integrationswillens ist darauf hingewiesen worden, dass sich die Beschwerdeführerin in den letzten Jahren um keine Arbeitsstelle bemüht habe, dass sie über keinen (genügenden) Arbeitserwerb verfüge und damit von ihrem Vater bzw. ihren Verwandten abhängig sei. In gleicher Weise wird festgestellt, dass die Beschwerdeführerin in den letzten Jahren keine Anstrengungen zur Verbesserung ihrer Deutschkenntnisse unternommen habe. Es wird Gewicht darauf gelegt, dass die Beschwerdeführerin den Willen einer allmählichen Annäherung und Angleichung an die Kultur der schweizerischen Bevölkerung im Lichte einer tatsächlichen Integration bekunden müsste. Schliesslich wird in der Vernehmlassung des Rechtsdienstes darauf hingewiesen, dass die Beschwerdeführerin jeglichen Kontakt mit der Schweizer Bevölkerung meide, sich ganz überwiegend im Kreise ihrer Familie und mit muslimischen Landsfrauen aufhalte und keinerlei Wille zeige, auf die hiesige Bevölkerung zuzugehen.

4.3 Die Beschwerdeführerin zieht das Fehlen der für eine Einbürgerung erforderlichen Integration bzw. eines entsprechenden Integrationswillens in ihrer Beschwerde nicht in Frage. Insbesondere macht sie nicht geltend, dass die entsprechenden Vorbringen der Petitionskommission und der Mehrheit des Landrates sowie die Erwägungen in der Vernehmlassung des Rechtsdienstes unzutreffend seien. Sie bringt auch nichts vor, was auf ihre tatsächliche Integration schliessen liesse.

Für die Beurteilung der vorliegenden Beschwerde kommt entscheidendes Gewicht dem Umstand zu, dass sich die Beschwerdeführerin vorab im Kreise ihrer Familie bzw. im Kreise von muslimischen Landsfrauen und der Moschee in Basel aufhält, nicht auf die hiesige Bevölkerung zugeht und diese gar meidet. Darin kann eine mangelnde Integration, ein unzureichender Integrationswille und eine ungenügende allmähliche Annäherung und Angleichung an die schweizerische Kultur und die hiesigen Gewohnheiten erblickt werden. Die Religion verbietet, soweit ersichtlich, den Kontakt mit der schweizerischen Bevölkerung und eine entsprechende Integration nicht. Der der Beschwerdeführerin vorgehaltene Mangel an Integration, an Integrationswille und Anpassung steht nicht in unmittelbarem Zusammenhang mit ihrer Religion, mit dem tatsächlichen Beachten und Leben des Islam und mit den aus dem Koran abgeleiteten Verhaltens- und Bekleidungsweisen. Er ist vielmehr Ausdruck der Auffassung, dass Personen nicht eingebürgert werden sollen, die sich von der schweizerischen Bevölkerung fernhalten und bewusst und freiwillig nicht in näheren Kontakt mit den Leuten des aufnehmenden Landes treten wollen. All diese Vorbringen sind, für sich genommen, neutral gehalten und lassen keine auf Religion, Rasse oder Herkunft beruhende Diskriminierung erkennen. Bei dieser Sachlage ist im bundesgerichtlichen Verfahren nicht darüber zu befinden, ob die einzelnen Begründungselemente in jeder Hinsicht materiell zutreffen, allenfalls von der bisherigen Praxis abweichen oder gar neue Kriterien einführen. Es ist daher unerheblich, wenn in der Debatte von Seiten der Befürworter des Einbürgerungsgesuches darauf hingewiesen worden ist, dass das Bemühen um eine Arbeitsstelle in der bisherigen Einbürgerungspraxis keine Rolle gespielt habe und dass auch Personen eingebürgert worden seien, die, soweit sie nicht der Öffentlichkeit zur Last fielen, über keine Arbeitsstelle verfügten und von Eltern oder Verwandten unterhalten wurden. Unerheblich ist desgleichen, dass die mündlichen Deutschkenntnisse der Beschwerdeführerin vom Kommissionssprecher als gut bezeichnet worden sind.

Vor diesem Hintergrund kann nicht von einem Verstoss gegen Art. 8 Abs. 2 BV gesprochen werden. Das zeigt sich denn auch darin, dass der Vater und der Bruder der Beschwerdeführerin, die sich gleichermassen zum Islam bekennen, in Anbetracht ihrer Integration bzw. ihres Integrationswillens tatsächlich eingebürgert worden sind. Es kann auch nicht davon gesprochen werden, dass die Beschwerdeführerin wegen der aus dem Koran abgeleiteten Bekleidungsvorschriften spezifisch als Frau diskriminiert würde, da, wie der Rechtsdienst ausführt, in der Vergangenheit auch muslimische Frauen, welche sich nach den Gepflogenheiten ihrer Religion kleiden, tatsächlich eingebürgert worden sind. Daran vermag der Einwand der die Einbürgerung unterstützenden Minderheit in der Kommission und im Landrat nichts zu ändern, wonach die Beschwerdeführerin nur dann Chancen auf eine Einbürgerung hätte, wenn sie ihr Kopftuch ablegen und somit ihrer religiösen Überzeugung entsagen würde. Auch die von Seiten der Minderheit in Kommission und Landrat mit Blick auf das Beachten der muslimischen Bekleidungsvorschriften emotional geführte Debatte vermochte nicht aufzuzeigen, dass die Beschwerdeführerin tatsächlich integriert sei, zumindest einen hinreichenden Integrationswillen an den Tag lege und letztlich bereit sei, in einen für eine Einbürgerung erforderlichen Kontakt mit der hiesigen Bevölkerung zu treten. Es kann daher, wie von den Befürwortern einer Einbürgerung vorgebracht, auch nicht gesagt werden, es fehle an einer tatsächlichen Begründung, worin die allmähliche Angleichung an schweizerische Gewohnheiten erblickt werde. Diese ist vielmehr darin zu sehen, dass die einbürgerungswillige Person tatsächlich in einen eigentlichen Kontakt mit der Bevölkerung des aufnehmenden Gemeinwesens trete und hierfür ein entsprechender Integrationswille bezeuge. Darin liegt weder eine (direkte oder indirekte) Benachteiligung wegen eines religiösen Bekenntnisses noch eine geschlechterspezifische Benachteiligung. Bei dieser Sachlage kann von einer Diskriminierung und von einem Verstoss gegen Art. 8 Abs. 2 in Verbindung mit Art. 8 Abs. 3 BV nicht gesprochen werden.

Demnach erweist sich die Beschwerde als unbegründet.

SJKR/ASDE 11 (2006), S. 115-117

# Mitteilungen

## Jahresbericht 2006 der Schweizerischen Vereinigung für evangelisches Kirchenrecht

### *I. Tagung und Generalversammlung vom 27. Januar 2006*

Die 19. Tagung der Schweizerischen Vereinigung für Evangelisches Kirchenrecht fand am 27. Januar 2006 in Luzern statt. Die Vereinigung genoss Gastrecht in den Räumlichkeiten der Universität Luzern. Prof. Dr. iur. can. Adrian Loretan von der Universität Luzern sei an dieser Stelle nochmals gedankt, dass er trotz knappen Räumlichkeiten in der Universität das fast Unmögliche möglich machen konnte[1].

Nach der Begrüssung durch den Rektor der Universität Luzern, Prof. Dr. theol. Markus Ries, referierte Pfr. Dr. theol. Georg Vischer, Basel, über das kirchliche Amt aus praktischer Sicht[2]. Georg Vischer kam in seinem Referat zum Schluss, dass das kirchliche Amt heute eine Vielzahl von Ausprägungen aufweise und sich nicht auf das Pfarramt beschränke. Um das Zusammenspiel dieser Ausprägungen des kirchlichen Amts zu gewährleisten, sei Führung erforderlich. Diese Leitungsfunktion sei nicht an das Pfarramt gebunden, sondern müsse von der Kirchenvorsteherschaft wahrgenommen werden. Diese sei im Rahmen ihrer tatsächlichen Möglichkeiten zu befähigen, diese Führungsverantwortung zu tragen. Im Vordergrund stehe dabei die Sorge um das Zusammenwirken aller Beteiligten und nicht das Befehlen. Die so wahrgenommene Führungsverantwortung schaffe Raum dafür, dass das Pfarramt seine geistliche Leitungsverantwortung und seine übrigen Aufgaben wahrnehmen könne.

1 Zur Berichterstattung über die Tagung vgl. auch reformierte presse Nr. 6 und 7 vom 10. bzw. 17. Februar 2006.

2 Siehe vorn S. 33 ff.

Im zweiten Referat äusserte sich Pfr. Dr. theol. Gottfried Locher, Fribourg, zum kirchlichen Amt aus ekklesiologischer Sicht[3]. Das ordinierte Amt werde in der Gesetzgebung der schweizerischen reformierten Kirchen unterschiedlich behandelt. Diesbezüglich sei die Gemeinschaft Evangelischer Kirchen in Europa (GEKE) eindeutiger. Diese gehe davon aus, dass das spezielle, ordinierte Amt zum Sein der Kirche gehöre, weil der Dienst der öffentlichen Verkündigung und der Darreichung der Sakramente eines geordneten Amtes bedürfe. Dieses Amtsverständnis habe auch für die Mitgliedkirchen des Schweizerischen Evangelischen Kirchenbunds zu gelten, da dieser Mitglied der GEKE sei. Gottfried Locher postulierte sodann als Thesen, dass das Priestertum aller Gläubigen für die Kirche konstitutiv sei, dass das Priestertum aller Gläubigen das ordinierte Amt legitimiere, dass Letzteres konstitutiv für die Kirche sei, dass das ordinierte Amt mehrdimensional sei, dass die Gestalt des ordinierten Amts aus dem Auftrag und aus dem Leben der gesamten Kirche erwachse und dass das Amtsverständnis Ausdruck des Kirchenverständnis sei. Mit Blick auf diese Thesen bilde das Bischofsamt den Testfall. Dieses sei ausschliesslich als ein Dienst in der Kirche zu verstehen. Folge man dieser Auffassung, bilde ein so verstandenes Bischofsamt den besten Schutz vor Klerikalismus.

Lic. iur. Theres Meierhofer-Lauffer stellte im Rahmen eines Co-Referats rechtliche Anfragen an die beiden Referate. Auftrag der Juristen sei es, zu ordnen und zu regeln. Entsprechend müsse auch der Begriff des Amts geklärt werden. Es sei zu diesem Zweck zwischen Amt und Dienst zu unterscheiden, und es müssten die Voraussetzungen des kirchlichen Dienstes genauer geregelt werden. Zudem seien an die Ordination Rechtswirkungen zu knüpfen. Aufgabe der Juristen sei es auch, die Aufgaben und die Verantwortung des Bischofsamts zu umschreiben. Hinsichtlich der Wahrnehmung der Führungsverantwortung gegenüber dem Pfarramt sei es erforderlich, die Rechtsstellung der Pfarrerinnen und Pfarrer eindeutiger zu regeln. Am ehesten lasse sich das Pfarramt mit dem Richteramt vergleichen, insbesondere bezüglich Wahlverfahren, Wahrnehmung in der Öffentlichkeit sowie der personal- und aufsichtsrechtlichen Situation. Im Blick auf die Zukunft, insbesondere auf die Ressourcen der Kirchen, dürfte sich die Besitzstandwahrung bei den Pfarrerinnen und Pfarrern als Problem erweisen. Es sei deshalb zu prüfen, ob Pfarrstel-

3 Siehe vorn S. 11 ff.

len nur noch teilweise im Wahlverhältnis und im Übrigen im Anstellungsverhältnis besetzt werden sollten.

Im Anschluss an die Tagung versammelten sich die anwesenden Mitglieder der Vereinigung zur 14. ordentlichen Generalversammlung, welche die üblichen Traktanden behandelte. Der Vorstand (lic. iur. Theres Meierhofer-Lauffer, Fürsprecher Peter D. Deutsch, PD Dr. iur. Cla Reto Famos, Dr. iur. Martin Röhl, PD Dr. iur. Christoph Winzeler) wurde für eine weitere zweijährige Amtsdauer bestätigt. Sodann nahm die Versammlung Kenntnis von der von Finanzverwalter Fürsprecher Peter D. Deutsch sorgfältig geführten und übersichtlich präsentierten Jahresrechnung 2005, die wiederum mit einem guten Ergebnis abgeschlossen hat. Die Vereinigung schätzt sich glücklich, dass sie für die Herstellung und den Druck des Jahrbuchs bisher mit der finanziellen Hilfe der deutschschweizerischen, in der Kirchenkonferenz zusammengeschlossenen Landeskirchen hat rechnen dürfen. Es liegt dem Vorstand namens der Vereinigung daran, an dieser Stelle für die Unterstützung und das damit verbundene Wohlwollen herzlich zu danken.

## *II. Weitere Tätigkeit*

Der Vorstand hat sich während des Jahres an zwei Sitzungen in Zürich getroffen und weitere Geschäfte auf dem Korrespondenzweg behandelt.

Für die nächste Tagung, die am 26. Januar 2007 in Liestal stattfinden wird, konnte der Vorstand Prof. Dr. iur. Andreas Kley und Pfr. Dr. theol. Ulrich Knellwolf als Referenten gewinnen. Sie werden sich einerseits mit der Rolle Gottes in den politischen Reden der Bundesräte und anderseits mit dem Begriff „Öffentlichkeit der Kirche" aus theologischer Sicht befassen.

*Der Vorstand*

SJKR/ASDE 11 (2006), S. 119-179

# Berichte

## Neues Dienst- und Lohnreglement für die ordinierten Dienste der evangelisch-reformierten Landeskirche des Kantons Aargau

### *I. Einleitung*

Im Jahr 1991 verabschiedeten die Reformierten Kirchen der deutschsprachigen Schweiz die Übereinkunft betreffend die Anerkennung des sozialdiakonischen Dienstes. Ziel der Vereinbarung waren gleichwertige Voraussetzungen bezüglich Ausbildung und Stellung der sozial-diakonischen Mitarbeitenden in den Mitgliedkirchen[1]. Im selben Jahr führte die Reformierte Landeskirche Aarau die Ordination der sozial-diakonischen Mitarbeitenden (SDM) ein. Damit begann ein sukzessiver Wandel in der Bedeutung und Positionierung der SDM im Aargau. Der diakonische Dienst wurde nicht mehr als Hilfsfunktion für die Pfarrämter verstanden, als „Gemeindehelfer"-Dienst. Die SDM beanspruchten ein eigenes Profil mit entsprechender, vom Pfarramt deutlich abgegrenzter Qualifikation und mit eigenem Proprium. Das Verhältnis zwischen den beiden ordinierten Diensten Pfarramt und sozial-diakonisches Amt musste neu definiert werden[2].

Das Projekt Kirche 2002 befasste sich in der Folge intensiv mit der Frage der Dienste und Ämter. Eine grosse Vernehmlassung bestätigte die Gleichwertigkeit der Dienste in den Kirchgemeinden: Ehrenamtliche Kirchenpflegemitglieder, Pfarrpersonen und SDM sollten gemeinsam die

1 Übereinkunft Sozial-Diakonische Dienste vom 22. Januar 1991, revidiert am 18. November 1999, Ingress.

2 In der Reformierten Landeskirche Aargau werden nur Pfarrpersonen und SDM ordiniert. Andere Landeskirchen wie die Berner Kirche kennen auch die Ordination weiterer kirchlicher Mitarbeiter, z.B. der Katechetinnen und Katecheten.

Verantwortung für die Leitung der Kirchgemeinde und für den Gemeindeaufbau wahrnehmen. Dieses gleichwertige Miteinander der Dienste wurde am 6. Juni 2001 von der Aargauer Synode mit dem „Reglement über die Amtsdauer, Wählbarkeit und Delegation in der partnerschaftlichen Gemeindeleitung (PGL)“ gesetzlich verankert[3]. Das Reglement führte die Volkswahl der SDM ein, vereinheitlichte Amtsdauer und Wahltermine der drei Dienste und ordnete den Einsitz der ordinierten Mitarbeitenden in der Kirchenpflege[4].

Diese Entwicklung führte gleichzeitig zu einer Vielzahl von neuen Fragen: Wie definieren sich beide ordinierten Dienste? Was unterscheidet den sozial-diakonischen Dienst vom Pfarrberuf? Was ist das je eigene Proprium? Welche Rechte und Pflichten verbinden sich mit dem neuen Verständnis der ordinierten Dienste? Wie können die ordinierten Mitarbeitenden geführt werden, wenn sie Mitglieder der Kirchenpflege sind? Sowohl Pfarrpersonen wie auch SDM verlangten nach einem Dienstrecht, welches diese Fragen klären sollte. Die Kirchenpflegen erwarteten eine Klärung des Führungsproblems.

## *II. Gesetzgeberischer Prozess*

Eine Schwierigkeit war, dass der Kirchenrat 1997 Richtlinien für den Dienst der Diakonischen Mitarbeiterinnen und Mitarbeiter[5] erliess, die Pflichten und Rechte der Pfarrerinnen und Pfarrer in der Kirchenordnung aber nur sehr rudimentär geregelt waren. Dass die Richtlinien nur für SDM galten und nicht von der Synode verabschiedet wurden lag aber nicht zuletzt daran, dass ein eigenes Dienstreglement für die Pfarrpersonen noch nicht spruchreif war. Der damalige theologische Sekretär der Reformierten Landeskirche Aargau Markus Sahli und der externe Rechtsberater Dr. Michael Merker hatten einen Entwurf geliefert, den das Pfarrkapitel ablehnte[6]. Das Pfarrkapitel setzte darauf eine eigene Arbeits-

3 SRLA 274.300, in Kraft seit 1. Juli 2002. Die systematische Rechtssammlung der Evangelisch-Reformierten Landeskirche des Kantons Aargau (SRLA) ist im Internet unter www.ref-ag.ch zugänglich.

4 Der Verf. berichtete darüber ausführlich im SJKR 6 (2001), S. 133-136.

5 SRLA 375.300, per 31. Dezember 2006 aufgehoben.

6 Dieser Entwurf war aber eine wesentliche Vorarbeit und Grundlage für das aktuelle Dienstreglement für die ordinierten Dienste.

gruppe ein, welche ihrerseits einen Entwurf erarbeitete, den sie im Oktober 1998 dem Kapitel vorlegte. Diesen Entwurf lehnten die Kirchenpflegen 1999 in einer Vernehmlassung aus mehreren Gründen deutlich ab: Der Entwurf sei eine Mischung aus Leitbild, Berufsbild und Reglement, welcher wesentliche Fragen ungeklärt lasse und juristisch mangelhaft formuliert sei[7].

Der Kirchenrat entschied sich darauf, die Arbeit in mehrere Schritte aufzuteilen. Zuerst sollten die Fragen der Wählbarkeit und des Einsitzes in der Kirchenpflege für die ordinierten Mitarbeitenden geregelt werden. Das Reglement über Amtsdauer, Wählbarkeit und Delegation in der partnerschaftlichen Gemeindeleitung klärte diese Punkte im Juni 2001. Die Synode beschloss insbesondere, dass grundsätzlich alle ordinierten Mitarbeitenden, welche durch das Volk gewählt wurden, von Amtes wegen Mitglied der Kirchenpflege sind[8]. Lediglich in grossen Kirchgemeinden, in denen dies zu überdimensionierten Kirchenpflegen führen würde, ist eine Beschränkung der ordinierten Mitarbeitenden auf eine Delegation möglich[9].

Im Herbst 2001 folgte eine Vernehmlassung zu den wesentlichen Themenkreisen, die (für beide ordinierten Dienste) bisher offen geblieben waren:

- Anspruch auf ein Aufgabenprofil oder Funktionsbeschrieb
- Wohnsitzpflicht und Amtswohnung
- Definition der Arbeitszeit
- Regelung der Mitarbeit der Partnerin bzw. des Partners
- Regelung der Nebenbeschäftigungen und Tätigkeiten für die Kirche ausserhalb der eigenen Gemeinde
- Kompetenzregelungen zwischen den Diensten, inklusive den ehrenamtlichen Kirchenpflegemitgliedern

Die Resultate dieser Vernehmlassung wurden in neun Grundsätzen zusammengefasst und der Synode vom 20. November 2002 zum Entscheid vorgelegt. Ziel war, diese Fragen thematisch zu diskutieren und zu ent-

7 Synodebotschaft „Dienstreglemente für die ordinierten Dienste – Grundsatzentscheide" der Synode vom 20. November 2002, S. 3 f. – Synodebotschaften und -protokolle der Reformierten Landeskirche Aargau sind zugänglich unter www.ref-ag.ch.

8 § 43 Abs. 1 KO, § 7 PGL.

9 §§ 7 f. und 11 f. PGL; es müssen mehr ehrenamtliche Mitglieder in einer Kirchenpflege sein als ordinierte Mitarbeitende.

scheiden, bevor sie juristisch formuliert wurden. So konnte eine inhaltliche und ekklesiologische Debatte stattfinden, die sich ganz dem Kern der Fragen widmete. Dass die Diskussion emotionsgeladen sein würde, war zu erwarten. Für die Kirchenpflegen war zum Beispiel die Regelung der Arbeitszeit und ein möglicher Anspruch auf Kompensation der Überzeit eine Herausforderung, für die Pfarrpersonen die Frage nach der Führung durch die ehrenamtlichen Kirchenpflegemitglieder, für die SDM die Forderung nach der Wohnsitzpflicht. Alle Synodalen zeigten gleichzeitig ein grosses Interesse an guten und möglichst ausgleichenden Lösungen. Insgesamt folgte die Synode den Anträgen des Kirchenrates deutlich. Bei der Wohnsitzpflicht wollte sie den Kirchgemeinden jedoch mehr Freiheit bei der Umsetzung und Gewährung von Ausnahmen erlauben. Den Antrag zum Grundsatzentscheid betreffend Arbeitszeit und Kompensation von Überstunden zog der Kirchenrat nach intensiver Diskussion zur nochmaligen Überarbeitung zurück, weil die Änderungsanträge zu unterschiedliche Stossrichtungen aufwiesen.

Die Entscheide der Synode vom 22. November 2002 wurden nochmals heftig diskutiert. Besonders die Fragen der Führung und der Arbeitszeit brauchten Raum. Eine Tagung für Kirchenpflegemitglieder beschäftigte sich mit Fragen zur partnerschaftlichen Gemeindeleitung und Personalführung. Die Kapitel diskutierten nochmals die Regelung der Arbeitszeit.

Dr. iur. Michael Merker und ich erhielten darauf den Auftrag, die Entscheide der Synode, die Vernehmlassungsergebnisse und die bestehenden Rechtsgrundlagen zu überprüfen und einen neuen Gesetzesentwurf vorzulegen. Die wesentlichen Regelungen sollten in der Kirchenordnung verankert, der Kirchenrat von der Synode ermächtigt werden, ausführende Bestimmungen für jeden Dienst in Form einer Verordnung zu erlassen.

Die Vernehmlassungen und Diskussionen hatten aber gezeigt, dass ein Dienstrecht für die ordinierten Mitarbeitenden die Kirchgemeinden in ihrem Kernauftrag mitbestimmt und eine Vereinheitlichung der Anstellungsbedingungen die Gemeindeautonomie in wesentlichen Punkten einschränkt. Zudem vertraten wir die Auffassung, dass alle für die Kirchenpflegen relevanten Punkte möglichst in einem Reglement zusammengefasst werden sollten. Gesetzliche Grundlagen in der Kirchenordnung und Ausführungsbestimmungen in zwei Verordnungen würden den Überblick erschweren und zu Rechtsunsicherheit bei den verantwortlichen Kirchenpflegemitgliedern führen. Doppelregelungen auf unterschiedlichen Gesetzesstufen erschweren die Arbeit zusätzlich, was auch die Erfahrung mit älteren kirchlichen Erlassen im Aargau bestätigt.

Der Kirchenrat entschied sich deshalb (entgegen der ursprünglichen Absicht), der Synode ein Dienstreglement für beide ordinierten Dienste vorzulegen, welches alle dienstrechtlichen Fragen umfasst ausser den Voraussetzungen für die Wählbarkeit und die Regelung der Wahlverfahren. Der Entwurf von M. Merker und P. Müller wurde nochmals in die Vernehmlassung gegeben. Bis auf kleine Korrekturwünsche wurde der Vorschlag von Kirchenpflegen und Mitarbeitenden positiv aufgenommen.

Die Synode der Reformierten Landeskirche Aargau hat das Dienst- und Lohnreglement für die ordinierten Dienste (DLD) am 8. Juni 2005 verabschiedet[10]. Am 16. November 2005 beschloss sie die nötigen Anpassungen in der Kirchenordnung. Das DLD tritt per 1. Januar 2007 mit Beginn der neuen Amtsperiode in Kraft und hebt die Minimalbesoldungsreglemente für beide ordinierten Dienste, die Richtlinien für den Dienst der Diakonischen Mitarbeiterinnen und Mitarbeiter sowie die Richtlinien für die Teilzeitanstellung von Theologinnen und Theologen auf[11].

## *III. Überblick über das neue Dienst- und Lohnreglement (DLD)*

Das neue Reglement gliedert sich in neun Kapitel und regelt 1. Geltungsbereich, 2. Inhalt, Auftrag und Aufsicht, 3. Begründung, Dauer und Beendigung des Dienstverhältnisses, 4. Pflichten, 5. Rechte, 6. Disziplinarrecht, 7. Versicherungen, 8. Rechtsschutz sowie 9. Übergangs- und Schlussbestimmungen. Die 66 Paragraphen wurden zum Teil ausführlich kommentiert. Synode und Kirchenpflegen haben ausdrücklich gewünscht, dass das DLD mit den Bemerkungen veröffentlich wird, um die Handhabung zu erleichtern.

Das DLD gilt nur für Pfarrerinnen und Pfarrer sowie SDM, die im Dienst einer Aargauer Kirchgemeinde stehen[12]. Das Dienstverhältnis ist öffentlichrechtlich und kirchlich, womit weder das Obligationenrecht noch kantonales Personalrecht anwendbar sind, was in der Praxis bisher öfter missachtet wurde, nicht zuletzt auf Grund von Gesetzeslücken im Aargauer Kirchenrecht[13]. Damit ist ebenfalls klar, dass dienstrechtliche

10 SRLA 371.300.

11 SRLA 373.500, SRLA 373.700, SRLA 375.300 und SRLA 375.500.

12 § 1 DLD.

13 § 2 DLD.

Ansprüche nicht vor Zivilgerichten geltend gemacht werden können. Die Reformierte Landeskirche Aargau kennt einen innerkirchlichen Rechtsweg, welcher im SJKR bereits früher ausführlich beschrieben wurde[14].

## *1. Inhalt und Auftrag des Dienstes*

Auch wenn die Formulierung des Auftrags der beiden Dienste sorgfältig und unter Berücksichtigung verschiedener Entwürfe und Vorschläge erfolgte, zeigte sich eine entscheidende Schwierigkeit. Auch intensivste Diskussionen mit den Interessengruppen der beiden ordinierten Dienste konnten bisher weder eine abschliessende Berufsdefinition liefern noch das Proprium jedes Dienstes klären. Denn die Gleichwertigkeit der Dienste darf nicht zu einer Gleichheit führen. Während für den Pfarrdienst die Verantwortung für die Seelsorge, die inhaltliche Gestaltung des Gottesdienstes, die Taufe, das Abendmahl, die Trauungen, die Abdankungen und weitere gottesdienstliche Feiern gegeben war[15], ist Diakonie ja nicht ausschliesslich in der Verantwortung des sozial-diakonischen Dienstes[16].

Es rächt sich, dass Diakonatskonferenz und Diakonatsrat sich bis heute nicht auf eine verbindliche Berufsdefinition und eindeutige Anforderungen an die Ausbildung einigen konnten. Die Qualifikationen der SDM sind noch zu unterschiedlich, die Ausbildung im sozialen Bereich oft ungenügend. Dementsprechend fallen das Berufsbild und die Aufgaben in einer Kirchgemeinde sehr verschieden aus.

Pfarrerinnen und Pfarrer kämpfen dafür gegen den schrittweisen Verlust traditioneller Aufgabenfelder an kostengünstigere Mitarbeiter. Der Rückzug auf die theologische Reflexion kann aber nicht die abschliessende Antwort darauf sein[17]. Die Definition neuer Aufgabenbereiche für das Pfarramt scheitert aber oft an unterschiedlichen Vorstellungen und Ansprüchen. Die im DLD vorgenommene Definition der Aufgabenbereiche kann deshalb nur als ein Schritt auf dem Weg der Klärung des jeweiligen Auftrags und Berufsbilds sein.

14 Siehe *Jürg Vögtli*, Zur Neuorganisation des Rechtsschutzes in der Aargauer evangelisch-reformierten Landeskirche, in: SJKR 8 (2003), S. 207-217 und 10 (2005), S. 141-149.

15 §4 Abs. 1 DLD.

16 § 5 DLD.

17 § 4 Abs. 3 DLD.

## 2. *Funktionsbeschrieb, Führung und Aufsicht*

Die Frage der Führung und Aufsicht hatte immer wieder zu Diskussionen geführt. § 8 DLD unterstellt die Aufsicht über die Amtsführung dem Kirchenrat, jene über die Verwaltungsaufgaben den Kirchenpflegen (bzw. den ehrenamtlichen Mitgliedern derselben[18]). Er ist eine der grundlegenden Bestimmungen im neuen Reglement. Er trifft die Unterscheidung zwischen dem Kernbereich ordinierten Handelns, der von den Kirchenpflegen nicht beaufsichtigt werden kann, und den Verwaltungsaufgaben. Die Differenzierung ist von erheblicher Bedeutung. Sie grenzt kirchliches Wirken von der administrativen Aufgabenerfüllung, welcher mit Bezug auf das kirchliche Wirken nur eine Hilfsfunktion zukommt, ab. Die Unterscheidung wird in Zukunft sorgfältig vorzunehmen sein, da die Kirchenpflegen Wertentscheidungen der ordinierten Dienste im ersten Bereich zu akzeptieren haben, im Bereich der Verwaltungsaufgaben aber befugt sind, deren Erfüllung zu prüfen und gegebenenfalls mittels Disziplinarmassnahmen durchzusetzen.

Konkret sieht dies so aus, dass zum Beispiel die inhaltliche Gestaltung von Gottesdiensten oder Unterrichtsstunden Sache der zuständigen ordinierten Mitarbeitenden ist. Der Funktionsbeschrieb gibt jedoch die Aufgaben der Mitarbeitenden vor[19]. Dieser wird in Zusammenarbeit mit den ordinierten Diensten formuliert und verabschiedet. Die Verwaltungsaufgaben sind damit die äussere Form, die vorgegeben wird, um einen Inhalt (die Verkündigung des Evangeliums, Seelsorge, usw.) zu transportieren.

Die im Vernehmlassungsverfahren von einzelnen Kirchenpflegen angesprochene Einschränkung der Befugnisse der Kirchenpflegen im Verhältnis zu Pfarrerin oder Pfarrer oder SDM findet tatsächlich nicht statt; im Gegenteil: den Kirchenpflegen kommt neu erstmals die Möglichkeit zu, die Erfüllung des Funktionsbeschriebs nicht nur zu überprüfen, sondern in gravierenden Fällen der Pflichtverletzung gegen Pfarrerinnen und Pfarrer sowie SDM selber Disziplinarmassnahmen anzuordnen, was bis anhin nicht möglich war.

Die Disziplinarmassnahmen des Kirchenrats reichen von der Ermahnung bis zur Einstellung im Amt und zur Entlassung aus dem ordinierten Dienst. Die Möglichkeiten der Kirchenpflegen beschränken sich auf die Ermahnung und die Verweigerung des jährlichen Stufenanstiegs (Dienst-

18 Siehe auch die Ausstandspflicht für die ordinierten Dienste, § 8 Abs. 2 DLD.

19 § 17 DLD.

alterszulage)[20]. Disziplinarverfahren richten sich nach dem aargauischen Gesetz über die Verwaltungsrechtspflege[21]. Der Rechtsweg folgt den Bestimmungen der Kirchenordnung und des Rekursreglements[22].

Die Kirchenpflegen haben neu die Pflicht, mindestens ein Mal im Jahr Gespräche mit den Mitarbeitenden zu führen[23]. Dabei sind anstehende Probleme und Anliegen zu besprechen. Die Gespräche sind nicht lohnwirksam.

### *3. Begründung und Dauer des Dienstverhältnisses*

Auch wenn die Wählbarkeitsvoraussetzungen, die Wahl und die Amtsdauer bereits geklärt waren, regelt das DLD neu auch eindeutig die Dauer und Beendigung des Dienstverhältnisses, das Vorgehen bei Nichtwiederwahl und bei Erreichen des Pensionsalters. Nach Erreichen des Pensionsalters erlischt das Dienstverhältnis, eine Weiterführung der Tätigkeit ist nur noch als Stellvertreter möglich[24].

### *4. Arbeits- und Präsenzzeit, Nebenbeschäftigungen*

Die Arbeitszeit wurde nach intensiver Beratung bei durchschnittlich 42 Stunden pro Woche festgelegt, wobei Anspruch auf Kompensation erst bei längerer Überschreitung eines Wertes von 48 Stunden pro Woche besteht. Ist eine Kompensation innert eines Jahres nicht möglich, muss der Funktionsbeschrieb überprüft werden. Es besteht aber kein Anspruch auf Überzeitentschädigung[25].

Die ordinierten Dienstnehmenden geniessen einen hohen Grad an Gestaltungsfreiheit in ihrer Arbeit. Sie sind im Rahmen des Funktionsbeschriebs und der kirchlichen Weisungen frei in der Organisation ihrer Arbeit. Die Synode erachtet ihre Position deshalb nicht als vergleichbar mit der von Untergebenen, sondern von fachlich weisungsfreien Mitarbeitenden. Entsprechend dürfen höhere Anforderungen an Arbeits- und Präsenzzeiten gestellt werden.

20 § 56 DLD.
21 § 57 DLD; VRPG, SAR 271.100.
22 SRLA 151.100 und SRLA 233.300.
23 § 18 DLD.
24 § 14 DLD.
25 § 25 DLD.

Obwohl mit dem Amt des Pfarrers oder der Pfarrerin oder der SDM spezielle Erwartungen verbunden sind (Hingabe an die Aufgabe), dürfen diese nicht ausgenützt werden. Es erweist sich deshalb als sinnvoll, eine wöchentliche Arbeitszeit festzulegen, mit deren Erfüllung im Grundsatz die dienstrechtlich gebotene Leistung erreicht ist. Gleichwohl kann angesichts der überdurchschnittlichen Besoldung, der grundsätzlichen Einstellung zum Amt wie auch der weitgehenden Gestaltungsfreiheit im beruflichen Alltag erwartet werden, dass die ordinierten Dienste auch zu Mehrleistungen bereit sind. Damit aus dieser Bereitschaft zur überdurchschnittlichen Pflichterfüllung kein Standard abgeleitet wird, wurde zwar entschieden, dass Überstunden im Grundsatz entschädigungslos zu leisten sind (eine im Gegensatz zum Privatrecht im Grundsatz zulässige Bestimmung), dass sich aber kein Mitarbeitender sagen lassen muss, 48 oder 50 oder noch mehr Stunden seien „übliche“ Pflichterfüllung.

Die Dienstnehmenden dürfen Nebenbeschäftigungen nur annehmen, wenn sie mit ihrem Auftrag zu vereinbaren sind und sie nicht an der Ausübung ihres Dienstes hindern[26]. Bis zu 10 % ihrer Arbeitszeit dürfen sie jedoch für regionale oder kantonale kirchliche Tätigkeiten oder für der Kirche nahe stehende Institutionen einsetzen[27]. Die Kirche ist nicht nur die lokale Gemeinde, sondern hat immer auch eine weltweite Dimension. Die Verbundenheit mit anderen Kirchgemeinden bzw. der weltweiten Kirche und die Zusammenarbeit mit anderen Christen sind Teil des Auftrags Jesu. Gesamtkirchliche und regionale Aufgaben kommen deshalb immer auch der lokalen Gemeinde zu gut.

## 5. *Wohnsitzpflicht und Amtswohnung*

Das DLD regelt neu zweierlei: Die Pflicht der Pfarrerin oder des Pfarrers, das Pfarrhaus zu beziehen und darin auch zu bleiben, sowie die Wohnsitzpflicht ab 50 Stellenprozent (unabhängig vom Pfarrhaus) für Pfarrerinnen und Pfarrer und für Diakonische Mitarbeitende[28].

Die Wohnsitzpflicht war bisher nicht gesetzlich verankert. Da die Amtswohnung aber unentgeltlich zur Verfügung gestellt wurde, stellte sie einen wichtigen (Natural-) Lohnbestandteil dar[29]. Ungerecht an der bis-

26 § 20 DLD.
27 § 22 DLD.
28 § 30 DLD.
29 § 76 KO (SRLA 151.100).

herigen Regelung war, dass die Pfarrhäuser von den Steuerämtern sehr unterschiedlich eingeschätzt wurden und der steuerliche Eigenmietwert als Basis für die Sozialleistungen auf dem Naturallohn (wie AHV- und Pensionskassenbeiträge) diente. Bei Eigenmietwerteinschätzungen zwischen Fr. 10'000.- und 25'000.- pro Jahr fielen Steuern und Sozialleistungen für dieselbe Tätigkeit zu unterschiedlich aus. Die Synode beschloss deshalb die Zusammenführung der Lohnbestandteile in einem einzigen Mindestlohn und die Ansetzung einer einheitlichen Miete für Amtswohnungen von Fr 18'000.- per annum[30].

Die Wohnsitzpflicht wird hingegen weitgehend durch die bundesgerichtliche Rechtsprechung bestimmt. Eine solche besteht grundsätzlich nicht, wenn es an der diesbezüglichen gesetzlichen Grundlage fehlt, weshalb die neue Bestimmung notwendig wurde. Selbst bei gesetzlicher Regelung muss die Verpflichtung, in der betreffenden Kirchgemeinde Wohnsitz zu nehmen, begründbar sein. Die Wohnsitzpflicht der Diakonischen Mitarbeitenden wurde mit der Gleichwertigkeit der Dienste und mit der Verantwortung für den Gemeindeaufbau begründet (siehe partnerschaftliche Gemeindeleitung).

Eine Kirchgemeinde kann auf die Wohnsitzpflicht verzichten. Das kommt in erster Linie für Kirchgemeinden in Betracht, die über keine eigene Amtswohnung verfügen, die enge Anbindung des ordinierten Dienstes an den Wirkungsort nicht für notwendig erachten oder für Teilzeitmitarbeitende. Die Kirchgemeindeversammlung hat darüber zu befinden. Wird auf die Wohnsitzpflicht verzichtet, können die Kirchgemeinden tiefere Lohnansätze verwenden. Bei Pfarrpersonen können die Löhne um jährlich maximal Fr. 9'000.- gekürzt werden, bei SDM um maximal Fr. 3'000.-. Mit diesen Ansätzen kommt zum Ausdruck, dass ordinierte Dienstnehmende mit einem Wohnsitz ausserhalb der Gemeinde meist mehr Privatsphäre geniessen. Umgekehrt kann der Zuzug damit zum Anreiz werden[31].

## *6. Rechte der Dienstnehmenden*

Die üblichen Rechte der Dienstnehmenden wurden möglichst einheitlich geregelt. Besonders bei den Dienstalterseinstufungen bestanden deutliche Unterschiede. Für Pfarrpersonen gab es keine Bestimmungen. SDM rück-

30 § 35 DLD.
31 § 34 DLD.

ten mit dem 34. Altersjahr automatisch ins 12. Dienstjahr auf, mit etwa 44 Jahren erreichten sie das Maximum. Neu werden alle Dienstjahre nach Abschluss der kirchlichen Ausbildung im Dienst der Kirche, einer kirchlichen oder sozialen Institution, einem Hilfs- oder Missionswerk, in einem Lehrauftrag oder im öffentlichrechtlichen Dienst voll angerechnet. Alle Berufsjahre in einem anderen Arbeitsfeld oder für hauptamtliche Familienarbeit sind mindestens zur Hälfte anzurechnen[32].

Die Regelung der Mindestlöhne, der Ansprüche an Freizeit, Ferien und Urlaub, der Spesen und Berufsauslagen, der Stellvertretungen, um nur einige zu nennen, wurde dahingehend formuliert, dass möglichst Rechtssicherheit für die Dienstnehmenden besteht. Die Kirchenpflegen sollten entlastet werden von der Formulierung von eigenen Dienstreglementen oder Anstellungsverträgen. Grundsätzlich wird ihnen empfohlen, Anstellungsverfügungen zu erlassen.

## *IV. Schlussbemerkungen*

Das neue Dienst- und Lohnreglement für die ordinierten Dienste regelt erstmals umfassend den Dienst der Pfarrerinnen, Pfarrer und sozialdiakonischen Mitarbeitenden im Aargau. Die Umsetzung wird die Kirchgemeinden aber noch einige Zeit beschäftigen. Manche Kirchenpflegen erarbeiten erstmals Funktionsbeschriebe mit ihren ordinierten Dienstnehmenden. Einige erleben dabei ganz neu die Schwierigkeit, mit den bestehenden Kapazitäten alle Ansprüche zu befriedigen. Die Unterscheidung von Nötigem und Wünschbarem zwingt dabei zur Festlegung von Zielen und der Entwicklung von Strategien und Arbeitsprogrammen. Die Wahrnehmung ihrer Führungsverantwortung muss noch entsprechend geübt werden. Das Instrument des Mitarbeitergesprächs ist zudem einigen fremd. Deshalb wird ein wesentlicher Schwerpunkt der Kirchenpflegen-Weiterbildung im Aargau 2007 bei der Personalführung liegen.

Zur Personalführung gehört aber auch die Personalentwicklung. Die Reformierte Landeskirche Aargau engagiert sich entsprechend bei Fragen der Ausbildung und Mitarbeitergewinnung. Der Kirchenrat möchte zudem die Weiterbildung der ordinierten Mitarbeitenden konsequenter als Führungs- und Förderungsinstrument einsetzen.

32 § 36 DLD.

Die Führung von gut ausgebildeten Mitarbeitenden, oft Spezialisten auf ihrem Gebiet, bleibt für so genannte Laien eine Herausforderung, und wenn sie in ihrem eigenen Berufsfeld noch so kompetent sind. Das DLD ist aber ein entscheidender Schritt zur Ergänzung und Stärkung der partnerschaftlichen Gemeindeleitung im Aargau. Gerade die Klärung von Kompetenzen und Verantwortungen, Rechten und Pflichten sollte den Kirchgemeindeleitungen helfen, auch angesichts von Schwierigkeiten und Herausforderungen ihre Aufgabe wahrzunehmen.

*Patrik Müller*

# Die Regelung des Verhältnisses der Kirchen und Religionsgemeinschaften zum Staat in der neuen Verfassung des Kantons Basel-Stadt*

In der Volksabstimmung vom 30. Oktober 2005 hat die grosse Mehrheit der Basler Stimmbevölkerung eine neue totalrevidierte Kantonverfassung angenommen[1]. Die totalrevidierte Kantonsverfassung ist am 13. Juli 2006 in Kraft getreten[2]. Im Bereich des kantonalen Religionsverfassungsrechts knüpft sie an Bewährtes an, enthält aber auch einige Neuerungen. Innovativ ist vor allem die Einführung der Möglichkeit der kantonalen Anerkennung von Religionsgemeinschaften, einer abgeschwächten Form der öffentlich-rechtlichen Anerkennung.

## *I. Präambel*

Zunächst fällt auf, dass die neue Kantonsverfassung im Unterschied zur alten Verfassung aus dem Jahre 1889 mit einer Präambel eingeleitet wird. Dies ist bemerkenswert im Hinblick darauf, dass keine der bisherigen Basler oder baselstädtischen Verfassungen mit einer Präambel bzw. einer invocatio dei eingeleitet wurde. Allerdings verzichtet der Präambeltext der neuen Kantonsverfassung gleich wie die neue Zürcher Verfassung, von welcher der Präambeltext teilweise wortgetreu übernommen wurde, auf eine Erwähnung des Gottesbegriffs. Der 60-köpfige Verfassungsrat, der die Verfassung ausgearbeitet hat, trug damit der Tatsache Rechnung, dass in baselstädtischen Verfassungen keine Tradition hinsichtlich der Anrufung Gottes besteht und dass die baselstädtische Bevölkerung sich heute multi- und in weiten Teilen auch areligiös zusammensetzt.

* Siehe dazu die Synopse im Dokumentationsteil.

1 Mit 28484 Ja-Stimmen gegen 8724 Nein-Stimmen, also mit einem Ja-Stimmen-Anteil von 76,5 % (siehe SJKR/ASDE 10/2005, S. 172).

2 Es handelt sich dabei um den Heinrichstag. Dieser Tag bezieht sich auf den Todestag von Kaiser Heinrich II am 13. Juli 1024. Heinrich II gilt als Wohltäter Basels, zumal er sich für den Münsterbau eingesetzt hatte. Die Aufnahme Basels in die Eidgenossenschaft wurde denn auch bewusst auf den Heinrichstag, d.h. auf den 13. Juli 1501, festgesetzt (siehe *René Teuteberg*, Basler Geschichte, 2. Aufl. Basel 1988, S. 90 ff.).

## *II. Grundrechtsgewährleistungen im religiösen Bereich im Rahmen des Grundrechtskataloges*

Neu ist auch, dass die religiösen Grundrechte nicht mehr im Zusammenhang mit den Bestimmungen über Kirche und Staat gewährleistet, sondern unter dem Kapitel „Grundrechte und Grundrechtsziele" aufgeführt werden. So wird analog zur Bundesverfassung festgehalten, dass niemand wegen der religiösen Überzeugung diskriminiert werden darf (§ 8 Abs. 2 KV), und die Glaubens-, Gewissens- und Religionsfreiheit im Grundrechtskatalog explizit verankert (§ 11 Abs. 1 lit. k KV). Wie schon in der nachgeführten Bundesverfassung wurde auch in der totalrevidierten baselstädtischen Kantonsverfassung auf eine Bestimmung über die religiöse Neutralität der Schulen verzichtet. Desgleichen wurde das aus der Kulturkampfzeit stammende und gegen die römisch-katholische Schule gerichtete Verbot der staatlichen Subventionierung von Privatschulen nicht mehr in den neuen Verfassungstext aufgenommen. Zu Recht weggelassen wurde zudem auch das – bundesverfassungswidrige[3] – Verbot für Ordensangehörige, Schulen oder Erziehungsanstalten zu leiten oder an solchen zu lehren (§ 13 Abs. 2 aKV).

## *III. Festhalten an der öffentlich-rechtlichen Anerkennung der christlichen Kirchen und der Israelitischen Gemeinde*

Was das herkömmliche Staatskirchenrecht anbelangt, wurde am bisherigen Status der vier öffentlich-rechtlich anerkannten Religionsgemeinschaften – der Evangelisch-reformierten, der Christkatholischen und der Römisch-Katholischen Kirche und der Israelitischen Gemeinde – nichts geändert. Dies bedeutet, dass die drei traditionell im Kanton Basel-Stadt wirkenden Kirchen und die Israelitische Gemeinde weiterhin öffentlichrechtlich anerkannt bleiben. Neu wird in § 126 Abs. 3 KV festgehalten, dass andere Kirchen und Religionsgemeinschaften „auf dem Weg der Verfassungsänderung öffentlichrechtlich anerkannt werden" können. Die Erwähnung dieser Erweiterungsmöglichkeit ist angesichts der Tatsache,

3 *Luzius Wildhaber/Stephan Breitenmoser*, Aufgabennormen und Grundrechte in der Verfassung des Kantons Basel-Stadt, in: Kurt Eichenberger u.a. (Hg.), Handbuch des Staats- und Verwaltungsrechts, Basel/Frankfurt a.M. 1984, S. 87.

dass die Kantonsverfassung ohnehin jederzeit ganz oder teilweise revidiert werden kann (§ 137 KV), an sich nicht erforderlich. Dieser Bestimmung kann daher nur eine deklarative Bedeutung zukommen. Sie ist aber infolge des Umstands, dass ein verfassungsrechtlicher numerus clausus der öffentlich-rechtlich anerkannten Religionsgemeinschaften besteht, von symbolischem Wert. Bei der ausdrücklichen Erwähnung der Revidierbarkeit handelt es sich somit nicht nur um einen klarstellenden Hinweis, sondern auch um ein Signal, dass sich der Verfassungsgeber offen für eine Ausweitung der öffentlich-rechtliche Anerkennung auf andere Religionsgemeinschaften zeigt[4].

## *IV. Ergänzungen und sprachliche Nachführung der bisherigen Bestimmungen über die öffentlich-rechtliche Anerkennung*

Diejenigen Bestimmungen, in denen die öffentlich-rechtliche Anerkennung geregelt war, wurden keiner grundlegenden Revision unterzogen. Sie wurden lediglich ergänzt und sprachlich nachgeführt. Unter den Ergänzungen sind vor allem eine neue Regelung über untergeordnete Körperschaften und Anstalten (§ 129 KV), eine Bestimmung über die Kompetenzen des Gesetzgebers (§ 130 Abs. 3) und jene über die Rechtspflege (§ 131 KV) zu erwähnen.

## *V. Kantonale Anerkennung als Innovation*

### *1. Zweck, Bedeutung und Ausgestaltung der kantonalen Anerkennung*

Als Neuerung, die über eine blosse Nachführung hinausgeht, ist die Möglichkeit einer kantonalen Anerkennung von Kirchen und Religionsgemeinschaften hervorzuheben, die neben die bestehende öffentlich-rechtliche Anerkennung der drei Kirchen und der Israelitischen Gemeinde treten soll. Diese Anerkennungsform wird dabei als „kantonale Anerkennung anderer Kirchen und Religionsgemeinschaften" und nicht etwa

4 Vgl. Redaktionskommission des Verfassungsrates des Kantons Basel-Stadt, Kommentar zum Entwurf für eine neue Kantonsverfassung des Kantons Basel-Stadt vom 15. Oktober 2003, S. 92.

als „öffentliche Anerkennung" bezeichnet, um sie dadurch begrifflich besser von der öffentlich-rechtlichen Anerkennung unterscheiden zu können[5].

Kirchen und Religionsgemeinschaften verbleiben im privatrechtlichen Status und können somit auch keine Steuerhoheit erhalten. Der Staat überträgt ihnen im Rahmen der kantonalen Anerkennung diesbezüglich weniger Rechte als den öffentlich-rechtlich anerkannten Religionsgemeinschaften; umgekehrt werden ihnen aber in der Regel auch geringere Pflichten auferlegt; denn die kantonal anerkannten Religionsgemeinschaften sind als privatrechtliche juristische Personen nicht wie die öffentlich-rechtlich anerkannten verpflichtet, sich nach demokratisch-rechtsstaatlichen Vorgaben zu organisieren[6]. Dies ermöglicht auch solchen Religionsgemeinschaften, die kantonale Anerkennung zu erlangen, die nicht bereit wären, ihre Organisationsstruktur den Anforderungen einer öffentlich-rechtlichen Anerkennung anzupassen[7]. Die kantonal anerkannten Kirchen und Religionsgemeinschaften werden jedoch mit den öffentlich-rechtlich anerkannten insoweit gleichgestellt, als sie ebenfalls

5 Auch die Kantone Waadt und Zürich kennen neuerdings diese „kleine" Anerkennung, wie sie auch genannt wird. Während sie im Kanton Waadt für die Israelitische Gemeinde in der Verfassung ausdrücklich verankert ist und auch anderen Religionsgemeinschaften auf Gesuch hin erteilt werden kann (Art. 171 KV VD; siehe zum waadtländischen Anerkennungsmodell *Claude Cuendet*, Les effets de la nouvelle Constitution vaudoise de 2003 dans le droit des religions vaudois – cinq projets de lois [dazu hinten S. 157 ff.]), gilt sie im Kanton Zürich nur für die beiden jüdischen Gemeinden, d.h. die „Israelitische Cultusgemeinde" und die „Jüdische Liberale Gemeinde" (Art. 131 Abs. 1 KV ZH). In den Kantonen Genf und Neuenburg werden die evangelisch-reformierte, die römisch-katholische und die christkatholische Kirche trotz fehlender öffentlich-rechtlicher Anerkennung gleichwohl als öffentlich anerkannte Kirchen bzw. solche, die im öffentlichen Interesse liegen, bezeichnet (GE: Règlement déclarant que trois Eglises sont reconnues publiques du 16 mai 1944 bzw. Art. 98 KV NE), wobei die Verfassung des Kantons Neuenburg die Möglichkeit der Anerkennung weiterer Religionsgemeinschaften als im öffentlichen Interesse liegender Institutionen vorsieht (Art. 99 KV NE).

6 Es sei denn, dies würde vom Grossen Rat als Auflage im Sinne von § 133 Abs. 3 KV im Einzelfall explizit angeordnet.

7 Siehe Verfassungsrat des Kantons Basel-Stadt, 3. Zwischenbericht der Verfassungsratskommission Religionsgemeinschaften und Bildung zu den Themen öffentlichrechtliche und öffentliche Anerkennung von Religionsgemeinschaften und Mandatssteuer. Den Mitgliedern des Verfassungsrat zugestellt am 23. Januar 2002 (B/Nr. 605), S. 8.

explizit als gesellschaftliche Grössen anerkannt werden, die staatliche Wertschätzung verdienen. Durch diese Gleichstellung im Hinblick auf die Anerkennung als solcher soll ein gewisser Ausgleich dafür geschaffen werden, dass die öffentlich-rechtliche Anerkennung bislang nur den traditionellen christlichen Kirchen und der Israelitischen Gemeinde zugänglich war. Zudem soll die kantonale Anerkennung der Integration neuer Religionsgemeinschaften in die Gesellschaft – auch im Sinne einer Vorstufe zur späteren öffentlich-rechtlichen Anerkennung[8] – dienen[9].

Angesichts der Tatsache, dass die kantonale Anerkennung weniger Rechte als die öffentlich-rechtliche Anerkennung vermittelt, bedarf sie keiner Verfassungsänderung mit obligatorischer Volksabstimmung, wie dies für die öffentlich-rechtliche Anerkennung erforderlich wäre (§ 126 Abs. 3 KV). Ein dem fakultativen Referendum entzogener Beschluss des Grossen Rates reicht dafür aus (§ 133 Abs. 3 KV). Dadurch sollen „unüberlegte Zufallsentscheide“ und „demagogische Auseinandersetzungen auf Kosten von Minderheiten und zum Schaden des Friedens der Religionen“ ausgeschlossen werden, wie der Verfassungsrat in seinen anlässlich der Volksabstimmung publizierten „Erläuterungen zu den einzelnen Kapiteln der Verfassung“ ausführt[10]. Allerdings ist für den Anerkennungsbeschluss ein Quorum von 51 der insgesamt 100 Grossratsmitglieder nötig (§ 133 Abs. 3 KV).

## 2. *Verleihung besonderer Rechte*

Mit der Anerkennung sollen den Religionsgemeinschaften zugleich auch „besondere Rechte“ verliehen werden können[11]. In Frage kommen dabei etwa die Zulassung des Religionsunterrichts an der öffentlichen Schule, die Erleichterung der Anstaltsseelsorge in Gefängnissen und Spitälern,

8 3. Zwischenbericht der Verfassungskommission (Anm. 7), S. 8.

9 In den „Erläuterungen zu den einzelnen Kapiteln der Verfassung“, die der Verfassungsrat im Hinblick auf die Abstimmung vom 30. Oktober 2005 veröffentlicht hatte, wird denn auch festgehalten, dass mit „dieser neuen Rechtsform [...] die Möglichkeit“ besteht, „neben der Anerkennung bereits alteingesessener kleinerer Glaubensgemeinschaften auch bei uns neu entstandene, aber integrationswillige Religionsgemeinschaften einzubinden und zu unserem Staat und unserer Gesellschaft in ein positives Verhältnis zu bringen“ (S. 21).

10 (Anm. 9), S. 21. Siehe auch 3. Zwischenbericht der Verfassungsratskommission (Anm. 7), S. 9.

11 § 133 Abs. 1 KV.

aber auch staatliche Leistungen wie die Zurverfügungstellung von geeigneten Plätzen für Grabstätten sowie die Belieferung der Religionsgemeinschaften mit Daten der Einwohnerkontrolle bei Zu- und Wegzug ihrer Mitglieder oder die Gewährung von Finanzbeiträgen.

Aufgrund des Wortlauts von § 133 Abs. 1 („Privatrechtlich organisierte Kirchen und Religionsgemeinschaften können mit der Verleihung besonderer Rechte vom Kanton anerkannt werden, sofern [...]") stellt sich die Frage, ob die Anerkennung immer nur in Verbindung mit der „Verleihung besonderer Rechte" ausgesprochen werden darf. Weil die Voraussetzungen der kantonalen Anerkennung in den lit. a) bis d) abschliessend aufgezählt werden, ist jedoch davon auszugehen, dass die Verleihung besonderer Rechte nicht zu den Voraussetzungen der kantonalen Anerkennung zu zählen ist. Die kantonale Anerkennung ist demnach auch ohne gleichzeitige Gewährung von besonderen Rechten zulässig.

### 3. *Voraussetzungen*

Da die kantonal anerkannten Religionsgemeinschaften privatrechtlich organisiert bleiben, sind sie wie hiervor erwähnt auch nicht an die mit der öffentlich-rechtlichen Anerkennung einhergehenden und unter Umständen als Nachteil empfundenen organisatorischen Vorgaben in demokratisch-rechtsstaatlicher Hinsicht gebunden. Trotzdem müssen auch bei der kantonalen Anerkennung gewisse Vorgaben beachtet werden. Diese sind in § 133 Abs. 1 lit. a) bis d) KV festgehalten.

Vorausgesetzt wird zunächst in lit. a) und b), dass die um kantonale Anerkennung ersuchenden Kirchen und Religionsgemeinschaften „gesellschaftliche Bedeutung" haben und „den Religionsfrieden und die Rechtsordnung respektieren". Diese Voraussetzungen sind jedoch dem Anerkennungsakt inhärent, läge es doch nicht im öffentlichen Interesse, Kirchen und Religionsgemeinschaften staatlich zu anerkennen, die keine gesellschaftliche Bedeutung besitzen oder welche die Rechtsordnung nicht respektieren. Das Vorliegen eines öffentlichen Interesses bildet in verfassungsrechtlicher Hinsicht die Grundvoraussetzung dafür, dass der Kanton überhaupt eine Anerkennung von Religionsgemeinschaften aussprechen darf[12]. Beizufügen ist, dass namentlich das Erfordernis der „gesellschaftlichen Bedeutung" sehr offen ist und einen weiten Interpretationsspielraum eröffnet.

12 Siehe Art. 5 Abs. 2 BV und § 5 Abs. 2 KV.

Die beiden weiteren Voraussetzungen (§ 133 Abs. 1 lit. c) und d)) betreffen die Organisation der um kantonale Anerkennung ersuchenden Religionsgemeinschaft bzw. Kirche. Der Rahmen wird allerdings weit gezogen. Erforderlich ist nur, dass die betreffende Religionsgemeinschaft über eine „transparente Finanzverwaltung" verfügt und dass sie den „jederzeitigen Austritt" garantiert.

Um eine Anerkennung aussprechen zu können, muss klar sein, wer für sich in Anspruch nehmen kann, als legitimierter Repräsentant bzw. legitimierte Repräsentantin gegenüber dem Staat für die zu anerkennende Religionsgemeinschaft auftreten zu können. In der neuen Kantonsverfassung findet sich dazu keine nähere Bestimmung. Verlangt wird nur, dass es sich bei der betreffenden Religionsgemeinschaft um eine „privatrechtlich organisierte" Kirche bzw. Religionsgemeinschaft handelt[13]. Das Spektrum privatrechtlicher Organisationsformen ist allerdings breit und kann vom Verein bis zur einfachen Gesellschaft reichen. Es wird somit nicht vorgeschrieben, dass nur solche Religionsgemeinschaften anerkannt werden können, die als Vereine oder Stiftungen über eine auch schriftlich fixierte Struktur mit repräsentativen Organen verfügen. Auch in dieser Hinsicht erweist sich somit die kantonale Anerkennung als sehr offen und grosszügig. Inwiefern sich diese Offenheit bewähren wird oder ob konkretisierende Ausführungsbestimmungen nötig werden, wird die Praxis weisen müssen.

Abgesehen von diesen in der Kantonsverfassung festgelegten Voraussetzungen kann die Anerkennung überdies von der Erfüllung zusätzlicher, vom Parlament im Rahmen des Anerkennungsaktes festgesetzter Auflagen abhängig gemacht werden[14].

### 4. *Kein Rechtsanspruch auf Anerkennung (§ 133 Abs. 2 KV) und keine Anfechtbarkeit von Anerkennungsbeschlüssen beim Verfassungsgericht (§ 116 Abs. 2 lit. e) KV)*

Als problematisch erweisen sich die zwei Verfassungsbestimmungen, in denen der Rechtsanspruch auf grossrätliche Anerkennungsbeschlüsse und deren Anfechtbarkeit ausgeschlossen werden. Laut § 133 Abs. 2 KV besteht kein Rechtsanspruch auf eine kantonale Anerkennung. Gemäss dem Wortlaut von § 116 Abs. lit. e) KV sind jedoch nur jene grossrätlichen

13 § 133 Abs. 1 KV.
14 § 133 Abs. 4 KV.

Anerkennungsbeschlüsse von der Anfechtbarkeit an das Verfassungsgericht ausgenommen, „mit denen der Grosse Rat die kantonale Anerkennung von privatrechtlich organisierten Kirchen und Religionsgemeinschaften gewährt oder entzieht". Die Anerkennungsverweigerung wird im Verfassungstext nicht erwähnt. Vor dem Hintergrund der Regelung in § 133 Abs. 2 KV, wonach kein Rechtsanspruch auf Anerkennung besteht, ist indessen davon auszugehen, dass der Verfassungsgeber auch grossrätliche Nichtanerkennungsbeschlüsse von der Anfechtbarkeit ausnehmen wollte[15]. Auch die Materialien sprechen dafür, dass der Verfassungsrat keine Anfechtbarkeit von Nichtanerkennungsbeschlüssen vorsehen wollte[16]. Hinzu kommt, dass es keinen Sinn macht, den Anerkennungsentzug von der Anfechtbarkeit auszunehmen, die im Verhältnis dazu mildere Anerkennungsverweigerung jedoch nicht.

Die Frage der Auslegung von § 116 Abs. 2 lit. e) KV ist allerdings von untergeordneter Bedeutung, weil aufgrund der vom Bundesrecht her gegebenen Rechtsschutzgarantien ohnehin von der Anfechtbarkeit der Grossratsbeschlüsse beim Bundesgericht auszugehen ist, wenn nicht sogar die Anfechtbarkeit auch beim kantonalen Verfassungsgericht als dessen Vorinstanz gegeben sein muss. Gemäss Art. 82 lit. a. des Bundesgerichtsgesetzes (Bundesgesetz über das Bundesgericht vom 17. Juni 2005 / BGG) kann nämlich gegen kantonale Entscheide in Angelegenheiten des öffentlichen Rechts Beschwerde beim Bundesgericht geführt werden. Mit der Beschwerde kann unter anderem die Verletzung von Bundesrecht und Völkerrecht gerügt werden (Art. 95 lit. a. und b.). Beschwerdeberechtigt ist, wer vor der Vorinstanz am Verfahren teilgenommen oder keine Möglichkeit zur Teilnahme hat, durch den angefochtenen Entscheid besonders berührt ist und ein schutzwürdiges Interesse an dessen Aufhebung oder Änderung besitzt (Art. 89 Abs. 1 lit. a.-c. BGG). Aufgrund dieser Bestimmungen im Bundesgerichtsgesetz ist die Anfechtbarkeit von grossrätlichen Anerkennungsbeschlüssen jeglicher Art vor Bundesgericht gegeben, zumal es sich dabei um Verfügungen[17] und damit um Verwaltungs-

15 *Denise Buser*, Streiflichter auf die baselstädtische Kantonsverfassung und neuere Totalrevisionen, in: Basler Juristische Mitteilungen 2006, S. 207.

16 Vgl. Votum *H.G. Signer*, in: Verfassungsrat des Kantons Basel-Stadt, Wortprotokoll Nr. 37 der Sitzung vom Mittwoch, 26. Januar 2005, S. 16.

17 Grossrätliche Anerkennungsbeschlüsse berechtigen die betreffenden Religionsgemeinschaften, sich als kantonal anerkannt zu bezeichnen. Der Anerkennungsbeschluss erzeugt damit die für das Vorliegen einer Verfügung erforderliche Rechtswirkung.

akte handelt; so ist etwa denkbar, dass gerügt wird, ein Nichtanerkennungsentscheid sei diskriminierend oder dass gegen einen Anerkennungsbeschluss vorgebracht wird, dessen Auflagen seien willkürlich bzw. dass beim Entzug der Anerkennung geltend gemacht wird, die Rechtsgleichheit sei verletzt.

Dabei stellt sich die Frage, ob nicht nur die Anfechtbarkeit vor Bundesgericht gegeben sein muss, sondern vorgängig auch das baselstädtische Verfassungsgericht als unmittelbare Vorinstanz des Bundesgerichts zu entscheiden hat. Dies ergibt sich aus Art. 86 Abs. 2 BGG, wonach die Kantone als unmittelbare Vorinstanzen des Bundesgerichts obere Gerichte einzusetzen haben, gegen deren Entscheide die Beschwerde in öffentlich-rechtlichen Angelegenheiten ans Bundesgericht zulässig ist. Wenn hingegen ein Anerkennungsbeschluss einen vorwiegend politischen Charakter besitzt, dann ist die Beschwerde an das Verfassungsgericht als unmittelbare Vorinstanz des Bundesgerichts nicht erforderlich[18]. Ob Anerkennungsbeschlüsse einen vorwiegend politischen Charakter haben, lässt sich jedoch nicht für alle Beschlüsse gleichermassen feststellen. Die Ausgangslage präsentiert sich ähnlich wie bei Einbürgerungsentscheiden, bei denen von einem „Doppelcharakter“[19] – d.h. sowohl von einem Verwaltungsakt als auch von einem politischen Entscheid – ausgegangen wird. In der Regel ist der Entscheid ein Verwaltungsakt, der zwar politische Elemente enthält, aber nicht als vorwiegend politisch eingestuft werden kann[20]. So kann nicht von einem vorwiegend politischen Charakter der Anerkennungsverweigerung ausgegangen werden, wenn die Anerkennung abgelehnt wird, weil die betreffende Religionsgemeinschaft über keine transparente Finanzverwaltung im Sinne von § 133 Abs. 1 lit. d)

18 Siehe Art. 86 Abs. 3 BGG: „Für Entscheide mit vorwiegend politischem Charakter können die Kantone anstelle eines Gerichts eine andere Behörde als unmittelbare Vorinstanz des Bundesgerichts einsetzen.“

19 Parlamentarische Initiative Bürgerrechtsgesetz. Änderung. Bericht der Staatspolitischen Kommission des Ständerates vom 27. Oktober 2007, in: BBl 2005 6948 mit Hinweis auf ein Votum von Bernhard Ehrenzeller. Vgl. auch *Yvo Hangartner*, Neupositionierung des Einbürgerungsrechts. Bemerkungen aus Anlass der Bundesgerichtsentscheide vom 9. Juli 2003, in: AJP/PJA 2004, S. 8. In diese Richtung weist auch der unveröffentlichte Bundesgerichtsentscheid 1P. 736/2004 E.2.

20 *Bernhard Ehrenzeller*, Entwicklungen im Bereich des Bürgerrechts, in: Alberto Achermann u.a. (Hg.), Jahrbuch für Migrationsrecht 2004/2005, Bern 2005, S. 30: *Ehrenzeller* geht davon aus, „dass es sich bei den Einbürgerungsentscheiden nicht um Entscheide ‚von vorwiegend politischem Charakter‘ handelt“.

KV verfügt. Die Frage, in welchen Fällen von einem Entscheid mit vorwiegend politischem Charakter gesprochen werden kann und das kantonale Verfassungsgericht nicht zum Zuge kommen muss, lässt sich aufgrund der noch fehlenden bundesgerichtlichen Praxis zu Art. 86 Abs. 3 BGG nicht präzis beantworten[21]. Der Verzicht auf eine gerichtliche Instanz bei Angelegenheiten mit vorwiegend politischem Charakter stellt allerdings die Ausnahme gegenüber der in Art. 86 Abs. 2 BGG aufgestellten Regel dar, wonach die Kantone verpflichtet sind, gerichtliche Instanzen vorzusehen. Deshalb ist davon auszugehen, dass das Bundesgericht bei der Annahme von Entscheiden mit vorwiegend politischem Charakter Zurückhaltung üben wird.

Als Fazit kann festgehalten werden, dass der in § 116 Abs. 2 lit. e) KV vorgesehene Beschwerdeausschluss wenig Sinn macht, weil grossrätliche Anerkennungsbeschlüsse, seien sie gewährend, verweigernd oder entziehend, ohnehin beim Bundesgericht angefochten werden können[22]. Die Anfechtbarkeit beim kantonalen Verfassungsgericht als Vorinstanz wäre indessen angezeigt, weil dergestalt eine vorgängige Rechtskontrolle im Kanton selbst stattfinden könnte, bevor beim Bundesgericht Beschwerde geführt wird. Auf kantonaler Ebene muss aber auf jeden Fall eine gerichtliche Überprüfung vorgesehen werden, wenn es sich bei den angefochtenen grossrätlichen Anerkennungsbeschlüssen um keine vorwiegend politischen Entscheide handelt. In diesen Fällen muss entgegen dem Wortlaut von § 116 Abs. 2 lit. e) KV von der Anfechtbarkeit der grossrätlichen Anerkennungsbeschlüsse beim Verfassungsgericht ausgegangen werden[23].

21 Botschaft des Bundesrates zur Totalrevision der Bundesrechtspflege 28. Februar 2001, in: BBl 2001 4327: „Es obliegt [...] dem Bundesgericht zu prüfen, ob die Bedingung des vorwiegend politischen Charakters erfüllt ist.“

22 Siehe den entsprechenden Hinweis in der Vernehmlassung des Justizdepartements zum Entwurf vom 15. Oktober 2003 des Verfassungsrates zu einer Verfassung des Kantons Basel-Stadt auf S. 105.

23 Die Gewährleistung von § 116 Abs. 2 lit. e) KV durch die eidgenössischen Räte vermag am Vorrang des Bundesgerichtsgesetzes nichts zu ändern. § 116 Abs. 2 lit. e) KV unterlag – ebenso wie die meisten anderen Bestimmungen der neuen Kantonsverfassung – lediglich einer parlamentarischen Grobprüfung. Die eidgenössischen Räte befassten sich nicht näher mit dieser, vom höherrangigen Bundesrecht derogierten Kantonsverfassungsbestimmung. Nur wenn sie sich im Genehmigungsverfahren inhaltlich explizit mit der betreffenden Kantonsverfassungsbestimmung auseinandergesetzt hätten, würde das Bundesgericht nachträglich im Anfechtungsfall keine vorfrageweise Überprüfung auf Bundesrechtswid-

## *5. Entzug der öffentlichen Anerkennung*

Sind die Voraussetzungen für die öffentliche Anerkennung weggefallen oder hält eine anerkannte Religionsgemeinschaft die mit dem Anerkennungsakt verknüpften Auflagen nicht ein, so kann der Grosse Rat die Anerkennung wieder entziehen[24]. Aufgrund dieser in § 134 KV enthaltenen „Kann-Vorschrift" liegt es im Ermessen des Grossen Rates, den Entzug der kantonalen Anerkennung zu beschliessen; er ist dazu nicht verpflichtet. Das Parlament wird jedoch aus Gründen der Gleichbehandlung und Rechtssicherheit nicht umhin können, die Anerkennung zu entziehen, wenn etwa Auflagen nicht eingehalten werden, die auch gegenüber anderen Religionsgemeinschaften gemacht worden sind.

Dieses Beispiel zeigt, dass die Regelung des Entzugs der öffentlichen Anerkennung namentlich auch mit Blick auf die öffentlich-rechtliche Anerkennung nicht unproblematisch ist. Wird beispielsweise die kantonale Anerkennung aus einem Grund entzogen, der auch bei einer öffentlichrechtlich anerkannten Religionsgemeinschaft einen Entzugsgrund darstellen würde, dann müsste konsequenterweise auch dieser Religionsgemeinschaft die öffentlich-rechtliche Anerkennung entzogen werden. So könnte das Kriterium der „gesellschaftlichen Bedeutung", wenn man es ausschliesslich auf die Mitgliederstärke einer Religionsgemeinschaft bezieht, zu einer Infragestellung des öffentlich-rechtlichen Status der mitgliederschwächeren öffentlich-rechtlich anerkannten Kirchen und Religionsgemeinschaften führen; dies allerdings nicht in rechtlicher, sondern in politischer Hinsicht, zumal für den Entzug der öffentlich-rechtlichen Anerkennung nicht das Parlament, sondern das Volk im Rahmen einer obligatorischen Volksabstimmung zuständig ist.

---

rigkeit mehr durchführen und die dem höherrangigen Recht widersprechende Kantonsverfassungsbestimmung anwenden (siehe *Andrea Marcel Töndury*, Bundesstaatliche Einheit und kantonale Demokratie. Die Gewährleistung der Kantonsverfassungen nach Art. 51 BV, Zürich u.a. 2004, S. 337). Im übrigen ist das Bundesgerichtsgesetz als höherrangiges Recht am 1. Januar 2007 – also nach dem Gewährleistungsbeschluss betreffend die totalrevidierte Kantonsverfassung vom 27. und 28. September 2006 (am 27. September beschloss der Nationalrat die Gewährleistung gemäss Entwurf des Bundesrates [siehe Botschaft vom 24. Mai 2006 in BBl 2006 5113]; am 28. September stimmte der Ständerat dem nationalrätlichen Gewährleistungsbeschluss zu) – in Kraft getreten und geht § 116 Abs. 2 lit. e) KV allein schon deswegen vor.

24 § 134 KV.

Angesichts dessen ist zu verlangen, dass an den Entzug der kantonalen Anerkennung – aber auch an ihre Gewährung – kein strengerer Massstab angelegt werden darf, als an die öffentlich-rechtliche Anerkennung, zumal diese weitergehende Rechte als jene vermittelt. Was bei der öffentlich-rechtlichen Anerkennung zugelassen wird, muss somit auch bei der kantonalen Anerkennung zulässig sein[25].

## *VI. Kultussubventionsverbot*

Zu den religionsrechtlichen Bestimmungen, die von der alten in die neue Verfassung übernommen wurden, gehört auch das so genannte Kultussubventionsverbot. Damit sollte ursprünglich ausgeschlossen werden, dass die öffentlich-rechtlich anerkannten Kirchen nach deren Entflechtung vom Staat im Jahre 1910 weiterhin finanzielle Unterstützung vom Kanton erhalten können. Zweck dieses Verbots war es zu verhindern, dass Steuerzahlende an die Kultusausgaben einer Kirche beitragen müssen, der sie nicht angehören[26].

Das Kultussubventionsverbot auf Verfassungsebene zu regeln, erscheint heute als überholt. Massgeblich für die Zulässigkeit von Finanzhilfen ist nicht, dass mit Steuermitteln keine Kultusausgaben finanziert werden, sondern dass für die Finanzhilfe ein öffentliches Interesse nachgewiesen werden kann[27]. Dies entspricht dem Kriterium für die Zulässigkeit von Subventionen, wie es auch im baselstädtischen Subventionsgesetz festgehalten ist[28]. So ist es durchaus denkbar, dass auch die staatliche Unterstützung des Kultus im öffentlichen Interesse liegt[29]. Das öf-

25 Vgl. auch 3. Zwischenbericht der Verfassungskommission (Anm. 7), S. 5 f.

26 *Felix Hafner*, Die Revision der Verfassung der Evangelisch-reformierten Kirche Basel-Stadt im staatskirchenrechtlichen und ökumenischen Kontext, in: Kirche in der Stadt. Gesellschaftlicher Wandel und Rechtsgestalt einer evangelisch-reformierten Kirche am Beispiel Basel-Stadt, SJKR/ASDE, Beiheft 1, Bern 1997, S. 120.

27 *Felix Hafner/Kathrin Ebnöther*, Staatliche Förderung religiöser Aktivitäten, in: René Pahud de Mortanges/Erwin Tanner (Hg.), Kooperation zwischen Staat und Religionsgemeinschaften nach schweizerischem Recht, Zürich/Basel/Genf 2005, S. 154.

28 Siehe § 5 Abs. 1 lit. a des Subventionsgesetzes (SG 610.500).

29 Siehe dazu und zum Folgenden: *F. Hafner*, Verfassungsrevision (Anm. 26), S. 120.

fentliche Interesse an der finanziellen Unterstützung kann in der Gleichbehandlung der Religionsgemeinschaften erblickt werden; dies ist insbesondere dann der Fall, wenn es darum geht, Religionsgemeinschaften, die nicht öffentlich-rechtlich anerkannt werden können, durch eine finanzielle Unterstützung – etwa im Rahmen einer kantonalen Anerkennung – wenigstens in materieller Hinsicht mit den öffentlich-rechtlich anerkannten Religionsgemeinschaften gleichzustellen.

Aus diesem Grund ist es zu begrüssen, dass das Kultussubventionsverbot nur noch dem Grundsatz nach – also erheblich abgeschwächt – in die neue Verfassung übernommen wurde. So lässt der Verfassungstext mit dem Wort „grundsätzlich" in § 135 KV Ausnahmen von der strikten Anwendung des Subventionsverbots zu[30]. Mit der Bestimmung in § 136 Abs. 2 KV, wonach der Staat an die Erfüllung (anderer) im öffentlichen Interesse liegender Aufgaben der Kirchen und Religionsgemeinschaften Beiträge leisten darf, knüpft die Verfassung überdies an das erwähnte, im Bereich der Finanzhilfen geltende Element des öffentlichen Interesses an. Im Übrigen gelten die Ausnahmen sowohl betreffend die finanzielle Unterstützung von Geistlichen in Spitälern, Gefängnissen und öffentlichen Einrichtungen als auch im Bezug auf staatliche Beiträge an die Erhaltung von Bau- und Kunstdenkmälern weiterhin.

## *VII. Bewertung*

Der Verfassungsrat hat gut daran getan, am bewährten System der „hinkenden Trennung von Kirche und Staat"[31] im Kanton Basel-Stadt keine grösseren Änderungen vorzunehmen. Desgleichen ist zu begrüssen, dass er sich nicht auf riskante Experimente wie etwa die Einführung einer Mandatssteuer eingelassen hat[32]. Mit der neu geschaffenen Möglichkeit

30 „Alle Kirchen und Religionsgemeinschaften kommen grundsätzlich selbst für die Kosten des Kultus auf" (§ 135 KV).

31 So die üblich gewordene Bezeichnung für das religionsrechtliche System des Kantons Basel-Stadt. Die Formel „hinkende Trennung von Kirche und Staat" stammt von *Ulrich Stutz* (Die päpstliche Diplomatie unter Leo XIII., Abhandlungen der Preussischen Akademie der Wissenschaften. Phil.-Histor. Klasse 1925, Nr. 314, S. 54, Anm. 2) und wird auch für das Religionsverfassungsrecht der Bundesrepublik Deutschland verwendet.

32 Die Verfassungsratskommission Religionsgemeinschaften und Bildung schlug dem Verfassungsrat in ihrem 1. Zwischenbericht vom 12. Januar 2001 die Ein-

der kantonalen Anerkennung von Kirchen und Religionsgemeinschaften, die zur öffentlich-rechtlichen Anerkennung hinzutreten soll, hat der Verfassungsrat das baselstädtische Religionsverfassungsrecht um ein Element ergänzt, welches das traditionelle Staatskirchenrecht auf bemerkenswerte Weise fortentwickelt. Der Verfassungsrat hat damit eine innovative religionspolitische Antwort auf die Frage gegeben, wie der Kanton mit der multireligiösen Situation der baselstädtischen Gesellschaft umgehen soll.

*Felix Hafner*

---

führung einer vom Staat erhobenen Mandatssteuer vor (S. 14 ff.). Dieser, am italienischen Modell der otto per mille-Steuer orientierte Vorschlag sah vor, dass die steuerpflichtigen natürlichen und auch juristischen Personen berechtigt gewesen wären, die Mandatssteuer einer öffentlich-rechtlich oder öffentlich anerkannten Religionsgemeinschaft, einem öffentlich anerkannten Hilfswerk oder einem Fonds des Staates für soziale Zwecke zu widmen. Der Verfassungsrat hat aber in der Folge auf Antrag der zuständigen Kommission hin diese Idee nicht mehr weiterverfolgt, nachdem vor allem auch die betroffenen Kirchen, Religionsgemeinschaften und Hilfswerke auf die Schwierigkeiten, die mit diesem Finanzierungssystem verbunden gewesen wären, hingewiesen hatten. Diese machten vor allem geltend, dass die Mandatssteuer zu grossen Unsicherheiten in der Finanzplanung führen und die Kirchen, Religionsgemeinschaften und Hilfswerke in eine problematische Konkurrenzsituation bringen würde (siehe 3. Zwischenbericht [Anm. 7], S. 11 ff.). Beachte dazu *Konrad Sahlfeld/Wolfgang Sahlfeld*, „Otto per mille" – Die italienische Variante der Kirchensteuer und der gescheiterte Versuch im Kanton Basel-Stadt, sie mittels einer Mandatssteuer zu kopieren", in: SJKR/ASDE 7 (2002), S. 103 ff. Die beiden Autoren bedauern den verfassungsrätlichen Verzicht auf die Mandatssteuer, unterschätzen jedoch die Risiken, die mit der Einführung dieses Finanzierungssystems für Kirchen, Religionsgemeinschaften und Hilfswerke verbunden gewesen wären.

# Rahmenvereinbarung über die Ausübung der römisch-katholischen und der evangelisch-reformierten Seelsorge in den staatlichen Anstalten des Kantons Freiburg – Eine Form der Zusammenarbeit von Kirchen und Staat im Gebiet der Seelsorge

## *I. Allgemeines*

Das 1998 in Kraft getretene Gesetz über die Beziehungen zwischen den Kirchen und dem Staat[1] ermächtigt in Artikel 23 die anerkannten Kirchen „in den Anstalten *(Institutionen)* des Staates und der Gemeinden, insbesondere in den Spitälern, Schulen und Gefängnissen, die Seelsorge auszuüben." Artikel 22 desselben Gesetzes sieht vor, dass der Staat die anerkannten Kirchen für diese Arbeit unterstützen kann. Artikel 23 wiederum hält fest, dass die Ausübung und die Abgeltung dieser Leistung (durch den Staat) vertraglich zu regeln sei. Um diese Abgeltungen einheitlicher zu regeln, wurde die Form einer Rahmenvereinbarung gewählt und gemeinsam mit dem Staat ausgearbeitet.

Die evangelisch-reformierte Kirche des Kantons Freiburg schickte einen Entwurf dieser Rahmenvereinbarung in die Vernehmlassung bei den Kirchgemeinden, den betroffenen Begleitkommissionen und Vertretern der Synode und des Konvents. Die dabei eingegangenen Änderungsvorschläge wurden über die vom Kanton eingesetzte gemischte Kommission (Vertreter der Kirchen und des Staates[2]) eingebracht. Die von den Kirchen und dem Staat unterzeichnete Rahmenvereinbarung[3] trat auf den 1. Januar 2006 in Kraft, wobei die betroffenen Parteien bis zum 1. Januar 2007 die Massnahmen zu deren Umsetzung einleiten.

1 Systematische Gesetzessammlung des Kantons Freiburg (SGF) 190.1.

2 Vgl. Verordnung über die kantonale Kommission für Fragen der Anstaltsseelsorge vom 3. Juni 2003 (SFG 190.12). Gemäss Art. 2 Abs. 1 und 2 setzt sich die Kommission wie folgt zusammen: a) zwei Personen, die die Römisch-katholische Kirche vertreten; b) zwei Personen, die die Evangelisch-reformierte Kirche vertreten; c) vier Personen, die die betreffenden Direktionen vertreten (Volkswirtschaftsdirektion; Direktion für Erziehung; Kultur und Sport; Sicherheits- und Justizdirektion; Direktion für Gesundheit und Soziales).

3 SGF 190.5.

## *II. Kommentar zu einigen besonderen Punkten*[4]

### *1. Umfang*

Die Anstalten werden in Artikel 1 nicht abschliessend aufgezählt. Hier konnten die Kirchen mit ihrem Anliegen, die „Institutionen für Personen mit einer körperlichen Behinderung" explizit aufzuführen, nicht durchdringen. Diese Institutionen sind im Moment privatrechtlich organisierte Institutionen, die mit öffentlichen Geldern finanziert werden.

Die Vereinbarung ist für einen Zeitraum von zehn Jahren abgeschlossen (Art. 11).

### *2. Seelsorge: Umschreibung und Ziel*

Siehe dazu die Artikel 2 und 3. Es wird ausdrücklich darauf hingewiesen, dass die Anstaltsseelsorge vorbehaltlos allen interessierten Personen offen steht und die Seelsorge „in einem ökumenischen Geist" ausgeübt wird.

### *3. Vertragliche Regelung mit den Anstalten*

Wird in einer Anstalt die Seelsorge ausgeübt und vom Staat unterstützt, so schliesst diese mit jeder der Kirchen eine sog. Leistungsvereinbarung ab. Deren Umfang ist in Artikel 4 festgehalten. So wird hier unter anderem auch festgehalten, dass die Kirchen den Seelsorgern eine sog. Begleitkommissionen zur Seite stellen (Bst. j). Die Aufsichtspflicht obliegt ebenfalls den Kirchen, Sanktionen erfolgen in Absprache mit dem Staat (Bst. h).

Die mit der Seelsorge betrauten Personen werden von den Kirchen, im Einvernehmen mit der Anstaltsleitung, angestellt. Gegenwärtig handelt es sich dabei um drei bis vier Vollzeitaequivalente für die reformierte Kirche. Neben der theologischen Ausbildung werden entsprechende Fachkenntnisse und Kompetenzen verlangt. Darunter fällt auch die in einem zweisprachigen Kanton wichtige Möglichkeit der Seelsorge in beiden Landessprachen.

4 Abgedruckt im Dokumentationsteil S. 215 ff. dieses Bandes.

### *4. Entschädigung durch den Staat*

Für jede Vollzeitarbeitsstelle entrichtet der Staat den Kirchen eine Vergütung von 80'000 Franken jährlich (Art. 6). Über diesen Betrag wird mindestens alle zwei Jahre neu verhandelt.

## *III. Schluss*

Die ersten Erfahrungen mit dieser Vereinbarung zeigen ein positives Bild für eine erspriessliche Zusammenarbeit im Dienst der betroffenen Mitmenschen.

Zu erwähnen bleibt an dieser Stelle auch eine schon seit langem bestehende und bewährte Zusammenarbeit im Bereich der Spitalseelsorge und in Institutionen für ältere und gebrechliche Menschen. Diese Seelsorge wird durch die Pfarrpersonen im Gemeindepfarramt im Einzugsgebiet des Spitals aufrechterhalten und zeichnet sich durch den direkten persönlichen Bezug zwischen Pfarrperson und Kirchgemeindemitglied aus.

*Samuel Gerber*

# Die Neuregelung der Kirchensteuern im Kanton Graubünden

## *I. Ausgangslage*

Nach der alten Kantonsverfassung vom 2. Oktober 1892 verfügten die Kreise, die Gemeinden sowie die Landeskirchen und ihre Kirchgemeinden über eine Steuerhoheit. Mit der neuen, seit 1. Januar 2004 geltenden Kantonsverfassung wurde den Kreisen die Steuerhoheit entzogen, übergangsrechtlich jedoch bis längstens 31. Dezember 2008 zugestanden.

Die neue Kantonsverfassung enthält im Gegensatz zu ihrer Vorgängerin keine direkt anwendbare Regelung, gestützt auf welche die Gemeinden und die Kirchen eine Steuerhoheit beanspruchen können. Die Delegation der Steuerhoheit muss gemäss Art. 94 Abs. 1 der Kantonsverfassung (für die Gemeinden) und Art. 99 Abs. 2 (für die Kirchen) auf Gesetzesstufe geregelt werden. Bis zum Inkrafttreten des entsprechenden Gesetzes gelten übergangsrechtlich die Kompetenzregeln der alten Verfassung weiter.

## *II. Das neue kantonale Gesetz über die Gemeinde- und Kirchensteuern*

Am 31. August 2006 hat der Grosse Rat das von der Regierung vorgelegte Gesetz über die Gemeinde- und Kirchensteuern (GKStG) beraten und ohne irgendwelche Änderung mit 107:0 Stimmen gutgeheissen. Dieses verabschiedete Gesetz unterliegt dem fakultativen Referendum. Die Referendumsfrist dauert bis zum 13. Dezember.

Es ist nicht anzunehmen, dass das Referendum ergriffen wird. Somit wird das Gesetz am 1. Januar 2007 in Kraft treten. Jedoch wird es – mit einer nur die Gemeinden betreffenden Ausnahme – erst ab 1. Januar 2009 zur Anwendung gelangen. Vorgängig haben die Gemeinden, Landeskirchen und Kirchgemeinden ihre Gesetze an das kantonale Recht anzupassen und die Totalrevision bis spätestens am 31. Juli 2008 der Regierung zur konstitutiven Genehmigung einzureichen. Ab dem 1. Januar 2009 finden die neuen kantonalen Bestimmungen direkte Anwendung und derogieren abweichende Regelungen der Gemeinden, Landeskirchen und Kirchgemeinden.

## *III. Die Landeskirchen und ihre Kirchgemeinden betreffende Bestimmungen*

Das Gesetz enthält 34 Artikel. Es regelt schwergewichtig die Steuern der politischen Gemeinden. Ausschliesslich mit den Kirchensteuern befassen sich lediglich die Artikel 3, 24 und 28. Ausserdem werden die Landeskirchen und ihre Kirchgemeinden im Zweckartikel, bei den Nach- und Strafsteuern, beim Vollzug und Verfahren sowie bei der Anpassung der Gesetzgebung erwähnt.

### *A. Die einzelnen Kirchensteuern*

Die Landeskirchen und ihre Kirchgemeinden können gemäss Artikel 3 nach den Bestimmungen des neuen Gesetzes eine Einkommens- und Vermögenssteuer in Prozenten der einfachen Kantonssteuer sowie Nach- und Strafsteuern erheben. Die Erhebung weiterer Steuern ist nicht zulässig. Mit dieser Bestimmung erhalten die Landeskirchen und ihre Kirchgemeinden eine abgeleitete Steuerhoheit zur Erhebung von Einkommens- und Vermögenssteuern. Sie können und müssen selber entscheiden, ob sie von der Steuerhoheit Gebrauch machen und die genannten Steuern in Prozenten der einfachen Kantonssteuer erheben wollen. Dieser Entscheid ist in einem formellen Gesetz zu fällen.

Die Kantonsverfassung liesse die Erhebung weiterer Steuern zu. Heute erheben einige Kirchgemeinden zusätzlich zur Einkommens- und Vermögenssteuer eine Kopfsteuer oder eine Erbschaftssteuer.

Die Kopfsteuer ist eine veralterte Steuer, mit der ursprünglich der Grundsatz der Allgemeinheit der Besteuerung durchgesetzt werden sollte. Sie wurde im kantonalen Recht bereits im Jahre 1996 abgeschafft. Die Evangelisch-reformierte Landeskirche des Kantons Graubünden und die Mehrheit der Kirchgemeinden haben in der Folge ebenfalls auf die Erhebung einer Kopfsteuer verzichtet.

Die Mehrheit der Kirchgemeinden erhebt heute keine Erbschaftssteuer. Dies wird nun einheitlich so geregelt. Gemäss der Botschaft der Regierung an den Grossen Rat soll die Erbschaftssteuer auch aus Gründen der Transparenz von den Kirchgemeinden nicht mehr erhoben werden.

Die Einschränkung der Steuerhoheit der Landeskirchen und ihrer Kirchgemeinden auf die Erhebung einer Einkommens- und Vermögenssteuer sowie auf Nach- und Strafsteuern ist im Grossen Rat unbestritten geblieben.

Die Erhebung der Gewinn- und Kapitalsteuern von den juristischen Personen ist nicht Gegenstand des neuen Gesetzes. Die entsprechende Steuerhoheit steht nicht den Kirchen, sondern dem Kanton zu, welcher gemäss Art. 99 Abs. 5 der Verfassung die Kultussteuer für die Kirchen erhebt. Auch die Quellensteuern für die Kirchen werden wie bisher nach dem kantonalen Steuergesetz erhoben und an die Kirchen weiter geleitet.

### *B. Die Detailregelung für die Einkommens- und Vermögenssteuer*

Eingangs der Detailregelung in Art. 24 wird der Grundsatz von Art. 3 wiederholt, wonach die Landeskirchen und ihre Kirchgemeinden eine Einkommens- und Vermögenssteuer in Prozenten der einfachen Kantonssteuer erheben können. Da die Katholische Landeskirche bis heute keine Steuer erhebt, wird im Gesetz eine Kann-Vorschrift gewählt. Der Steuerfuss für das nächstfolgende Jahr ist durch die zuständigen kirchlichen Instanzen bis spätestens im Dezember festzulegen. Das hat für jene Kirchgemeinden praktische Konsequenzen, die jeweils im Frühjahr eine Kirchgemeindeversammlung durchführen, an welcher sowohl über die Rechnung für das abgelaufene Jahr als auch über den Voranschlag und den Steuerfuss für das laufende Jahr entschieden wird.

Die Steuerpflicht richtet sich nach der Kirchenzugehörigkeit der einzelnen Steuerpflichtigen im Gebiet der jeweiligen Kirchgemeinde am Ende der Steuerperiode (31. Dezember) oder der Steuerpflicht und nach den Bestimmungen des kantonalen Steuergesetzes. Bei konfessionell gemischten, gemeinsam veranlagten Ehen werden die gesamten Steuerfaktoren hälftig auf Mann und Frau aufgeteilt, und zwar unabhängig davon, von welchem Ehegatten das steuerbare Einkommen und Vermögen stammt.

Steuerobjekt, Steuersatz und Bemessung der Steuer richten sich nach den Bestimmungen des kantonalen Steuergesetzes. Der allgemeine Fälligkeitstermin für die Bezahlung der Steuer entspricht jenem der Gemeindesteuern.

Die Veranlagung erfolgt zusammen mit den Gemeindesteuern durch die dafür zuständige staatliche Behörde. Gleiches gilt für Einsprache-, Rechtsmittel- und weitere Entscheide. Damit sind nach neuem Recht die Kirchgemeindevorstände nicht mehr zuständig, über Einsprachen gegen die Veranlagung der Kirchensteuern zu entscheiden.

Ist in einem konkreten Fall streitig, ob eine Person der entsprechenden Kirche angehört und damit steuerpflichtig ist, hat die Kirchgemeinde diese Frage zu prüfen und zu entscheiden. Sie erlässt eine anfechtbare Feststellungsverfügung. Gegen diese kann bei der verfügenden Behörde Einsprache und gegen den Einspracheentscheid beim Verwaltungsgericht Beschwerde erhoben werden.

Die Kirchensteuern werden von der politischen Gemeinde eingezogen und an die steuerberechtigten Kirchen weitergeleitet. Bereits nach heutigem Recht erfolgt der Steuereinzug in aller Regel durch die politische Gemeinde, allerdings im Auftrage der Kirchgemeinde.

### *C. Nach- und Strafsteuern*

Erhebt eine Landeskirche oder eine Kirchgemeinde eine Einkommens- und Vermögenssteuer, hat sie auch eine Nachsteuer sowie eine Strafsteuer nach den Bestimmungen des kantonalen Steuergesetzes zu erheben. Die Nachsteuer ist die Veranlagung der nicht erhobenen Steuer in einem besonderen Verfahren. Zuständig dafür sind die kantonalen Steuerbehörden.

### *D. Vollzug und Verfahren*

Die Landeskirchen und ihre Kirchgemeinden haben die Steuererhebung und die Zuständigkeiten in einem Gesetz im formellen Sinn zu regeln. Diese Gesetze sind – wie bei den politischen Gemeinden – durch die Regierung zu genehmigen. Die Genehmigungspflicht ist für die Landeskirchen und die Kirchgemeinden neu. Die Regierung begründet sie mit dem Gleichbehandlungsgebot der Kirchen mit den Gemeinden gemäss Art. 99 Abs. 2 der Kantonsverfassung. Im Vernehmlassungsverfahren ist die Genehmigungspflicht nicht beanstandet worden.

In Art. 28 des Gesetzes werden die Landeskirchen und ihre Kirchgemeinden verpflichtet, eine Behörde für die Festlegung des Steuerfusses sowie für die Beurteilung der subjektiven Steuerpflicht zu bestimmen.

Für die Evangelisch-reformierte Landeskirche ist bereits in Art. 27 Ziff. 5 der Kirchenverfassung geregelt, dass der Evangelische Grosse Rat den Steuerfuss der kantonalen Kirchensteuer festlegt.

Für die Veranlagung und für den Einzug der Steuern haben die Kirchen eine Entschädigung zu bezahlen. Die Landeskirchen und die Kirchgemeinden entschädigen die Kantonale Steuerverwaltung mit 1 Prozent und die Gemeinde mit maximal 2 Prozent der bezogenen Steuern. Ein Antrag, die Entschädigung an die Gemeinde auf maximal 1 Prozent zu reduzieren. ist vom Grossen Rat mit 85:17 Stimmen abgelehnt worden.

In einigen politischen Gemeinden bestehen mehrere selbständige Kirchgemeinden, zum Beispiel in Davos. In solchen Fällen haben die Kirchgemeinden die Kantonale Steuerverwaltung mit 1,5 Prozent und die Gemeinde mit maximal 2,5 Prozent der bezogenen Steuern zu entschädigen. Die Erhöhung des Ansatzes wird mit den Mehrkosten begründet, die für die Programmierung der entsprechenden EDV-Software beziehungsweise für die Registerpflege anfallen.

## *IV. Abschliessende Würdigung*

Mit dem neuen Gesetz wird das Steuerrecht in Bezug auf die Gemeinden und Kirchen einfacher, übersichtlicher und einheitlicher. In mehreren Punkten erfolgt schlicht eine Anpassung an die Rechtswirklichkeit. Die Einschränkung der steuerrechtlichen Kompetenzen der Kirchen gegenüber der bisherigen Regelung ist nicht zu beanstanden. So macht es Sinn vorzuschreiben, dass der Steuerfuss in Prozenten der einfachen Kantonssteuer festzulegen ist. Damit wird die Transparenz erhöht. Diese neue Vorschrift hat zum Beispiel für die Evangelische Kirchgemeinde Chur Konsequenzen. Sie erhebt eine Einkommens- und Vermögenssteuer von 10 Prozent der geltenden Kantonssteuer (von gegenwärtig 105 %). Nach dem neuen Recht müsste der Steuerfuss auf 10,5 Prozent erhöht werden, um den gleichen Steuerertrag zu erhalten. Der gegenwärtige Steuerfuss von 10 Prozent von 105 Prozent entspräche einem neuen Steuerfuss von 10,5 Prozent von 100 Prozent. Nach der geltenden Kirchenordnung ist für die Festsetzung eines Steuerfusses von über 10 Prozent der Kantonssteuer die Gesamtheit der Stimmberechtigten mittels Urnenabstimmung zuständig und nicht mehr die Kirchgemeindeversammlung.

Auch ein kritischer, an staatskirchenrechtlichen Fragen interessierter Stimmbürger kann das neue Gesetz über die Gemeinde- und Kirchensteuern ohne weiteres gutheissen.

*Pierluigi Schaad*

# Zwischenbericht zur Revision der Verfassung des Kantons Luzern aus der Sicht des Staatskirchenrechts

Der Grosse Rat des Kantons Luzern hat im September 2006 den Entwurf der neuen Kantonsverfassung in erster Lesung behandelt. Die zweite Beratung wird voraussichtlich im Januar 2007, die Volksabstimmung im Herbst 2007 erfolgen. Ein Auszug über die staatskirchenrechtlich relevanten Bestimmungen wird nach Möglichkeit im nächsten Jahrbuch im Dokumentationsteil publiziert werden.

Erwähnenswert sind folgende Beschlüsse im Rahmen der ersten Lesung der neuen Kantonsverfassung:

## *I. Präambel*

Die Kantonsverfassung soll erstmals eine Präambel enthalten. In der noch geltenden Staatsverfassung von 1875 fehlt eine solche. In der Präambel gemäss dem Ergebnis der ersten Lesung wird ausdrücklich Bezug auf Gott genommen, wie dies die Landeskirchen in ihren Vernehmlassungen beantragt haben. Die vorgesehene Präambel lautet wie folgt:

> „Die Luzernerinnen und Luzerner, in Verantwortung vor Gott, gegenüber den Mitmenschen und der Natur und im Bestreben, Luzern als starken Kanton weiterzuentwickeln, geben sich folgende Verfassung: […].“

## *II. Öffentlich-rechtliche Anerkennung von Kirchen und weiterer Religionsgemeinschaften*

Im Abschnitt der Kantonsverfassung betreffend Religionsgemeinschaften ist festgehalten, dass die bisherigen öffentlich-rechtlich anerkannten Religionskörperschaften in der Verfassung aufgeführt werden. Weiter wird der Gesetzgeber angewiesen, die Voraussetzungen und das Verfahren der Anerkennung für weitere Religionsgemeinschaften zu regeln.

Die Formulierung im Verfassungsentwurf lautet wie folgt:

> „[1] Die römisch-katholische, die evangelisch-reformierte und die christkatholische Landeskirche sind anerkannte Körperschaften des öffentlichen Rechts.

> [2] Das Gesetz regelt die Voraussetzungen und das Verfahren für die Anerkennung weiterer Religionsgemeinschaften als öffentlich-rechtliche Körperschaften."

Der Gesetzgeber wird somit vorerst die Voraussetzungen für die öffentlich-rechtliche Anerkennung weiterer Glaubensgemeinschaften umschreiben müssen. Dabei wird auch zu regeln sein, wer für diesen Beschluss zuständig ist (Parlament, Regierungsrat). Auf die Möglichkeit der „kleinen" Anerkennung soll verzichtet werden.

## *III. Besteuerung juristischer Personen*

Neu ist die Steuererhebungsberechtigung für die anerkannten Religionskörperschaften in der Verfassung verankert. Dies gilt insbesondere auch für Besteuerung der Erträge juristischer Personen. Allerdings wird gleichzeitig eine Zweckbindung vorgesehen. Die Erträge der Besteuerung juristischer Personen dürfen ausschliesslich für soziale und kulturelle Tätigkeiten eingesetzt werden. Die entsprechende Bestimmung im Verfassungsentwurf lautet wie folgt:

> „Die Erträge der Besteuerung juristischer Personen sind für soziale und kulturelle Tätigkeiten einzusetzen."

## *IV. Autonomie der Landeskirchenkirchen im Hinblick auf die Organisation und insbesondere das Stimm- und Wahlrecht*

Der Verfassungsentwurf hält fest, dass die öffentlich-rechtlichen Körperschaften bezüglich ihrer eigenen Organisation autonom sind. Sie regeln das Stimm- und Wahlrecht ihrer Mitglieder und die Grundzüge ihrer Organisation in einem Erlass, der ihren Stimmberechtigten zur Abstimmung vorzulegen ist.

Die Landeskirchen sind demnach weiterhin frei, ihre Organisation selber zu regeln und entsprechende Erlasse aufzustellen. Sie können mithin auch eigene Bestimmungen betreffend Stimmrecht von Ausländerinnen und Ausländern sowie über das Stimmrechtsalter aufstellen (für die Kirche ist es somit nicht von Bedeutung, dass der Grosse Rat im Rahmen der ersten Lesung darauf verzichtet hat, auf der Ebene der Einwohnergemeinde als Variante das Stimmrecht für niedergelassene Ausländerinnen und Ausländer vorzusehen, wie dies der Regierungsrat vorgeschlagen hatte).

*Peter Möri*

# Les effets de la nouvelle Constitution vaudoise de 2003 dans le droit des religions vaudois – cinq projets de lois

## *I. Introduction*

La Constitution vaudoise du 14 avril 2003 (Cst-VD) introduit à ses articles 169 à 172 un changement important des relations de l'Etat avec les Eglises et prévoit une nouvelle relation de l'Etat avec les communautés religieuses. La Constitution confère tant à l'Eglise évangélique réformée du canton de Vaud (EERV) – jusqu'alors institution nationale – qu'à l'Eglise catholique romaine par la Fédération des paroisses catholiques (FPC) – jusqu'alors entité de droit privé – le statut d'institution de droit public dotée de la personnalité morale (art. 170 al. 1 Cst-VD). L'Etat finance leur mission au service de tous (art. 170 al. 2 Cst-VD). En outre, il reconnaît la Communauté israélite comme institution d'intérêt public et permet la même reconnaissance pour d'autres communautés religieuses (art. 171 Cst-VD). Il s'agit d'un changement fondamental dans la relation de l'Etat avec les Eglises et les communautés religieuses.

Cinq textes législatifs ont été ainsi élaborés, entre août 2003 et avril 2006, avant d'être adoptés par le Conseil d'Etat sous forme d'un exposé des motifs et de cinq projets de lois (EMPL) soumis au Grand Conseil. Ce dernier devrait aborder le dossier entre novembre et décembre 2006.

Pourquoi cinq textes de lois? Il a paru important de sérier les problématiques, mais aussi de les coordonner pour obtenir une unité de matière et permettre au législatif de se prononcer sur une politique globale dans le domaine du religieux.

Nous avons ainsi deux lois „de base": celle sur les relations Etat-Eglises reconnues et celle sur la reconnaissance des communautés religieuses et leurs relations avec l'Etat. Elles sont complétées par trois lois „dérivées": celle sur l'Eglise évangélique réformée du Canton de Vaud (EERV), celle sur la Fédération ecclésiastique catholique romaine du Canton de Vaud (FEDEC-VD) et celle sur la Communauté israélite de Lausanne et du Canton de Vaud (CILV). Cette répartition de matière s'explique sur le fait que les deux Eglises et la CILV font l'objet d'une reconnaissance constitutionnelle, à la différence des autres communautés religieuses.

Les cinq projets de lois s'intitulent ainsi:

- loi sur les relations entre l'Etat et les Eglises reconnues de droit public,
- loi sur l'Eglise évangélique réformée du Canton de Vaud,
- loi sur la Fédération ecclésiastique catholique romaine du Canton de Vaud,
- loi sur la Communauté israélite de Lausanne et du Canton de Vaud,
- loi sur la reconnaissance des communautés religieuses et sur les relations entre l'Etat et les communautés religieuses reconnues d'intérêt public.

## *II. Caractéristiques principales des différentes lois*

### *1. Loi sur les relations entre l'Etat et les Eglises reconnues de droit public*

#### a) Institution de droit public

Parmi les changements importants, figure la personnalité juridique. L'article 170 Cst-VD ne fixe pas la forme de l'institution de droit public pour les Eglises, qui peut être une fondation de droit public, un établissement de droit public, une société de droit public, et encore une corporation de droit public. C'est cette dernière forme qui paraît la plus adéquate en l'espèce (voir *Philippe Conod*, Liberté de croyance, Etat, Eglises et Communautés religieuses, in: La Constitution vaudoise du 14 avril 2003, Berne 2004, p. 343). Il est notamment difficile de considérer les Eglises comme des établissements visant à fournir des prestations aux paroisses et à la population. Cela irait à l'encontre de l'organisation actuelle des Eglises et ne permettrait pas l'organisation démocratique voulue par les Constituants. En outre, le statut juridique des Eglises présente une particularité par rapport aux personnes morales de droit public que l'on rencontre d'ordinaire en droit cantonal ou fédéral: il ne s'agit pas ici de créer une entité administrative décentralisée afin de lui confier l'exercice d'une tâche publique, voire une parcelle de puissance publique, mais, comme l'indique expressément la Constitution, de reconnaître deux institutions existantes et de leur accorder la reconnaissance de droit public, eu égard à l'importance de leur mission au service de tous.

Pour l'EERV, le passage du statut d'institution nationale (l'EERV étant dans ce cadre un quasi service de l'Etat) à celui d'institution de droit public implique des changements profonds, principalement en matière de statut du personnel (y compris le régime des pensions) et d'organisation. Elle aura une liberté de choix et pourra appliquer d'autres règles que celles de l'Etat de Vaud.

Pour la FEDEC-VD, la fédération des paroisses catholiques qui était une association de droit privé se transforme en une institution de droit public. La loi, qui la régissait jusqu'ici et qui était un texte essentiellement financier, se modifie en un texte organisationnel.

Pour les deux Eglises, la loi demande qu'elles se dotent d'un règlement général d'organisation qui fixe notamment les règles de composition et de fonctionnement des organes, ainsi que leurs compétences. Ce règlement est soumis au contrôle de la légalité par le Conseil d'Etat.

Par contre, le régime des cures, qui demeurent propriété de l'Etat, n'est pas affecté par le changement de statut juridique. Elles continueront à être mises à disposition de l'EERV, mais avec la possibilité d'en faire également bénéficier en seconde position la FEDEC-VD.

b) Prérogatives

En prévoyant le soutien des Eglises reconnues pour la mission qu'elles exercent au service de tous et en leur reconnaissant un statut de droit public, le système de financement est complètement revu. Chaque Eglise recevra à l'avenir une subvention, qui sera fondée sur une convention d'une durée de cinq ans entre l'Etat et chacune d'entre elles. Une convention entre les deux Eglises et avec l'Etat concernant la gestion des missions à exercer en commun sera par ailleurs établie.

L'autre innovation importante se situe dans la définition apportée à la notion de la „mission au service de tous". Quatre grands domaines d'activité ont été identifiés, qui sont les suivants:

- vie communautaire et cultuelle
- santé et solidarités
- communication et dialogue
- formation et accompagnement

Dans ces quatre domaines, chaque Eglise a des missions qui lui sont propres, comme par exemple: les prédications, les cultes, les visites de familles en deuil, les groupes de prière, le soutien et l'accompagnement spirituel, la pratique sacramentelle, etc. Les deux Eglises exercent également des missions en commun, selon le principe de la subsidiarité. Ces missions concernent les domaines de l'aumônerie, de la santé, de la solidarité et du dialogue interreligieux. Les deux Eglises envisagent de développer cette coopération au domaine de la formation et de l'accompagnement.

Les deux Eglises vont gérer ensemble un certain nombre de postes de travail pour accomplir les missions exercées en commun, d'où la nécessité d'une convention spécifique. Selon les besoins et en fonction de critères définis d'entente entre les Eglises, les compétences et les disponibilités, ces postes seront occupés soit par un ministre protestant ou un prêtre catholique, soit par un laïc protestant ou un laïc catholique. Lorsqu'une communauté religieuse reconnue participe à une mission exercée en commun en apportant un accompagnement et un soutien spirituels, l'Etat peut la faire bénéficier de postes ou d'une fraction de postes à certaines conditions.

c) Relations avec les communes

Elles ne font pas l'objet de modifications notoires par rapport à la situation existante pour les deux Eglises reconnues. Les communes continueront notamment à mettre à disposition les lieux de culte dont elles sont propriétaires, à exploiter et entretenir tous les lieux de culte utilisés, à rétribuer concierges et musiciens d'église.

## 2. *Loi sur l'Eglise évangélique réformée du Canton de Vaud et loi sur la Fédération ecclésiastique catholique romaine du Canton de Vaud*

Ces deux lois sont dérivées de celle qui régit les relations entre l'Etat et les Eglises reconnues. Elles sont construites sur le même modèle et ont pour but de fixer le cadre de fonctionnement et d'organisation des nouvelles entités juridiques, en tenant compte des spécificités de chaque Eglise. Ainsi, sont mentionnés les organes sur le plan cantonal (pour l'EERV: Synode, Conseil synodal, organe de contrôle financier; pour la FEDEC-VD: assemblée générale, comité, organe de contrôle financier). Pour l'EERV, figurent également les relations avec l'Etat qui sont fondées sur des liens historiques étroits (participation à la nomination de professeurs à la faculté de théologie, participation à la commission de consécration et au Synode, obligation de domicile dans les cures propriétés de l'Etat). Il faut encore relever que les paroisses obtiennent également la personnalité morale de droit public, à la différence des régions qui ne l'ont plus. Enfin, des dispositions transitoires sont prévues. Les règles de l'Etat (statut du personnel, caisse de pensions) continueront à être appliquées pendant deux ans, mais l'EERV deviendra l'employeur en lieu et place de l'Etat.

### *3. Loi sur la Communauté israélite de Lausanne et du Canton de Vaud*

Cette loi institue sur le plan législatif la reconnaissance constitutionnelle de la CILV, qui acquiert le statut d'institution d'intérêt public. C'est aussi une loi dérivée, car elle reprend ainsi nombre de dispositions contenues dans la loi générale sur la reconnaissance des communautés religieuses (prérogatives liées à la reconnaissance, suivi et contrôle des conditions d'octroi, sanctions). La CILV pourra participer à la mission exercée en commun déjà par les deux Eglises dans le cadre des aumôneries dans les établissements hospitaliers et pénitentiaires.

Les conditions de la reconnaissance, ainsi que la procédure n'ont pas à y être traitées, puisque la Constitution reconnaît déjà la CILV.

### *4. Loi sur la reconnaissance des communautés religieuses et sur les relations entre l'Etat et les communautés religieuses reconnues d'intérêt public*

Jusqu'à présent, l'Etat et les communes n'ont entretenu aucune relation institutionnalisée avec les communautés religieuses. La Constitution manifeste la volonté de contact et d'intégration des communautés religieuses et ouvre ainsi la porte à la reconnaissance de certaines d'entre elles, moyennant certaines conditions.

#### a) Reconnaissance

La Constitution fixe les conditions à prendre en considération pour la reconnaissance:

- le respect de la paix confessionnelle (art. 172 Cst-VD)
- le respect des principes démocratiques (art. 172 Cst-VD) et de l'ordre juridique (art. 172 Cst-VD)
- la transparence financière (art. 172 Cst-VD)

- le rôle dans le canton (art. 171 Cst-VD)
- la durée d'établissement dans le canton (art. 171 Cst-VD)

Ces conditions qui sont décrites dans l'exposé des motifs et le texte de loi lui-même feront l'objet de précisions dans un règlement adopté par le Conseil d'Etat.

Une procédure de reconnaissance a été déterminée. Elle se découpe en trois grandes étapes:

- La prise de contact par la communauté religieuse désirant se faire reconnaître auprès de l'Etat. Il est intéressant de relever que la communauté candidate à la reconnaissance doit signer une déclaration liminaire d'engagement, certifiant un certain nombre de points précis en lien avec les conditions de reconnaissance, et l'accompagner de divers documents justificatifs.
- La procédure d'évaluation du dossier interne à l'Etat avec un examen formel (remise des documents, etc.) et matériel (critères et pondération de ces derniers).
- La procédure terminée, le département transmet son préavis au Conseil d'Etat, qui prépare à l'intention du Grand Conseil, un exposé des motifs, un projet de décret proposant la reconnaissance de la communauté et un projet de loi fixant les rapports de la communauté avec l'Etat.

La reconnaissance fait l'objet d'un suivi de la part de l'Etat. Les conditions d'octroi sont contrôlées et des sanctions peuvent être prononcées qui vont de l'avertissement, au retrait d'une ou plusieurs prérogatives pour une durée d'un an au minimum, et enfin à la proposition au Grand Conseil du retrait de la reconnaissance.

b) Prérogatives

Les prérogatives liées à la reconnaissance sont:

- l'exercice de l'aumônerie dans les établissements hospitaliers et pénitentiaires, avec possibilité d'un financement de la part de l'Etat,
- la consultation par l'Etat sur les projets de loi qui les concernent,
- l'exonération fiscale,
- l'exploitation de fichiers informatiques.

Parmi les prérogatives non retenues, figurent la prise en compte du calendrier des fêtes des communautés religieuses, la participation obligatoire à un organisme interreligieux, l'accès gratuit à certaines prestations publiques. Il n'est pas prévu par ailleurs de régler dans le cadre de la loi la mise à disposition d'un carré confessionnel dans un cimetière.

c) Relations avec les communes

La communauté reconnue pourra, sur le modèle de ce qui est octroyé aux Eglises reconnues et à la CILV, bénéficier de la communication des données du contrôle des habitants en ce qui concerne ses membres, avec leur autorisation. Par contre, la mise à disposition et l'entretien de lieux de culte, comme la mise à disposition de locaux pour les cours de religion par les communes ne sont pas traitées dans ce texte, pour éviter de créer des charges nouvelles pour les communes, ces dernières ayant toujours la possibilité de faire preuve de plus d'ouverture.

## *III. Etat d'avancement du dossier*

Au moment où le présent article est rédigé (septembre 2006), les travaux de la commission parlementaire du Grand Conseil touchent à leur fin et son rapport devrait être soumis en vue des débats en plénum.

Sous réserve de changements, le Grand Conseil devrait aborder le dossier entre novembre et décembre 2006. Des modifications peuvent bien entendu être apportées à l'EMPL présenté ci-dessus.*

Pour l'entrée en vigueur des lois, il faudra attendre la fin du délai référendaire de 40 jours, qui court dès la publication des lois par le Conseil d'Etat.

*Claude Cuendet*

* Les cinq lois seront, après leur adoption et entrée en vigueur, présentées dans l'Annuaire 2007 (documentation).

# Teilrevision der Zürcher Kirchenordnung

## *I. Ausgangslage*

Die Kirchenordnung der evangelisch-reformierten Landeskirche des Kantons Zürich vom 2. Juli 1967[1] wurde letztmals Ende der achtziger Jahre einer umfangreicheren Teilrevision unterzogen. Damals wurden die Bestimmungen über die Taufe und den kirchlichen Unterricht neu gefasst. Die seitherigen Anpassungen der Kirchenordnung beschränkten sich weitgehend auf Einzelbestimmungen[2]. Bei der Entgegennahme oder Beantwortung von Vorstössen aus der Kirchensynode wies der Kirchenrat in den vergangnen Jahren wiederholt darauf hin, dass die laufende Neuregelung des Verhältnisses zwischen Kirchen und Staat eine Gesamtrevision der Kirchenordnung erfordern werde und die Vorstösse in diesem Rahmen bearbeitet würden. Der Kirchenrat ging dabei davon aus, dass gemäss der damaligen Planung des Regierungsrates ein neues Kirchengesetz per Mitte 2006 hätte in Kraft treten sollen. Seitens des Kircherates war deshalb vorgesehen, auf den gleichen Zeitpunkt eine neue Kirchenordnung in Kraft zu setzen. Die Ablehnung der Verfassungsänderungen zur Neuregelung des Verhältnisses zwischen Kirchen und Staat, eines neuen Kirchengesetzes und eines Anerkennungsgesetzes am 30. November 2003 durch die Stimmberechtigten des Kantons Zürich verhinderte dies[3].

In der Folge beschloss die Kirchensynode auf Antrag des Kirchenrates am 30. April 2004, eine Teilrevision der Kirchenordnung vorzubereiten, um innerkirchliche Reformen zügig voranzubringen[4]. Am 21. September 2004 beauftragte sie den Kirchenrat mit einer Teilrevision der Kirchen-

1 KO; LS 181.12.

2 Einführung der Möglichkeit zur Aufteilung von Pfarrstellen, Schaffung einer landeskirchlichen Vermittlungskommission, landeskirchliche Datenschutzregelungen.

3 Vgl. dazu *Martin Röhl*, Neuregelung des Verhältnisses zwischen Kirchen und Staat im Kanton Zürich – Standortbestimmung nach der Volksabstimmung vom 30. November 2003, in: SJKR/ASDE 8 (2003), S. 241 ff.; *ders.*, Neugestaltung des Verhältnisses zwischen Kirchen und Staat im Kanton Zürich – Reformpostulate und Reformbedarf, in: SJKR/ASDE 9 (2004), S. 39 ff.

4 Vgl. Protokoll der Kirchensynode vom 30. April 2004, S. 17 ff.

ordnung in folgenden Bereichen: Mitgliedschaft, Gemeindeleitung und Behördenschulung sowie Aufgaben der Bezirkskirchenpflegen und Dekanate, Religionspädagogik, Erwachsenenbildung, landeskirchliches Personalrecht, Finanzen der Landeskirche und Finanzausgleich, Gesamtkirchliche Dienste sowie kirchlich mitverantwortete Bildungs- und Ausbildungsinstitutionen mit staatlicher Anerkennung[5].

Gestützt auf diesen Auftrag der Kirchensynode gab der Kirchenrat am 2. Februar 2005 einen Revisionsentwurf in die Vernehmlassung. Der Kirchenrat verabschiedete die aufgrund der Vernehmlassungsantworten erheblich überarbeitete Vorlage am 21. September 2005 zuhanden der Kirchensynode. Diese behandelte das Geschäft an drei ausserordentlichen Versammlungen am 10., 17. und 31. Januar 2006. In der Schlussabstimmung genehmigte sie die Revisionsvorlage einstimmig[6]. Gegen diesen Beschluss der Kirchensynode wurde das Referendum nicht ergriffen. In der Folge genehmigte der Regierungsrat die Teilrevision am 20. Juni 2006, worauf der Kirchenrat am 12. Juli 2006 die teilrevidierte Kirchenordnung auf den 1. September 2006 in Kraft setzte.

Die Teilrevision der Kirchenordnung erfolgte fast zeitgleich mit der Neugestaltung des Verhältnisses zwischen Kirchen und Staat durch die neue, vom Zürcher Stimmvolk am 27. Februar 2005 angenommene Kantonsverfassung, die am 1. Januar 2006 in Kraft trat[7]. Die neue Kantonsverfassung macht unter anderem den Erlass eines neuen Kirchengesetzes nötig. Eine entsprechende Gesetzesvorlage ist seit Ende Mai 2006 beim Kantonsrat hängig, der dieses Geschäft voraussichtlich im Frühjahr 2007 behandeln wird. Zurzeit ist davon auszugehen, dass das neue Kirchengesetz im Jahr 2008 oder in der ersten Hälfte des Jahres 2009 in Kraft treten wird.

Die Teilrevision der Kirchenordnung erfolgte somit im Bewusstsein, dass in wenigen Jahren eine Gesamtrevision der Kirchenordnung anstehen wird, weil das neue Kirchengesetz die Anpassung des landeskirchlichen Rechts erfordert[8]. Kirchenrat und Kirchensynode erachteten die

5 Vgl. Protokoll der Kirchensynode vom 21. September 2004, S. 18 ff.

6 Protokoll der Kirchensynode vom 31. Januar 2006, S. 39.

7 Vgl. dazu *Martin Röhl*, *Die* staatskirchenrechtlichen Bestimmungen der neuen Zürcher Kantonsverfassung, in: SJKR/ASDE 10 (2005), S. 200 ff.

8 Die Arbeiten für die Gesamtrevision der Kirchenordnung laufen seit Mitte 2006. Im Jahr 2007 wird ein Entwurf in die Vernehmlassung gegeben werden. Die Behandlung der Vorlage durch die Kirchensynode ist für das Jahr 2008 geplant, so

Teilrevision der Kirchenordnung im heutigen Zeitpunkt jedoch gleichwohl als angebracht: Einerseits bedurfte die Umsetzung des von der Kirchensynode im Juni 2004 verabschiedeten religionspädagogischen Gesamtkonzepts einer rechtlichen Grundlage in der Kirchenordnung. Anderseits drängten sich eine Nachführung der Kirchenordnung sowie die Präzisierung von einzelnen Bestimmungen in verschiedenen Punkten seit längerer Zeit auf. Schliesslich ermöglichte es die Teilrevision, einzelne Bereiche vorweg neu zu regeln und so die bevorstehende Gesamtrevision der Kirchenordnung zu etappieren.

## *II. Die Revisionsvorlage im Einzelnen*[9]

Leitlinie der Teilrevision der Kirchenordnung bildete der Grundsatz „So viel Freiheit wie möglich, so viele Normen wie nötig"[10]. Ziel war es, die nötigen gesetzlichen Grundlagen zu schaffen, ohne gleichzeitig in eine Überreglementierung zu verfallen[11].

### *1. Kirchenmitgliedschaft religionsunmündiger Kinder und Jugendlicher*

In den vergangenen Jahren stellte sich den Kirchenpflegen vermehrt die Frage, wie sie sich gegenüber Eltern von religionsunmündigen Kindern und Jugendlichen verhalten sollen, die – ohne selber der Landeskirche anzugehören – für ihre Kinder die Angebote der Kirchgemeinden in Anspruch nehmen wollen. Vielfach nahmen die Kirchenpflegen Anstoss daran, dass diese Eltern keine Kirchensteuer bezahlen und sich so der finanziellen Solidarität gegenüber der Kirchgemeinde verweigern. Die Kirchensynode entschied sich in dieser Frage schliesslich für eine grosszügi-

dass die gesamtrevidierte Kirchenordnung nach der obligatorischen Volksabstimmung ab Mitte 2009 wird in Kraft treten können.

9 Die Teilrevision ist abgedruckt auf S. 223 ff. im Dokumentationsteil dieses Bandes.

10 Antrag und Bericht des Kirchenrates an die Kirchensynode betreffend Teilrevision der Kirchenordnung vom 21. September 2005, S. 2.

11 Im Rahmen dieses Berichts werden lediglich jene Revisionspunkte näher beleuchtet, die wesentliche Neuerungen beinhalten oder kirchenpolitisch bedeutsam sind.

ge Haltung: Kindern und Jugendlichen steht neu die Mitgliedschaft in der Landeskirche unabhängig von der Mitgliedschaft ihrer Eltern offen, wenn diese bzw. die Inhaber der elterlichen Sorge dies so bestimmen[12]. Sie folgte dabei dem zivilrechtlichen Grundsatz, wonach die Eltern über die religiöse Erziehung ihrer Kinder bis zu deren vollendetem 16. Altersjahr bestimmen[13]. Mit dieser Regelung nahm die Kirchensynode in Kauf, dass diese „liberale“ Haltung von Eltern missbraucht werden kann, die sich der Kirchensteuerpflicht entziehen wollen, ohne für ihre Kinder auf die kirchlichen Angebote verzichten zu müssen[14].

## 2. *Kircheneintritt und Eintrittsstellen*

### a) Aufnahme in die Landeskirche

Eintritt und Wiedereintritt in die Landeskirche wurden bisher unterschiedlich behandelt. Während für den Eintritt in die Landeskirche ein schriftliches Gesuch an eine zürcherische Pfarrerin, einen zürcherischen Pfarrer und eine Bewilligung des Kirchenrates erforderlich waren, erfolgten Wiedereintritte bei der Kirchenpflege, welche einem solchen Gesuch entsprechen konnte, sofern ernsthafte Gründe vorlagen[15]. Für Eintritte und Wiedereintritte in die Landeskirche gilt neu dasselbe Verfahren: Eintritts- und Wiedereintrittsgesuche sind an eine zürcherische Pfarrerin, einen zürcherischen Pfarrer zu richten. Diese sind auch für den Vollzug zuständig, sobald die Bescheinigung des Kirchenrates vorliegt[16]. Auf diese Weise sollen Wiedereintritte in derselben seelsorgerlichen Weise ermöglicht werden wie schon bisher die Eintritte. An die Stelle der kirchenrätlichen Bewilligung tritt eine Bescheinigung, dass die formellen Bedingungen für die Aufnahme in die Landeskirche erfüllt, insbesondere die Voraussetzungen gemäss Art. 9 KO gegeben sind, ein schriftliches Gesuch vorliegt und bei Übertritten von der römisch-katholischen Körperschaft oder der christkatholischen Kirchgemeinde keine Doppelmitgliedschaft eintritt[17].

12 Art. 9 Abs. 2 KO.
13 Vgl. Art. 303 ZGB. Der Kirchenrat hatte der Kirchensynode beantragt, dass mindestens ein Elternteil Mitglied der Landeskirche sein müsse.
14 Protokoll der Kirchensynode vom 17. Januar 2006, S. 11 ff.
15 So vormals Art. 12 KO.
16 Art. 10 Abs. 1 KO.
17 Vgl. Art. 10 Abs. 3 KO.

### *b) Eintrittsstellen*

Art. 10 Abs. 1 Satz 1 KO ermächtigt den Kirchenrat, besondere Eintrittsstellen einzurichten oder zu bezeichnen. Diese Eintrittstellen sollen als Variante zum üblichen Eintrittsgesuch bei einer Gemeindepfarrerin oder einem Gemeindepfarrer (im Sinn der „Kirche am Ort“) ein niederschwelliges Angebot bilden. Es sollen Orte sein, wo im Unterschied zur Kirchgemeinde nicht der Kontakt zur Landeskirche als Institution oder zur Gemeindepfarrerin bzw. zum Gemeindepfarrer als Vertreter dieser Institution im Vordergrund steht. Gedacht wird an Orte (im Sinn der „Kirche am Weg“), an denen es eintrittswilligen Personen leichter fällt, mit der (Landes-)Kirche als Institution bzw. mit kirchlichen Fragestellungen in Kontakt zu treten[18]. Aber auch in diesen Eintrittsstellen wird das Aufnahmegesuch bei einer zürcherischen Pfarrerin, einem zürcherischen Pfarrer gestellt. Diese sind für die administrative Abwicklung des Kircheneintritts verantwortlich, insbesondere dafür, dass der Kircheneintritt bei der Kirchgemeinde am Wohnsitz der eintrittswilligen Person registriert wird. Dementsprechend können diese Eintrittstellen nur für Personen mit politischem Wohnsitz im Kanton Zürich zuständig sein. Interessierte Personen mit Wohnsitz ausserhalb des Kantons Zürich müssen an die zuständigen Stellen der betreffenden reformierten Kirche verwiesen werden.

## *3. Kirchgemeindeordnung*

Nach kantonalem Recht sind lediglich die politischen Gemeinden und die Schulgemeinden verpflichtet, eine Gemeindeordnung zu erlassen[19]. Neu verlangt Art. 23 Abs. 1 KO dies zwingend auch von den Kirchgemeinden. Denn es ist nicht einzusehen, weshalb für die Kirchgemeinden, für welche die Vorschriften des kantonalen Gemeindegesetzes in gleicher Weise gelten wie für die politischen Gemeinden und die Schulgemeinden, hinsichtlich der Selbstorganisation geringere Anforderungen gelten

18 In einem Pilotprojekt ist vorgesehen, vorerst in der Bahnhofskirche im Zürcher Hauptbahnhof und in der Predigerkirche in der Zürcher Altstadt sowie im landeskirchlichen Bildungszentrum Haus der Stille und Besinnung in Kappel am Albis solche Eintrittstellen einzurichten.

19 § 41 Abs. 1 Satz 2 des Gesetzes über das Gemeindewesen vom 6. Juni 1926 (Gemeindegesetz, GemeindeG; LS 131.1).

sollen. Zudem erhöht dieses Obligatorium die Rechtssicherheit: Die Praxis zeigt, dass Kirchenpflegen oft nicht wissen, nach welchen Vorschriften sich die Organisation ihrer Kirchgemeinde richtet oder ob ihre Kirchgemeinde überhaupt über eine Kirchgemeindeordnung verfügt. Kirchgemeinden, die noch über keine Gemeindeordnung verfügen, haben ab Inkrafttreten der teilrevidierten Kirchenordung zwei Jahre Zeit, um eine Kirchgemeindeordnung zu erlassen[20].

## *4. Gemeindeleitung*

### a) „Zuordnungsmodell"

Die teilrevidierte Kirchenordnung präzisiert im Blick auf die Zusammenarbeit Aufgaben und Zuständigkeiten von Kirchenpflege, Pfarramt und den weiteren Diensten in der Gemeinde. Zum einen wird die behördliche Verantwortung der Kirchenpflege betont[21]. Zum andern hebt Art. 36 Abs. 3 KO hervor, dass Pfarrerinnen und Pfarrer sowie die weiteren Kirchgemeindeangestellten ihre Aufgaben je in ihrem besonderen Dienst erfüllen. Sie geben sich ihre Aufgaben dabei nicht selber, sondern haben sich nach den Vorgaben der Kirchenordnung und der Kirchenpflege sowie den besonderen Gegebenheiten ihrer Kirchgemeinde zu richten[22]. Unter der Marginalie „Grundsatz der Zuordnung"[23] bringt Art. 36 – in Verbindung mit Art. 35 KO, welche Bestimmung die Aufgaben der Kirchenpflege benennt – somit zum Ausdruck, dass der Kirchenpflege in erster Linie die strategische Verantwortung für die Kirchgemeinde obliegt, während Pfarramt und Gemeindedienste hauptsächlich für die operative Umsetzung der strategischen Vorgaben zuständig sind. Als Instrumente der strategischen Leitung der Kirchgemeinde durch die Kirchenpflege nennt die Kirchenordnung ausdrücklich Jahresziele, Schwerpunktprogramme, Finanzplan und Stellenplan[24]. Weil die Zusammenarbeit im Sinn des „Zuordnungsmodells" unverändert nach dem Grundsatz erfolgen soll, dass Kirchenpflege, Pfarrerinnen und Pfarrer sowie die

20 Art. 220 Abs. 1 KO.

21 Art. 31 Abs. 1, Art. 36 Abs. 2 KO.

22 Art. 36 Abs. 3 Satz 2 KO.

23 Nach dem Verständnis der Kirchenordnung von 1967 sind Kirchenpflege und Pfarramt einander zugeordnet. Die Marginalie zu Art. 36 KO verankert das sogenannte „Zuordnungsmodell" formell in der Kirchenordnung.

24 Art. 35 Abs. 3 Ziffern 2 und 11 KO.

Kirchgemeindeangestellten in gemeinsamer Verantwortung zum Aufbau der Gemeinde gerufen sind[25], lässt sich allerdings keine strikte Trennung zwischen strategischer und operativer Ebene erreichen, sondern kommen der Kirchenpflege auch operative Aufgaben zu[26] und haben Pfarramt sowie Gemeindedienste bei der Erarbeitung der strategischen Vorgaben eine Mitwirkungsmöglichkeit[27].

b) Gemeindekonvent

An die Stelle des bisherigen, eher formlosen Mitarbeiterkonvents[28] tritt ein geleiteter und strukturierter Gemeindekonvent. In diesem versammeln sich Pfarrerinnen und Pfarrer sowie die Kirchgemeindeangestellten. Um die besonderen örtlichen Verhältnisse – insbesondere bezüglich Grösse der Kirchgemeinde und der Zahl der Mitarbeitenden in den verschiedenen Diensten – berücksichtigen zu können, legt nicht die Kirchenordnung Organisation und Zusammensetzung des Gemeindekonvents im Einzelnen fest, sondern ist hierfür die Kirchenpflege zuständig[29]. Diese wählt auf Vorschlag des Gemeindekonvents auch die Konventsleitung auf eine durch die Kirchgemeindeordnung oder die Kirchenpflege bestimmte Dauer[30]. Der Gemeindekonvent bezweckt in erster Linie, einen formellen Rahmen für die Koordination der kirchgemeindlichen Arbeit und die gegenseitigen Information zu bieten. Zugleich sollen der sorgsame Umgang mit den zur Verfügung stehenden Mitteln, eine zielorientierte Arbeitsweise und die Qualitätsentwicklung der kirchgemeindlichen Arbeit gefördert werden[31]. Dem Gemeindekonvent kommt eine Scharnierfunktion zwischen der Kirchenpflege einerseits und dem Pfarramt und den weiteren Gemeindediensten anderseits zu. Abgeleitet ist das Modell des Gemeindekonvents aus dem Bereich der zürcherischen Volksschule, wo die Schulleitung zusammen mit dem Lehrerkonvent eine vergleichbare Funk-

25 So ausdrücklich Art. 35 Abs. 1 KO; vgl. auch Art. 36 Abs. 1 KO und die Marginalie zu Art. 36 KO.

26 Vgl. etwa Art. 35 Abs. 3 Ziffer 4 (Anstellung von Mitarbeitenden), Ziffer 8 (Information), Ziffer 12 (Vergabungen und Verwendung von Kollekten), Ziffer 13 (Unterhalt und Verwaltung der Liegenschaften), Ziffer 14 (Mitwirkung bei gottesdienstlichen Aufgaben).

27 Im Rahmen des Gemeindekonvents (vgl. Art. 37 Abs. 3 Ziffer 2 KO).

28 Vormals Art. 145b KO.

29 Art. 37 Abs. 1 KO.

30 Art. 37a Abs. 1 KO.

31 Art. 37 Abs. 2 KO.

tion zwischen Schulpflege und Lehrköper ausübt. Die Kirchgemeinden haben ab dem Inkrafttreten der teilrevidierten Kirchenordnung zwei Jahre Zeit für die Einrichtung des Gemeindekonvents bzw. für die Überführung des bisherigen Mitarbeiterkonvents in den Gemeindekonvent. Bis dann muss die Kirchenpflege die Organisation des Gemeindekonvents regeln sowie die Konventsleitung bestimmen und hat sich der Gemeindekonvent zu konstituieren[32].

Gegenüber der Kirchenpflege verfügt der Gemeindekonvent über ein selbständiges Antragsrecht[33], gleich wie die Mitglieder der Kirchenpflege sowie die Pfarrerinnen und Pfarrer. Er übt dieses durch die Konventsleitung aus, die mit beratender Stimme und Antragsrecht an den Kirchenpflegesitzungen teilnimmt[34]. Liegt die Leitung des Konvents bei einer Pfarrerin oder einem Pfarrer, nimmt ein weiteres Mitglied des Gemeindekonvents an den Kirchenpflegesitzungen teil. Keine solche zusätzliche Vertretung besteht in Kirchgemeinden, die – abgesehen von der Pfarrerin bzw. vom Pfarrer – ausschliesslich Angestellte mit einem Stellenpensum von weniger als 50 % beschäftigen[35]. Diese Vertretung ist mangels einer anders geordneten Zuständigkeit von der Kirchenpflege zu ernennen[36]. Hierbei dürfte es sinnvoll sein, den Gemeindekonvent zumindest vorgängig anzuhören.

Das selbständige Antragsrecht des Gemeindekonvents und das Antragsrecht der zusätzlichen Vertretung des Gemeindekonvents in den Kirchenpflegesitzungen dürften sich in der Praxis als schwierig erweisen. Denn damit kann der Gemeindekonvent seine Anträge unter Umgehung des zuständigen Fachressorts der Kirchenpflege bzw. des verantwortlichen Kirchenpflegemitglieds stellen. Dies entwertet zum einen die koordinative Funktion des Gemeindekonvents. Zum andern wird zusätzliches Konfliktpotenzial geschaffen im Blick auf die gegenseitige Zuordnung von Kirchenpflege, Pfarramt und Gemeindediensten, die nur dann wirkungsvoll zum Tragen kommen kann, wenn die Zusammenarbeit weitgehend einwandfrei funktioniert. Der Kirchenrat hatte denn auch der Kirchensynode beantragt, die Konventsleitung lediglich mit beratender Stimme an

32 Art. 220 Abs. 2 KO.

33 Art. 37 Abs. 3 Ziffer 4 KO.

34 Art. 31 Abs. 3 Satz 1 KO.

35 Art. 31 Abs. 3 Sätze 2 und 3 sowie Beschluss des Kirchenrates Nr. 82 vom 22. März 2006.

36 § 10 Abs. 1 des Gesetzes über die evanglisch-reformierte Landeskirche vom 7. Juli 1963 (KG; LS 181.11) in Verbindung mit § 64 Ziffer 2 GemeindeG.

den Kirchenpflegesitzungen teilnehmen zu lassen und den Gemeindekonvent zu verpflichten, seine Anträge ausschliesslich über das zuständige Fachressort der Kirchenpflege zu stellen. Die Kirchensynode entschied sich jedoch für eine verstärkte Partizipation der Mitarbeitenden, wobei die Absicht im Vordergrund stand, den diakonischen Mitarbeitenden das Recht zur Teilnahme an den Kirchenpflegesitzungen zu sichern[37].

Der Regierungsrat genehmigte diese Regelung in seinem Beschluss vom 20. Juni 2006 vorbehaltlos. Er setzte sich damit sowohl zum massgebenden kantonalen Recht als auch zu seiner bisherigen Rechtsprechung in dieser Frage in Widerspruch. Das Gemeindegesetz sieht vor, dass lediglich Pfarrerinnen und Pfarrer mit beratender Stimme an den Sitzungen der Kirchenpflege teilnehmen[38]. Die regierungsrätliche Rechtsprechung lehnte bis anhin die regelmässige Teilnahme Aussenstehender an den Kirchenpflegesitzungen mit der Begründung ab, dass die beliebige Erweiterung des beratenden Personenkreises das Gewicht der von der Gemeinde gewählten Behördenmitglieder zu sehr schmälere[39]. Für die vorbehaltlose Genehmigung des Regierungsrates dürfte ausschlaggebend gewesen sein, dass die neue Kantonsverfassung den Kirchen eine erweiterte Organisationsautonomie einräumt und der Entwurf für ein neues Kirchengesetz vorsieht, dass die Kirchen die Teilnahme der Pfarrerinnen und Pfarrer sowie von weiteren Mitarbeitenden der Kirchgemeinden an den Sitzungen der Kirchenpflegen in ihren Kirchenordnungen regeln[40].

## 5 *Kirchlicher Bezirk*

### a) Bezirkskirchenpflegen

Die Aufgaben und Zuständigkeiten der Bezirkskirchenpflegen sind im revidierten Art. 152 Abs. 2 KO präziser gefasst, insbesondere um die Aufsichts- und Entscheidungsfunktion der Bezirkskirchenpflegen zu betonen. Es wird ausdrücklich festgehalten, dass die Bezirkskirchenpflegen

37 Vgl. Protokoll der Kirchensynode vom 10. Januar 2006, S. 40 ff.

38 § 80 Abs. 1 Satz 2 GemeindeG.

39 *Hans Rudolf Thalmann*, Kommentar zum Zürcher Gemeindegesetz, 3. Aufl. Wädenswil 2000, § 80 N. 5.

40 § 12 Abs. 3 des Entwurfs für ein Kirchengesetz vom 31. Mai 2006 (Amtsblatt des Kantons Zürich 2006, S. 573 ff. [Zeitungsausgabe]).

in erster Linie die Beziehungen zu den Kirchgemeinden zu pflegen und bei Spannungen zu vermitteln haben, dass sie aber auch befugt sind, in ihrem Zuständigkeitsbereich aufsichtsrechtliche Massnahmen anzuordnen[41].

b) Dekanat

Das Amt der Dekanin, des Dekans wird gestärkt: Um Dekaninnen und Dekanen, die in der Regel vollzeitlich in einem Gemeindepfarramt tätig sind, den erforderlichen Raum für die Wahrnehmung der Amtspflichten zu schaffen, kann der Kirchenrat neu eine individuelle Entlastung der Dekaninnen und Dekane in ihrer pfarramtlichen Funktion vorsehen[42]. Sodann nehmen Dekanin bzw. Dekan nicht mehr nur mit beratender Stimme, sondern zusätzlich mit Antragsrecht an den Sitzungen der Bezirkskirchenpflege teil[43]. Damit wird zum einen beabsichtigt, die Zusammenarbeit zwischen Bezirkskirchenpflege und Dekanat vor allem bei der Bearbeitung von Spannungen und Zusammenarbeitskonflikten im Bereich Kirchenpflege und Pfarramt zu vertiefen. Zum andern wird das Subsidiaritätsprinzip auch in Bezug auf das Dekanat stärker zur Geltung gebracht: Aufgaben sind nach Möglichkeit auf jener Ebene zu erfüllen, auf der sie anfallen. Die teilrevidierte Kirchenordnung verleiht den Dekaninnen und Dekanen zudem die Befugnis, Anweisungen zu erteilen[44]. Empfänger solcher Anweisungen können nicht nur die Mitglieder des betreffenden Pfarrkapitels sein, für welche die Dekanin, der Dekan in belasteten Situation in der Regel erste Ansprechperson sein soll, sondern auch Kirchenpflegen und ihre Mitglieder, Kirchgemeindeangestellte und weitere beteiligte Personen. Es handelt sich bei diesen Anweisungen nicht um Anordnungen im Sinn des Verwaltungsrechtspflegegesetzes[45], sondern um Handlungsanweisungen, welche die Dekanin bzw. der Dekan Kraft der Stellung und Autorität des Amtes erteilen und die eine Gesamtschau mit Blick auf die Interessen der betroffenen Kirchgemeinde und die Landeskirche als Ganzes beinhalten.

41 Art. 152 Abs. 2 Ziffern 1-4 KO.

42 Art. 157 Abs. 3 KO.

43 Art. 151 Abs. 2 Satz 1 KO.

44 Art. 157a Absatz 2 KO.

45 Vgl. dazu *Alfred Kölz/Jürg Bosshart/Martin Röhl*, Kommentar zum Verwaltungsrechtpflegegesetz des Kantons Zürich, 2. Aufl. Zürich 1999, Vorbem. zu §§ 4-31 N. 8 ff.

c) Diakonatskapitel

Die sechs Diakonatskapitel bestehen als Institutionen der Landeskirche seit 1998. In diesen versammeln sich die diakonischen Mitarbeiterinnen und Mitarbeiter, die im Dienst einer Kirchgemeinde, der Landeskirche oder einer mit dieser verbundenen Institution stehen. Sie fanden ihre Rechtsgrundlage bisher in einer kirchenrätlichen Verordnung[46]. Neu werden sie gleich den Pfarrkapiteln in der Kirchenordnung verankert[47]. Die Regelung in der Kirchenordnung orientiert sich weitgehend an den Bestimmungen über das Pfarrkapitel und das Dekanat[48].

## *6. Bildung*

Unter dem Titel „Religionspädagogisches Handeln" beinhaltet die Kirchenordnung die gesetzliche Grundlage für die Umsetzung des von der Kirchensynode am 22. Juni 2004 verabschiedeten religionspädagogischen Gesamtkonzepts[49]. Dieses bringt insbesondere einen Ausbau des kirchlichen Unterrichtsangebots, das sich nach der vollständigen Umsetzung des Konzepts vom achten Altersjahr lückenlos bis zur Konfirmation erstreckt und darüber hinaus Angebote für Jugendliche und junge Erwachsene nach der Konfirmation beinhaltet. Im Bereich der Bildungsarbeit mit Erwachsenen werden die Kirchgemeinden insoweit in die Pflicht genommen, als sie auch in diesem Bereich Angebote zu machen haben[50].

## *7. Landeskirchliches Personalrecht*

Die Angestellten der Landeskirche und der Kirchgemeinden unterstehen dem kantonalen Personalrecht. Landeskirche und Kirchgemeinden können jedoch abweichende Regelungen treffen[51]. In einer innerkirchlichen

46 §§ 16a-16k der Verordnung über Ausbildung, Wählbarkeit und Aufgaben der Gemeindehelfer und Gemeindehelferinnen, Diakone und Diakoninnen (Diakonische Mitarbeiterinnen und Mitarbeiter) vom 10. September 1986 (LS 181.71).

47 Art. 157b-157g KO.

48 Vgl. Art. 155-157a KO.

49 Art. 79-92b, 98 KO.

50 Art. 96a Abs. 1 KO.

51 Vgl. für die Angestellten der Landeskirche § 10 KG, für die Angestellten der Kirchgemeinden § 10 Abs. 1 KG in Verbindung mit § 72 GemeindeG. Für die Pfarrerinnen und Pfarrer sind in erster Linie §§ 39-53 KG sowie die regierungs-

Umfrage sprachen sich im Jahr 2002 über 90 Prozent der Teilnehmenden für ein einheitliches, landeskirchliches Personalrecht aus. Hierfür bietet die Kirchenordnung nun die erforderliche Rechtsgrundlage: Die Kirchensynode ist befugt, ein eigenes, auf alle kirchlichen Angestellten anwendbares Personalrecht zu erlassen[52]. Bis die Kirchensynode die entsprechende Personalverordnung schafft, gelten die bestehenden personalrechtlichen Bestimmungen der Kirchgemeinden und subsidiär das kantonale Personalrecht weiter. Nach derzeitigem Kenntnisstand wird mit dem Erlass der landeskirchliche Personalverordnung zugewartet, bis das neue Kirchengesetz und die gesamtrevidierte Kirchenordnung in definitiver Fassung vorliegen. Nur so ist es möglich, die personalrechtlichen Bestimmungen betreffend die Pfarrerinnen und Pfarrer, die sich heute in erster Linie im Kirchengesetz finden[53], von Anfang an in die landeskirchliche Personalverordnung zu integrieren. Im Zuge der Teilrevision der Kirchenordnung wurde immerhin die Möglichkeit beseitigt, dass Kirchgemeinden ihre Angestellten – ausgenommen Pfarrerinnen und Pfarrer – auf Amtsdauer wählen[54]. An die Stelle der Beamtung tritt die unbefristete Anstellung, wie sie das kantonale Personalrecht kennt. Bestehende Wahlverhältnisse werden dementsprechend in eine unbefristete Anstellung überführt[55].

## *8. Kirchen*

Die Nutzung von Kirchen zu anderen als kirchlichen Zwecken und die Veräusserung von Kirchen durch die Kirchgemeinden bedürfen neu der Zustimmung des Kirchenrates[56]. Mit dieser Beschränkung der Gemeindeautonomie wird der Tatsache Rechnung getragen, dass Kirchen in der öffentlichen Wahrnehmung nach wie vor eine grosse symbolische Bedeutung zukommt und deren Veräusserung oder Umnutzung regelmässig ein

---

rätliche Verordnung über die Besoldungen der Pfarrer vom 13. Juli 1964 (LS 181.45) massgebend.

52 Art. 17a Abs. 2 KO.

53 Vgl. Anm. 50.

54 Vormals Art. 149 Abs. 1 KO.

55 Vgl. § 57 Abs. 2 und 3 des Gesetzes über das Arbeitsverhältnis des Staatspersonals vom 27. September 1998 (Personalgesetz; LS 177.10).

56 Art. 105 Abs. 2 KO.

grosses Echo auslöst und den Interessen der Landeskirche als Ganze schaden kann.

## *III. Ausblick*

Die Teilrevision der Kirchenordnung vom 31. Januar 2006 bildet einen wichtigen Schritt auf dem Weg zur bevorstehenden Gesamtrevision der Kirchenordnung. Diese wird dadurch entlastet, insbesondere in den Bereichen Gemeindeleitung und Religionspädagogik. Weitergehende Revisionsschritte wären zwar wünschenswert gewesen, insbesondere in den Bereichen Gottesdienst und Amtspflichten der Pfarrerinnen und Pfarrer. Damit wäre jedoch der Rahmen einer Teilrevision gesprengt worden. Im Bereich der Gemeindeleitung besteht nun die Möglichkeit, mit dem präzisierten Zusammenarbeitsmodell Erfahrungen zu sammeln und im Rahmen der Gesamtrevision allenfalls Korrekturen anzubringen. Genau wird namentlich zu beobachten sein, ob und in welcher Weise sich das Antragsrecht des Gemeindekonvents bewährt bzw. sich als konfliktanfällig erweist.

Die Behandlung der Revisionsvorlage durch die Kirchensynode offenbarte aber auch, dass dieses Milizgremium, das über keine ausgebauten Parlamentsdienste verfügt, bei einem so umfangreichen Geschäft an die Grenzen seiner Leistungsfähigkeit stösst. Entsprechend ist es geboten, die Gesamtrevision der Kirchenordnung seitens des antragstellenden Kirchenrates sorgfältig vorzubereiten und zu begleiten.

*Martin Röhl*

# Zwei Motionen zur Kirchensteuer juristischer Personen im Kanton Zug

Zuhanden des Kantonsrates des Kantons Zug wurden im Jahr 2004 zwei Motionen eingereicht, welche die Kirchensteuerpflicht juristischer Personen bzw. die Mandatssteuer betrafen. Die eine der beiden Motionen (Motion Aeschbacher/Villiger) verfolgte das Ziel, die juristischen Personen des Kantons Zug von der Steuerpflicht zu befreien, die andere Motion (Motion der Alternativen Fraktion) bezweckte für die juristischen Personen neu die Erhebung einer Mandatssteuer. Die beiden Motionen wurden vom Regierungsrat und anschliessend vom Kantonsrat im Rahmen einer einzigen Vorlage behandelt. Der Bericht des Regierungsrates des Kantons Zug datiert vom 16. August 2005. Der Regierungsrat beantragte dabei, die beiden Motionen seien abzulehnen (Vorlage Nr. 1271.2/1288.2). Der Kantonsrat folgte an seiner Session vom 29. September 2005 diesem Antrag. Beide Motionen wurden mit 61:10 bzw. 67:6 Stimmen als nicht erheblich erklärt.

Im Wesentlichen argumentierte der Regierungsrat wie folgt:

Die Abschaffung der Kirchensteuer für juristische Personen würde eine Verfassungsrevision erfordern, welche der obligatorischen Volksabstimmung unterliegt. Eine derartige Verfassungsrevision drängt sich nicht auf, da im Kanton Zug bisher keine einzige juristische Person in einem Rechtsmittelverfahren geltend gemacht hat, die Kirchensteuer verletze ihre Glaubens- und Gewissensfreiheit.

Selbst wenn nicht alle juristischen Personen an den grossen sozialen und gesellschaftlichen Leistungen der beiden Landeskirchen interessiert wären, so ist dies kein Grund, sie von der Kirchensteuerpflicht zu befreien. Auch natürliche Personen beanspruchen nicht alle Leistungen, für die ihre Steuerbeträge verwendet werden. So werden beispielsweise kinderlose Familien und Alleinstehende auch nicht vom Steueranteil befreit, der für Schulen aufgewendet wird. Auch stellt die Kirchensteuer keinen Standortnachteil dar, da in sämtlichen Nachbarkantonen, namentlich auch im starken Wirtschaftskanton Zürich, Kirchensteuern von juristischen Personen erhoben werden.

Die Belastung der juristischen Personen durch die Kirchensteuer im Kanton Zug ist bescheiden. Im Jahre 2003 betrug sie für ordentlich besteuerte Gesellschaften lediglich rund 3 % der Belastung durch die direkten Steuern von Bund, Kanton und Gemeinden. Im Falle von Domizil-, Holding- oder gemischten Gesellschaften lag sie in der Regel sogar noch deutlich tiefer.

Eine Abschaffung der Kirchensteuer für juristische Personen hätte gravierende Folgen für den Finanzhaushalt der römisch-katholischen und evangelisch-reformierten Kirchgemeinden. Durch eine Abschaffung würde ihnen mehr als ein Drittel ihrer Steuereinnahmen entzogen (2003 = Fr. 15,2 Mio.[1]); Einnahmen, dank denen ein für den Kanton und die Gemeinden unverzichtbares soziales Netz angeboten, Freiwilligenarbeit ermöglicht, über 330 Vollzeitstellen bei den Kirchgemeinden finanziert und viele wertvolle Kunst- und Kulturdenkmäler unterhalten werden können.

Ein Steuerausfall in dieser Grössenordnung würde dazu führen, dass die beiden anerkannten Landeskirchen im Kanton Zug viele ihrer sozialen und gesellschaftlichen Aufgaben nicht mehr erfüllen könnten. Als Folge davon müssten der Kanton und die Gemeinden in die entstehende Lücke einspringen. Da sich diese Lücke nur mit Steuereinnahmen der natürlichen und juristischen Personen decken liesse, würden die juristischen Personen im Endeffekt wieder mit Steuern belastet, von denen man sie eigentlich entlasten wollte.

Die Motion betreffend Erhebung einer Mandatssteuer für juristische Personen verlangte den Ersatz der bisherigen Kirchensteuer durch eine sozialpolitisch motivierte öffentliche Abgabe. Während die Mandatssteuer selbst obligatorisch wäre, könnten die Steuerpflichtigen selber darüber entscheiden, ob sie den Steuerbetrag einer auf der Steuererklärung aufgelisteten Religionsgemeinschaft, einer kulturellen oder gemeinnützigen Organisation, einem schweizerischen Hilfswerk oder einem kantonalen Sozial-, Solidaritäts- oder Kulturfonds zukommen lassen wollen.

Damit würde ein Teil des Steueraufkommens nicht mehr durch demokratisch legitimierte Organe seiner Bestimmung zugeführt, sondern die juristische Person könnte selbst über den Verwendungszweck entscheiden. Eine derartige Wahlmöglichkeit stünde sowohl im Widerspruch zum schweizerischen wie auch zum zugerischen Steuersystem, da Steuern voraussetzungslos geschuldet sind. Ausserdem hätte sie eine Ungleichbe-

1 Der Kirchensteuerertrag setzte sich 2003 wie folgt zusammen:

| | Nat. Personen | Jur. Personen | Total |
|---|---|---|---|
| röm.-kath. Kirchgemeinden: | 18'133'483 | 12'196'610 | 30'330'093 |
| ev.-ref. Kirchgemeinden: | 7'587'283 | 3'033'010 | 10'620'293 |
| Total: | 25'720'766 | 15'229'620 | 40'950'386 |

handlung der kirchensteuerpflichtigen natürlichen Personen zur Folge, denen eine solche Wahlmöglichkeit nicht freisteht. Wie bei der vollständigen Abschaffung der Kirchensteuer für juristische Personen, wäre auch die Einführung einer Mandatssteuer nur auf dem Wege der Verfassungsrevision möglich.

Die Einführung einer Mandatssteuer für juristische Personen würde eine sorgfältige Finanzplanung der anerkannten Religionsgemeinschaften im Kanton Zug verunmöglichen und deren Finanzhaushalt destabilisieren. Bei einem starken Rückgang ihrer Steuereinnahmen würden soziale Werke gefährdet. Der Kanton und die Gemeinden müssten die entstehende Lücke mit zusätzlichen Steuereinnahmen decken, zumal insbesondere bei Wohlfahrtsorganisationen nicht gewährleistet ist, dass die Steuergelder für soziale Werke im Kanton verwendet werden. Dies hätte zur Folge, dass juristischen Personen, nebst der Mandatssteuer auch noch zusätzliche Steuern auferlegt werden müssten.

Eine praktisch gleichlautende Motion, welche die Einführung der Mandatssteuer für alle Steuerpflichtigen forderte, wurde vom Kantonsrat bereits im Jahre 2002 ohne Gegenstimmen für nichterheblich erklärt. Auch in anderen Kantonen blieben sämtliche Bestrebungen zur Einführung einer Mandatssteuer bisher erfolglos.

Da beide Motionen keine Gewinner, sondern lediglich Verlierer zur Folge hätten, soziale Werke und Arbeitsplätze im Kanton Zug gefährden würden, waren sie aus der Sicht des Regierungsrates als nichterheblich zu erklären. Der Kantonsrat teilte diese Auffassung; er lehnte beide Motionen am 29. September 2005 grossmehrheitlich ab[2].

*Jakob Frey*

2 Die ausführliche Argumentation des Regierungsrates findet sich im Dokumentationsteil dieses Bandes (S. 240 ff.).

SJKR/ASDE 11 (2006), S. 181-200

# Rezensionen und Buchanzeigen

*Winzeler, Christoph:* Einführung in das Religionsverfassungsrecht der Schweiz, Zürich/Basel/Genf: Schulthess 2005. XXVII & 174 S. (FVRR 16)

Das schweizerische Religions- und Staatskirchenrecht hat in den letzten Jahren erhebliche und weit reichende Veränderungen erfahren. Nicht nur ist nach weit über einhundert Jahren eine neue Bundesverfassung in Kraft getreten, die bei aller Betonung des „Nachführungsgedankens" doch auch etliche neue inhaltliche Akzente setzt und auf jeden Fall den Interpreten mit einem neuen Text konfrontiert[1]. Das Bundesgericht hat seine bisher schon facettenreiche religionsrechtliche Rechtsprechung fortgesetzt und vertieft[2], manch ein Kanton hat die religionsrechtlichen Bestimmungen seiner Kantonsverfassung revidiert[3], ebenso wie etliche Kirchen ihr Verfassungsrecht überdacht und neu formuliert haben[4]. Zudem sind die gesellschaftlichen Veränderungen und Akzentverlagerungen der jüngeren Vergangenheit auch am „Staatskirchenrecht" nicht spurlos vorübergegangen[5]. Nicht unerwähnt bleiben soll schliesslich die Schaffung und Existenz dieses Jahrbuchs, das bei den letzten umfassend angelegten Arbeiten zum schweizerischen Religions- und Staatskirchenrecht noch nicht verwendet und ausgewertet werden konnte[6]. Es ist von daher ganz ohne

1 Siehe dazu bspw. *Das Religionsrecht der neuen Bundesverfassung/Le droit des religions dans la nouvelle Constitution fédérale*, hg. v. René Pahud de Mortanges, Freiburg i.Ü. 2001, mit Bespr. d. Verf. in: SJKR/ASDE 8 (2003), S. 276 ff.

2 Siehe dazu die Rechtsprechungsberichte in diesem Jahrbuch, beginnend mit SJKR/ASDE 4 (1999), S. 81 ff. *(Peter Karlen).*

3 Siehe dazu die *„Schweizerischen Kirchenrechtsquellen"*, insbes. Band 1: Kantonales Recht/Droit cantonal, hg. v. Jakob Frey, Bern 1999.

4 Aus jüngster Vergangenheit siehe die Teilrevision vom 31. Januar 2006 der Kirchenordnung der evangelisch-reformierten Landeskirche des Kantons Zürich; dazu in diesem Band S. 164 ff. (Bericht), S. 223 ff. (Dokumentation).

5 Siehe *Walter Kälin*, Grundrechte im Kulturkonflikt. Freiheit und Gleichheit in der Einwanderungsgesellschaft, Zürich 2000.

6 Das Schweizerische Jahrbuch für Kirchenrecht erscheint seit 1996.

Zweifel zu begrüssen, dass sich Christoph Winzeler der Mühe unterzogen hat, eine aktuelle Darstellung des Religionsverfassungsrechts der Schweiz vorzulegen.

Dass er sich dabei zum Ziel gesetzt hat, wie er im Vorwort schreibt, die „immer noch grundlegenden Werke von Peter Karlen (Das Grundrecht der Religionsfreiheit, 1988) und Dieter Kraus (Schweizerisches Staatskirchenrecht, 1993) fort[zuführen, die] trotz ihres Alters und der seitherigen Rechtsentwicklung wenig an Orientierungskraft verloren“ haben, ehrt den Rezensenten und freut ihn zugleich.

Die Darstellung von Christoph Winzeler möchte dabei weder eine Gesamtdarstellung des derzeit in der Schweiz geltenden Religionsrechts sein noch alle denkbaren Einzelfragen erschöpfend behandeln. Vielmehr geht es Winzeler darum, ein „Hilfsmittel für Studium und Praxis“ (Vorwort) bereit zu stellen, um seine Leserschaft zur Auseinandersetzung mit den von ihm vertretenen Positionen einzuladen und sie zu einer selbständigen Interpretation der behandelten Quellentexte zu ermuntern. Diesem „didaktischen“ Ansatz dient es, wenn zahlreiche Quellentexte ausführlich im Wortlaut wiedergegeben werden. Damit erhält der Leser nicht nur ein Kompendium der wichtigsten religionsrechtlichen Themen an die Hand, sondern zugleich auch die wesentlichen Rechts- und Basistexte, so dass die Befassung mit dem schweizerischen Religionsverfassungsrecht nicht an Schwierigkeiten beim Suchen und Auffinden der oftmals verstreuten Quellen scheitern sollte.

Dass Winzeler an der Veranschaulichung der Strukturen der religionsrechtlichen Gegebenheiten gelegen ist, zeigt sich bereits ganz zu Beginn seines Buches. In seiner „Einleitung“ beschreibt und vergleicht er, wie die Schweizer Behörden bzw. die konfessionsangehörige Bevölkerung Konflikte mit ihren Bischöfen in Vergangenheit und Gegenwart bewältigt haben, um so ein Gespür für die durchaus unterschiedliche Behandlung religionsrechtlicher Fragen damals und heute zu wecken. In der Tat ist ein Vergleich der im Hinblick auf Bischof Lachat (1873) und Bischof Mermillod (1873) einerseits und Bischof Haas (1997) anderseits getroffenen staatlichen Massnahmen sehr aufschlussreich (S. 2 ff.).

Die eigentliche Darstellung des schweizerischen Religionsverfassungsrechts beginnt Winzeler mit der Erörterung der Religionsfreiheit als Grundrecht, deren geschichtliche Entwicklung er nachzeichnet und deren gegenwärtige Bedeutung er ausführlich erklärt. Einen Schwerpunkt nimmt dabei die Frage des Selbstbestimmungsrechts der Religionsgemeinschaften ein, d.h. insbesondere die Problematik, inwieweit sich ein solches Recht auch für die öffentlichrechtlich anerkannten Kirchen und Religionsgemeinschaften aus der bundesverfassungsrechtlich gewährleisteten Glaubens- und Gewissenfreiheit (Art. 15 BV) ergibt. Winzeler folgt dabei der verbreiteten Auffassung, derzufolge ein solches Recht dann besteht, wenn erstens die betreffende öffentlichrechtlich anerkannte Körperschaft religiöse Zwecke verfolgt und sie zweitens der Religionsausübung ihrer Mitglieder unmittelbar und spezifisch zudient (S. 44). Freilich ergibt sich dann eine Schwierigkeit im Hinblick auf die Auflagen, die oftmals mit der öffentlichrechtlichen Anerkennung verbunden sind (bspw. betreffend demokratische Strukturen, Pfarr- und andere Wahlen, Rechnungslegung etc.) und die konsequenterweise als Schranken der grundrechtlichen Religionsfreiheit zu analysieren sind. Solche Einschränkungen haben den Anforderungen von Art. 36 BV zu genügen, d.h. sie müssen insbesondere verhältnismässig sein und dürfen daher nicht weiter gehen, als es das vom Gesetzgeber angestrebte Ziel und das öffentliche Interesse verlangen. Rechtsstaatliche Anforderungen an die Erhebung der Kirchensteuer oder beim Umgang mit personenbezogenen Daten erscheinen auf diesem Hintergrund unproblematisch, doch wie es sich in dieser Hinsicht mit der nicht selten anzutreffenden Forderung nach ‚demokratischen Strukturen' verhält, ist durchaus zweifelhaft, und wird auch von Winzeler offen gelassen (S. 58). Dass derlei Auflagen unverdächtig sind, wenn sie von der betreffenden Kirche freiwillig akzeptiert werden (S. 59), trifft sicher zu, führt freilich nicht recht weiter – volenti non fit iniuria.

Im Weiteren behandelt Winzeler die staatskirchenrechtliche „Hauptmaterie", d.h. das Verhältnis von Staat und Kirche in den Kantonen. Nach einführenden theoretischen und rechtsvergleichenden Bemerkungen hebt er völlig zu Recht den Begriff der öffentlichrechtlichen Anerkennung als den „Schlüsselbegriff" hervor (S. 77 f.). Alsdann stellt er exemplarisch die staatskirchenrechtliche Situation in einer Reihe von Kantonen vor. Dabei dient ihm die traditionelle Einteilung in 1) katholisch geprägte Kantone, 2) reformatorisch geprägte Kantone, 3) paritätisch geprägte Kantone und 4) Trennungskantone als Grundlage. Diese historisch bedingte Einteilung spiegelt sich nach wie vor in den jeweiligen kantonalen Rechtsvorschriften und der ihnen jeweils zugrunde liegenden religionsrechtlichen „Philosophie" wider, wenngleich sie in Praxis und gesellschaftlicher Realität inzwischen erheblich an Konturenschärfe eingebüsst hat. Aufgrund der geschickt vorgenommenen Auswahl der vorgestellten Kantone erhält der Leser ein ebenso informatives wie repräsentatives Bild der staatskirchenrechtlichen Verhältnisse in den Kantonen.

Der letzte grosse Abschnitt des Buches betrifft die „Kooperationen" im Verhältnis von Staat und Religionsgemeinschaften. Behandelt werden bspw. der Religionsunterricht an öffentlichen Schulen, die Theologiefakultäten staatlicher Universitäten, die Seelsorge an staatlichen Krankenhäusern und Gefängnissen, die Militärseelsorge sowie die Denkmalpflege. Auch hier wird dem Leser ein aktueller Überblick geboten, der die wesentlichen Elemente enthält und sich nicht in Details verliert.

Über diese gleichsam „klassischen" Themen staatskirchenrechtlicher Darstellungen hinaus spricht Winzeler Fragestellungen an, die sich insbesondere aus der stärker gewordenen Präsenz „fremder Religionen" ergeben (S. 5 ff., 63 ff.). Auch hier kann Winzeler auf fundierte eigene Vorarbeiten zurückgreifen[7].

Alles in allem kann dieses Buch, das die zentralen Aspekte des schweizerischen Religionsverfassungsrechts fundiert und engagiert präsentiert, dabei gut lesbar geschrieben ist und durch eine Reihe von Registern erschlossen wird, nur nachdrücklich zu Studium und Lektüre empfohlen werden.

*Dieter Kraus*

*Ahlers, Stella:* Die Gleichstellung der Frau in Staat und Kirche – ein problematisches Spannungsverhältnis. Münster: LIT Verlag 2006 (ReligionsRecht im Dialog, Bd. 2). XXXII & 217 S.

Die vorbehaltlose Annahme der Lehre vom Ausschluss der Frauen von der Priesterweihe ist mit der Ergänzung des Codex Iuris Canonici (1998) zu einer strafrechtlich sanktionierten Rechtspflicht für alle Gläubigen geworden. Dessen ungeachtet bricht die Reihe der Publikationen nicht ab, die sich kritisch und fundiert mit der Frage der nicht verwirklichten Gleichberechtigung der Frau im kirchlichen Bereich auseinandersetzen. Die katholische Theologin *Stella Ahlers* setzt mit ihrer interdisziplinären Dissertation, die sie an der Theologischen Fakultät der Universität Luzern im Fachbereich Kirchenrecht und Staatskirchenrecht eingereicht hat, ein weiteres bedeutungsvolles Zeichen in dieser Diskussion.

7 Vgl. *Christoph Winzeler*, Fremde Religionen in der Schweiz, unter Gesichtspunkten der Religionsfreiheit und des Religionsverfassungsrechts, in: ZSR NF 117 (1998) I, S. 237 ff.

Die Gleichberechtigung zwischen Frau und Mann stellt seit dem zweiten Weltkrieg, aber besonders intensiv in den letzten Jahrzehnten eines der grossen zentralen Themen im internationalen, nationalen und europarechtlichen Kontext dar und ist Ausgangspunkt für *Ahlers* Fragestellung, inwiefern sich die Kirche diesen Gleichstellungsvorgaben im weltlichen Bereich entziehen kann – einer Kirche, die sich schwer tut, „wenn es um die innerkirchliche Akzeptanz und Umsetzung der von ihr selbst postulierten Gleichheit von Frauen und Männern geht." Entsprechend einleuchtend ist auch *Ahlers* interdisziplinärer Ansatz.

Zunächst zeigt die Autorin die Entwicklung der Frauenfrage im internationalen und im schweizerischen Recht sowie in der römisch-katholischen Kirche auf. Ihre diesbezüglichen Ausführungen sind wahre dokumentatorische Goldgruben, die die wissenschaftliche Neugierde von Theologinnen und Theologen, Juristinnen und Juristen sowie interessierten Laien vollauf zu befriedigen vermögen. Im juristischen Teil zeigt *Ahlers* auf, dass der Anspruch auf gleiche Rechte für Frauen und Männer und auf Schutz vor Diskriminierungen auf Grund des Geschlechts, wie er zuerst in der Allgemeinen Erklärung der Menschenrechte von 1948 formuliert wurde, in immer „präzisere und konkretere Normen zur Gleichstellung von Frauen" mündete, die mit rechtlich verbindlichen Durchsetzungsmechanismen ausgestattet wurden. Zu den wesentlichen Rechtsdokumenten zählen in erster Linie das von fast allen Staaten der Welt ausser dem Vatikan unterzeichnete UNO-Übereinkommen gegen jede Form von Diskriminierung der Frau (1979) und die beiden UNO-Menschenrechtspakte (1976), die Europäische Menschenrechtskonvention (1953), wichtige Bestimmungen des europäischen Rechts zur Lohngleichheit und zu Massnahmen gegen die Diskriminierung aufgrund des Geschlechts, die Gleichstellungsbestimmungen im deutschen Grundgesetz und der schweizerischen Bundesverfassung sowie weitere Gleichstellungsregelungen auf gesetzlicher Stufe, beispielsweise das schweizerische Bundesgesetz über die Gleichstellung von Frau und Mann (1996).

Die juristischen Errungenschaften in der Gleichstellungsfrage können allerdings nicht darüber hinwegtäuschen, dass es mit der tatsächlichen Gleichstellung von Frau und Mann im weltlichen Bereich nach wie vor hapert. *Ahlers* hält jedoch zu recht fest, dass eine „substantielle Fortentwicklung des Rechts zu Gunsten von Frauen" zu verzeichnen ist, die noch mit der neusten Strategie des Gender Mainstreamings unterstützt wird, d.h. der Berücksichtigung der Geschlechterperspektive in allen Lebensbereichen.

Diesem mehrheitlich positiven Befund im staatlichen Bereich stellt *Ahlers* die Bemühungen gegenüber, die Gleichstellung der Frau in kirchenamtlichen Texten und im kirchlichen Recht zu integrieren, für die das Zweite Vatikanische Konzil und die in der nachkonziliaren Ära erfolgte Verbesserung der Rechtsstellung der Frauen im Codex von 1983 wesentliche Stationen waren. Im Zentrum stehen jedoch die gegenläufigen Tendenzen, wie sie vor allem in den verschiedenen römischen Schreiben „Inter insigniores" und „Ordinatio sacerdotalis" ihren Ausdruck fanden. Bedenklich erscheint der Autorin auch das von der Glaubenskongregation bestimmte kirchliche Frauenbild, dass die Frauen „auf ihre Rolle als Mutter und Bewahrerin reduziert" und den Frauen bestimmte Aufgaben zuordnet, „die in ihrer weiblichen Identität begründet sein sollen".

*Ahlers* weist daraufhin, dass die Haltung der römisch-katholischen Kirche in Bezug auf die Frage der Frauenordination „immer dezidierter und unnachgiebiger" geworden ist und wie schon *W. Gross* in der Einleitung zur Publikation „Frauenordination" feststellte, von der „Ebene der Sachgründe" auf die „Ebene des formalen Problems" verschoben wurde. Damit sei aus der Sachfrage immer mehr auch eine „Gehorsamsfrage" geworden. Interessanterweise zitiert *Ahlers* ein kritisches Votum von *Kurt Koch*, als er noch nicht Bischof von Basel war und die in „Inter insigniores" vorgetragenen Argumente gegen die Zulassung der Frauen zur Ordination als „nicht stichhaltig" einstufte:

> „Wären die Argumente, die die Glaubenskongregation gegen das Frauenpriestertum vorbringt, wirklich die einzigen, dann müsste es eigentlich unmittelbar vor der Türe, auch vor der vatikanischen Türe stehen."

Im interdisziplinären dritten Teil der Arbeit lotet die Autorin das Spannungsverhältnis zwischen der Verbindlichkeit des staatlichen Gleichstellungsrechts und der fehlenden Frauenordination in der römisch-katholischen Kirche aus. Sie kommt zum Ergebnis, „dass die Kirche in ihrem Binnenraum mit staatlicher Billigung tatsächlich einen gleichstellungsfreien Raum für sich in Anspruch nehmen kann". *Ahlers* verweist in diesem Zusammenhang auf die in der Literatur zur Frauenordination immer wieder angeführten Kreuzpunkte der Argumentation. Einen dieser Kreuzpunkte stellt die Frage des Vorrangs zwischen Selbstbestimmungsrecht der Kirche und dem staatlichen Gleichstellungsrecht dar, gemäss welchem der rein geschlechtsbedingte Ausschluss der Frauen von der Ordination als klassische Diskriminierung einzustufen ist. *Ahlers* beruft sich hier auf die bisherigen Argumente zugunsten des Vorrangs des kirchlichen Selbstbestimmungsrechts. Mit Hinweis auf die so genannte Bereichslehre, die einen kirchlichen Innen- und Aussenbereich unterscheidet, geht die Autorin davon aus, dass zu diesem staatlich nicht tangierbaren Innenbereich auch die Geschlechterfrage bei der Ordination gehöre. Auch die Austrittsmöglichkeit aus der diskriminierenden Kirche gilt als Argument pro Selbstbestimmungsrecht. *Ahlers* kristallisiert aber auch die (gleichstellungsrechtliche) Gegenposition heraus, die die Frage aufwirft, ob der geschlechtsbedingte Ausschluss von der Weihe nicht einen rechtswidrigen Zweck verfolge und daher nicht schützenswert sei. Schliesslich stellt sich auch das Problem, dass in der katholischen Kirche die grundrechtliche Glaubensfreiheit einer Frau, die sich zum Pfarramt berufen fühlt, nicht verwirklicht werden kann.

Ein weiterer Kreuzpunkt ergibt sich bei der so genannten Abwägungslehre, bei der die Kirche in ihren eigenen Angelegenheiten zwar die Grundrechte berücksichtigen muss, wobei dem kirchlichen Selbstverständnis bei der Abwägung besonderes Gewicht zukommen soll. *Ahlers* schliesst sich der Meinung an, wonach die Kirche im Rahmen einer Abwägung Frauen weiterhin vom Zugang zur Weihe abhalten kann. Hier ist indessen die prekäre Eindeutigkeit einer bestimmten Haltung besonders augenscheinlich. Man könnte sich nämlich mit Fug fragen, inwiefern die fehlende (theologische) Einhelligkeit bei der Frage der Frauenordination das kirchliche Selbstverständnis relativiert und damit auch die Prämisse des besonderen Gewichts der kirchlichen Selbstbestimmung. Sämtliche römische Schreiben verfehlten ihr Ziel, die theologisch begründeten Gegenpositionen zur Frage der fehlenden Frauenordination mundtot zu machen. Und auch die Einführung kanonischer Sanktionsmöglichkeiten hat nicht zum gewünschten Erfolg geführt. Fehlende Einhelligkeit ist bei der Abwägungsmethode ein starkes „Gegengewicht", das bei der Vorrangfrage berücksichtigt werden muss und bei einem argumentativen Kreuzpunkt in die andere Richtung führen kann. Jedenfalls lässt sich nicht mit letzter Sicherheit voraussagen, wie ein weltliches Gericht in einem konkreten Einzelfall die mit dem Geschlecht begründete Nichtberücksichtigung einer Frau für ein Pfarramt beurteilen würde. *Ahlers* Fazit dass sich die Zulassung zum Priesteramt nicht mit Hilfe eines Gerichts durchsetzen lässt, ist allerdings in der zeitgeschichtlichen Perspektive wohl (noch) zutreffend. Insgesamt kommt der Autorin das grosse Verdienst zu, mit der erforderlichen wissenschaftlichen Sorgfalt und in vorbildlicher Interdisziplinarität das komplexe Spannungsfeld zwischen staatlichem Gleichstellungsrecht und fehlender Frauenordination aufgearbeitet und damit eine fundierte Basis für die Weiterführung der Diskussion gelegt zu haben.

*Denise Buser*

*Heun, Werner/Honecker, Martin/Morlok, Martin/Wieland, Joachim* (Hg.), Evangelisches Staatslexikon. Neuausgabe (4. Aufl.). Stuttgart: Verlag W. Kohlhammer 2006. XXV S. & 2956 Sp. = 1478 S.

Die Geschichte des Evangelischen Staatslexikons, begründet 1966 von *Hermann Kunst* und *Siegfried Grundmann*, zu denen sich die Mitherausgeber *Roman Herzog*, *Klaus Schlaich* und *Wilhelm Schneemelcher* gesellten, kannte bisher drei Auflagen, zwei einbändige und eine zweibändige. Letztere, erschienen im Kreuz Verlag 1987, war schon lange vergriffen und auf dem Buchmarkt zur Seltenheit geworden. Es ist ein grosses Verdienst der neuen Herausgeber *Heun*, *Honecker*, *Morlok*, *Wieland* und des Verlags W. Kohlhammer, dem Lexikon zu einer neuen Generation verholfen zu haben. Der als fünfter Herausgeber vorgesehene *Jörg Haustein* verstarb 2004 und konnte an der Fertigstellung des Werks nicht mehr teilnehmen. Das Lexikon ist weitgehend neu geschrieben worden, weshalb es sich denn auch nicht mehr 4. Auflage, sondern „Neuausgabe" nennt.

Die wichtigen Stichworte sind, wie bisher, in einen juristischen und einen theologischen Teil gegliedert. Was jedoch heisst „evangelisch" für die Herausgeber eines solchen Werks (Zitat aus dem Vorwort)?

> „Dieser Anspruch kann zunächst dahingehend erläutert werden, dass eine hier zur Sprache kommende Position mit dem Evangelium als Grund christlichen Glaubens und mit christlichem Glauben vereinbar sein soll. Die Berufung auf das Evangelium ist gemeinchristlich. Sie erhebt, wie bereits in den Vorauflagen nachdrücklich betont, keinen Anspruch für die evangelische Christenheit insgesamt oder die Institution Evangelische Kirche zu sprechen und ist auch nicht Ausdruck einer konfessionalistischen Haltung. In diesem Sinne ist das Evangelische Staatslexikon ökumenisch angelegt, wie dies auch allein dem Verständnis evangelischer Freiheit entspricht. Allerdings kennzeichnet evangelisch eine konfessionelle Tradition, welche durch die Reformation gebildet wurde. Anders als im römischen Katholizismus ist das besondere Profil des Evangelischen freilich nicht durch die Lehrautorität zu definieren und in Lehramtsaussagen zu erfassen. Vielmehr ist evangelisch im umfassenderen Sinne eine Lebenshaltung, eine Le-

> bensform, ein Lebensstil, wozu zwar auch Lehraussagen gehören, aber ebenso kulturelle und soziale Prägungen. Da der Begriff Weltanschauung historisch belastet ist, wäre an das Wort Lebensanschauung zu denken. Evangelische Überzeugung schliesst eine Grundsicht des Verhältnisses von Mensch, Welt und Gott ein, die auch in der Lebensführung Gestalt gewinnt."

Bei den juristischen Autorinnen und Autoren, deren Beiträge hier im Vordergrund stehen, hat der Generationenwechsel zu einem besonders markanten Einschnitt geführt. Verschwunden aus der Autorenliste sind bspw. *von Campenhausen*, *Heckel*, *Herzog* oder *Pirson*. Deren „klassische" Beiträge zur Vorauflage sind ein Grund, diese nicht zu entsorgen (etwa *Herzogs* Stichwort „Subsidiaritätsprinzip" oder *Pirsons* gerade aus evangelischer Sicht immer noch grundlegender Beitrag zum „Vertragsstaatskirchenrecht"), aber keiner gegen die Neuausgabe. Im Gegenteil verdienen die Herausgeber ein hohes Kompliment für ihre Arbeit.

Die Rückkehr zur einbändigen Edition hatte einen Gewinn an Konzentration zur Folge, auch wenn man von schweizerischer Warte aus bedauert, dass sich die juristischen Beiträge auf Deutschland beschränken. Aber die Konzentration geht mit einer ausserordentlichen Qualität der Beiträge und einem weiten Fokus des Gesamtwerks einher. Das Lexikon verdient über den kirchlichen Gebrauch hinaus Anerkennung, Beachtung und Verwendung. Besondere Chance einer Neuausgabe sind die Entdeckungen, wofür z.B. das Stichwort „Regulierung, Deregulierung" von *Hinnerk Wissmann* stehen mag (sein einziger Beitrag zum Lexikon). Selten findet sich dieses v.a. wirtschaftswissenschaftliche und wirtschaftsrechtliche Thema so luzide abgehandelt.

Als beispielhafte, zugegeben willkürliche Auswahl weiterer Beiträge mit hohem, auch wissenschaftlichem Anspruch seien genannt:

- von *Michael Germann* „Freikirchen" (jur.), hier mit einem Hinweis auf Wurzeln auch in der Schweiz und *Alexandre Vinet*, „Lehramt, Lehrbeanstandung, Lehrfreiheit, Lehrverpflichtung" (jur.), „Pfarramt" (jur.), „Selbstbestimmung, Selbstbestimmungsrecht" (jur.);
- von *Werner Heun* „Anarchie", „Diktatur", „Legitimität, Legalität", „Reformation" (jur.), „Säkularisierung", „Staatskirche";
- von *Wolfgang Lienemann* „Rechtsstaat" (theol.), sein einziger Beitrag;
- von *Martin Morlok* „Kirche und Staat" (jur.), „Religionsrecht" und „Staatskirchenrecht", Letzteres zusammen mit *Julian Krüper*, beide vorbildlich aufeinander bezogen (das Religionsverfassungs- oder

staatliche Religionsrecht als „Fortschreibung“, nicht Gegenthese zum Staatskirchenrecht), „Verfassung“;
- von *Tilman Nagel* „Islam“ (jur.), hier natürlich mit globalem Blickfeld, sein einziger Beitrag;
- von *Gerhard Robbers* „Kirchenrecht“ (jur.), „Rechtstheologie“;
- von *Katharina Gräfin von Schlieffen* „Rechtsstaat“ (jur.), ihr einziger Beitrag;
- von *Heinrich de Wall* „Kirchenstrafen“, „Kirchenzucht“ (jur.), „Landesherrliches Kirchenregiment“.

Zu bedauern, doch angesichts der gebotenen Konzentration wohl unvermeidlich ist der Verzicht auf biografische Beiträge. Das ausführliche Personen- und Sachregister kann hier wenigstens ein Stück weit aushelfen.

Insgesamt ist die Neuausgabe des Evangelischen Staatslexikons ein gelungenes Werk, das sich nicht nur mit Erfolg konsultieren, sondern auch mit Gewinn und Vergnügen studieren lässt.

*Christoph Winzeler*

*Lexikon für Kirchen- und Staatskirchenrecht*, hg. von Axel Freiherr von Campenhausen, Ilona Riedel-Spangenberger und Reinhold Sebott, Bd. 2: G-M und Bd. 3: N-Z, Paderborn, München, Wien, Zürich: Schöningh 2002, IX & 829 S. bzw. 2004, VIII & 920 S.

Nachdem der erste Band des LKStKR bereits in dieser Zeitschrift angezeigt worden ist[1], sind nunmehr die Bände 2 und 3 vorzustellen. Sie bringen das Werk zum Abschluss und sind, wie schon der erste Band, als „enzyklopädische[s] Hilfsmittel für Forschung, Lehre, Studium und Praxis des katholischen und evangelischen Kirchenrechts, der kirchlichen Rechtsgeschichte und des Staatskirchenrechts“ angelegt. Beibehalten wurde auch die ökumenische Ausrichtung sowie die – aus der Sicht dieser Zeitschrift gewiss bedauerliche – weitgehende Beschränkung auf das deutsche Staatskirchenrecht.

Über Auswahl und Gewichtung der insgesamt knapp 3000 Stichwörter (alle drei Bände zusammengenommen) lässt sich sicherlich lange debat-

1 Siehe *Hans-Jürgen Guth*, Besprechung von LKStKR, Band 1, in: SJKR 7 (2002), S. 209 ff.

tieren. Denn viele, vor allem ältere staatskirchenrechtliche Regelungen weisen auf die Nähe und Verwandtschaft der kirchlichen und staatlichen Rechtskreise hin und legen damit die Berücksichtigung einer grossen Zahl von Begriffen nahe. Nichts anderes gilt für das kirchliche, insbesondere das kanonische Recht, insoweit es anstrebt, eine in sich abgeschlossene, vollständige Rechtsordnung zu bilden. Daher möchte der Rezensent nicht mit einer Liste – aus seiner Sicht – fehlender oder zu knapp behandelter Begriffe aufwarten. Vielmehr soll hervorgehoben werden, worin – wiederum aus der subjektiven Perspektive des Rezensenten – der eigentliche Reiz des LKStKR besteht. Das Blättern in diesem Lexikon kann nämlich zu einer Art Entdeckungsreise werden, die immer wieder überraschend und bereichernd gerät. So verwundert es sicher niemanden, den Begriff „Koadjutorbischof" in einem kirchenrechtlichen Lexikon anzutreffen. Für den sich im unmittelbaren Anschluss daran findenden Begriff „Koalitionsfreiheit" erscheinen die kirchenrechtlichen Bezüge weniger evident, aber nur bis zur Lektüre der Erläuterungen. Ebenso interessant ist es, im Rahmen des Artikels zum Vergaberecht nicht nur etwas über die haushalts- und europarechtlichen Aspekte dieses wichtigen Rechtsgebietes zu erfahren, sondern auch Hinweise darüber zu erhalten, wie die öffentliche Ausbietung von Aufträgen im landesherrlichen Kirchenregiment vonstatten ging.

Die Benutzung des LKStKR ruft damit stets von neuem in Erinnerung, dass viele der heutigen Begrifflichkeiten des staatlichen Rechts (auch) eine kirchlich-religiöse Bedeutung haben bzw. hatten.

*Dieter Kraus*

*Loretan-Saladin, Adrian/Bernet-Strahm, Toni* (Hg.), Das Kreuz der Kirche mit der Demokratie. Zum Verhältnis von katholischer Kirche und Rechtsstaat. Zürich: Theologischer Verlag Zürich 2006 (Edition NZN bei TVZ). 95 S.

Das hier anzuzeigende, schlanke Bändchen ist aus einer Tagung vom 29. Oktober 2005 im RomeroHaus Luzern hervorgegangen und betrifft ein für den schweizerischen Katholizismus vielfach spannendes Thema[1], das letztlich in der Dialektik von Gottessouveränität und Volkssouveränität wurzelt.

*Adrian Loretan* führt in die Thematik von theologischer Seite ein mit der Frage: „Wie entwickelt die Römisch-katholische Kirche ein Ja zum demokratischen Rechtsstaat und seinen Grundrechten?" Einsetzend bei der Französischen Revolution, lenkt er den Blick auf das Zweite Vaticanum und die Päpste der zweiten Hälfte des 20. Jahrhunderts (Johannes XXIII., Paul VI., Johannes Paul II. und Benedikt XVI.). In einem weiteren Beitrag nimmt er die „Impulse des staatlichen Gleichstellungsrechts für die Kirchen" auf, anknüpfend bei früheren Arbeiten hiezu, v.a. seinem Referat an der Jahrestagung 2004 der Schweizerischen Vereinigung für evangelisches Kirchenrecht[2].

Bundesrichter *Giusep Nay* stellt seinen Beitrag unter den Titel „Schweizerischer Rechtsstaat und Religionsgemeinschaften: Hilfen und Grenzen". Seine Position vermittelt zwischen dem direktdemokratischen Anspruch eines Teils der katholischen Basis auf der einen und der z.B. von Bischof *Kurt Koch* eingenommenen, pastoral begründeten, von einem Teil der Kanonistik unterstützten Haltung auf der anderen Seite. Das kantonale Staatsrecht für die Römisch-katholische Kirche ist eben ein Kompromiss und als solcher historisch, nicht dogmatisch zu erklären. *Nay* bringt die Elemente dieses Kompromisses auf den Punkt, wenn er festhält:

> „Die Landeskirchen und ihre Kirchgemeinden sind als Vereinigungen aufzufassen, die ihre staatsrechtliche Existenz dem in ihrer Verfassung oder einem sonstigen Statut zum Ausdruck gebrachten *Willen der Religionsangehörigen*, eine eigene körperschaftliche Personenverbindung zu bilden, verdanken. Sie erfüllen eine öffentliche Aufgabe, weil der Staat ihre Tätigkeit mit der öffentlich-rechtlichen Anerkennung als eine solche ansieht. Diese wie die ihnen vom Staat übertragene oder besser geliehene Hoheitsgewalt – insbesondere das Besteuerungsrecht – üben sie autonom aus" (Hervorhebung vom Autor),

autonom zunächst und vom Grundgedanken her gegenüber dem Staat, doch im Ergebnis manchmal auch gegenüber dem Bischof. Für dieses

1 Vgl. statt vieler: *Daniel Kosch*, Perspektiven für ein partnerschaftliches und streitbares Miteinander pastoraler und staatskirchenrechtlicher Strukturen, in: SJKR/ASDE 10 (2005), S. 81-110.

2 *Adrian Loretan*, Gleichstellung der Geschlechter und die Kirchen aus religionsrechtlicher und rechtsphilosophischer Sicht, in: SJKR/ASDE 9 (2004), S. 11-38.

gleichsam innerkatholische Spannungsverhältnis hat sich die Bezeichnung „Dualismus“ eingebürgert. *Nay* erinnert an den ursprünglichen und nach wie vor massgebenden Zweck dieser staatsrechtlichen Körperschaften: „die Unterstützung der Religionsgemeinschaft, wie sie nach ihrem Selbstverständnis besteht und tätig ist“. Dazu gehört für die Römisch-katholische Kirche die Leitung durch ihre Bischöfe, wie vom kanonischen Recht, den Konkordaten und letztlich auch dem kantonalen Religionsrecht vorgesehen. Wie weit geht nun die korporative Religionsfreiheit der vom Bischof geleiteten Kirche gegenüber den Anforderungen des demokratischen Rechtsstaates? *Nay* hält differenzierend fest:

> „Die Behörden sorgen dafür, dass die Grundrechte, soweit sie sich dazu eignen, auch unter Privaten wirksam werden (Art. 35 Abs. 3 BV). In diesem Rahmen sind Kirchen und Religionsgemeinschaften unabhängig von der öffentlich-rechtlichen Anerkennung an die Grundrechte gebunden. Der Staat verpflichtet diese indes nicht nur, die Grundrechte zu beachten, er gewährt ihnen zugleich das Grundrecht der Religionsfreiheit. Das führt zu einer Kollision zwischen dem aus dieser abgeleiteten Selbstbestimmungsrecht der Religionsgemeinschaften und einer Grundrechtsbindung, soweit sie ihrem Selbstverständnis zuwider läuft. Dieses Spannungsfeld ist auf dem Weg der praktischen Konkordanz mit einer Interessenabwägung in Anwendung des Verhältnismässigkeitsprinzips aufzulösen. Dazu muss hier der Hinweis genügen, dass *prinzipiell die Religionsfreiheit den Vorrang* geniessen muss, da deren Garantie sonst weitgehend illusorisch würde“ (Hervorhebung vom Autor).

Für *Nay* ist wichtig, dass einerseits „auch die römisch-katholische Amtskirche in der Schweiz“ den mit der öffentlichrechtlichen Anerkennung verbundenen Regeln zugestimmt hat, andererseits die Anerkennung jedoch „eine Hilfe des Staates darstellt, die angenommen oder abgelehnt werden kann“. Indem der Staat sie der Kirche nicht aufzwingt, beeinträchtigt er auch nicht deren Selbstbestimmungsrecht.

Was die Frage einer Grundrechtsbindung der Kirche gegenüber ihren Mitgliedern angeht, schliesst es *Nay aus*, eine solche Bindung allein schon aufgrund des vom Staat garantierten Austrittsrechts zu verneinen. Im Übrigen sieht er die Entfaltung der Grundrechte innerhalb der Kirche als deren eigene Angelegenheit, die der Staat nicht durch Einschränkungen der Religionsfreiheit steuern darf. Seine Zwangsmittel sind indirekter Natur und beschränken sich auf die Möglichkeit, der Kirche die öffentlichrechtliche Anerkennung zu entziehen.

Mit dem Beitrag „Das Miteinander von kirchenrechtlichen und öffentlichrechtlichen Strukturen als Lernchance“ nimmt *Daniel Kosch*, Generalsekretär der Römisch-katholischen Zentralkonferenz der Schweiz (RKZ), dasselbe Thema aus theologischer Sicht nochmals auf. Er sieht die im Dualismus begründete Herausforderung der praktischen Konkordanz als Notwendigkeit eines Lernprozesses, und zwar nach beiden Seiten – der kirchenrechtlichen wie der staatsrechtlichen. Im Übrigen teilt *Kosch* die von *Nay* eingenommene Sicht, wonach die öffentlichrechtliche Anerkennung der Kirche vom Staat nicht aufgezwungen werden kann, sondern für sie ein Angebot darstellt.

Abschliessend skizziert *Loretan* in einem kurzen Abriss die Bedeutung der Erklärung des Zweiten Vaticanums über die Religionsfreiheit.

*Christoph Winzeler*

*Lüdecke, Norbert/Bier, Georg* (Hg.), Freiheit und Gerechtigkeit in der Kirche. Gedenkschrift für Werner Böckenförde. Würzburg: echter Verlag 2006 (Forschungen zur Kirchenrechtswissenschaft, Bd. 37). 203 S.

„Der korrekte Kanonist" lautet die Überschrift zu *Werner Böckenfördes* Einführung in das kanonistische Denken *Hans Barions.* Sie ist im vorliegenden Band – einer Aufsatzsammlung des 2003 mit 75 Jahren verstorbenen Juristen und Kanonisten – wieder abgedruckt. Der ältere Bruder *Ernst-Wolfgang Böckenfördes* war Honorarprofessor an der Johann Wolfgang Goethe Universität Frankfurt a.M., Promotor justitiae im Offizialat des Bistums Limburg und dort seit 1976 Mitglied des bischöflichen Domkapitels. *Böckenfördes* Epitheton für *Barion* (1899-1973) trifft besonders schön auf ihn selber zu (so auch die Herausgeber im Vorwort), während das Urteil über den Kanonisten und Konzilskritiker *Barion* heute durchzogen ausfällt[1].

Der korrekte Kanonist hat sein Handwerk nicht in „Kirchenträumen", sondern im nüchternen Blick auf die real existierende Kirche, die sich für

1 *Barion* hat nicht nur, ähnlich zahlreichen Juristen und Theologen seiner Zeit, mit den nationalsozialistischen Behörden kollaboriert, sondern – wie man heute weiss – als Gutachter das Regime gegen die katholische Kirche beraten. Dies hatte für ihn zeitweilig die Suspension vom Priesteramt zur Folge, und mit dem Kriegsende verlor *Barion* sein akademisches Lehramt. Vgl. nunmehr *Thomas Marschler*, Kirchenrecht im Bannkreis Carl Schmitts, Hans Barion vor und nach 1945, Bonn 2004.

den Autor ein wesentliches Stück weit durch das Kirchenrecht, und zwar die Lex lata, nicht die Lex ferenda bestimmt (vgl. etwa den Beitrag „Zur gegenwärtigen Lage in der römisch-katholischen Kirche, Kirchenrechtliche Anmerkungen" von 1998). Es ist eine Wohltat, wie *Böckenförde* gleichsam tendenzfrei, ohne nach der einen oder anderen Richtung zu moralisieren, sine ira et studio wirkt und sich auch dem ökumenischen Gespräch stellt. Der Autor sieht nüchtern und zutreffend, wie das Zweite Vaticanum in seinen Texten bei allem Aggiornamento das Erste nicht einfach überwunden, sondern in zentralen Bereichen, etwa der Umschreibung des Petrusamtes, weitgehend bestätigt hat. Und doch:

> „Wer angesichts der gegenwärtigen kirchenrechtlichen Situation weder resignieren noch in eine unverantwortliche Fundamentalopposition fliehen will, wird mit Augenmass, Entschlossenheit und Geduld nach Nischen in jenem geschlossenen System suchen, dessen Gemäuer auf Dauer dem Wehen des Geistes nicht standhalten kann und wird. Grundlage dafür mag die Glaubensgewissheit sein, dass das Wirken des Heiligen Geistes nicht auf Papst und Bischöfe begrenzt ist und nicht nur über diese die Priester und Laien erreicht. Wenn aber jedem Christ im *sensus fidei* das Organ geschenkt ist, auch ‚reichsunmittelbar' die Stimme des Geistes zu vernehmen, dann ist die Kirche der Ort, an dem Amtsträger und übrige Christen gemeinsam fragen müssen, was der Geist heute zu den Gemeinden sagt und von ihnen erwartet" (Statement aus der Sicht eines Kirchenrechtlers, 1994).

Eingehend beschäftigt sich der Beitrag „Neuere Tendenzen im katholischen Kirchenrecht" von 1992 mit der Spannung „zwischen normativem Geltungsanspruch und faktischer Geltung". Der Autor unterscheidet klar zwischen der Lex lata und der Lex ferenda, nicht ohne am geltenden Recht auch Kritik zu üben (so in einem weiteren Beitrag an der „Verfahrensordnung zur Überprüfung von Lehrfragen durch die Glaubenslehre von 1997"). Wer sich für den Blick eines Juristen und Kanonisten auf die Kirchengeschichte interessiert, liest mit Gewinn, aber nicht ohne Schaudern den Beitrag „Glaube unter Kontrolle, Aus der Geschichte der römischen Kongregation für die Glaubenslehre" von 1970.

*Böckenförde* hat – so die Herausgeber im Vorwort – sein Wissen Hilfsbedürftigen zur Verfügung gestellt:

> „Eine dreistellige Zahl von Priestern aus fast allen deutschen Diözesen und Ordensprovinzen hat er beraten, sodass sie am Ende die vom Papst erbetene Dispens von der Zölibatsverpflichtung erhielten. Ebenso beriet er in Ehenichtigkeitsangelegenheiten. Hilfreich war er Theologinnen und Theologen, bei denen das römische Einverständnis für die erste Übernahme eines Lehrstuhls noch ausstand

oder die sich dem Verdacht oder der Anschuldigung doktrineller Verstösse ausgesetzt sahen.“

Sein Erfolg in diesem unscheinbaren, aber wichtigen Engagement zeigt, welchen Respekt *Böckenförde* offensichtlich auch bei den Trägern des kirchlichen Lehramtes genossen hat.

Neben den Aufsätzen und „Wortmeldungen“ des Autors enthält der Band Würdigungen *Böckenfördes*: die Todesanzeige des Limburger Domkapitels (2003), die Predigt von *Gotthard Fuchs* im Pontifikalrequiem (2003) und den Nachruf von *Hermann Weber* (2004).

Das Buch ist erschlossen durch ausführliche Register der Canones, Personen und Sachbegriffe.

*Christoph Winzeler*

*Winzeler, Christoph*, i.V.m. Institut für Kirchenrecht und Staatskirchenrecht der Universität Freiburg (Schweiz): Schweizerische Kirchenrechtsquellen/Sources du droit ecclésial suisse III: Konkordate und weitere Verträge/Concordats et autres accords, Bern: Peter Lang 2004 (SJKR Beiheft 5/ASDE Cahier 5).

Verträge und vertragsähnliche Normgebungen sind im schweizerischen Staatskirchenrecht seit jeher ein im Vergleich zum Gesetz eher selten benutztes Regelungsinstrument. Doch trotz der Tendenz zur gesetzes- oder verordnungsförmigen Regelung kirchenrechtlicher Materien werden immer wieder einzelne Problemfelder durch Verträge zwischen Staat und Kirche geordnet. Umso verdienstvoller ist deswegen die vorliegende Textzusammenstellung, die sich, wie der Herausgeber gleich zu Beginn betont „nach den Bedürfnissen der Praxis“ richtet und daher „historische oder dogmatische Gesichtspunkte [...] untergeordnet“ lässt (S. 21).

Die durch ein sorgfältiges und sehr hilfreiches Register erschlossene Sammlung gliedert sich in drei Teile. Ihnen vorangestellt ist ein als „Benutzungshinweise“ überschriebener Abschnitt, der nicht allein über die Textauswahl und ihre Quellen informiert, sondern auch instruktive Hinweise zu weiterführender Literatur enthält und spätestens hiermit über blosse Hinweise zur „Benutzung“ der Sammlung hinausgeht.

Unter der Überschrift „Verträge der Kantone mit Religionsgemeinschaften“ folgt dem eine Analyse von Phänomenologie, Funktionen und normativer Qualität der Konkordate und anderen vertraglichen oder vertragsähnlichen Regelungselementen kirchenrechtlicher Ordnungsgefüge. In einem ersten Schritt wird dabei eine kategoriale Differenzierung zwischen schweizerischen Konkordaten und „anderen Verträgen" (S. 35) eingeführt. Konkordate werden dabei gedeutet als „Verträge zwischen Kantonen und Religionsgemeinschaften mit fundamentaler, konstitutiver oder historischer Bedeutung für das Verhältnis beider zueinander" (S. 34). Terminologisch werden diese Vereinbarungen damit also in die Nähe insbesondere der staatsrechtlichen Übereinkünfte zwischen Kantonen gerückt und semantisch aufgewertet. Freilich sind diese Konkordate, wie in einem zweiten Schritt deutlich gemacht wird, für die Ausgestaltung des schweizerischen Religionsverfassungsrechts nur von sehr begrenzter Bedeutung, ist doch dieser Normbereich aufgrund seiner historischen Tradition stark von der einseitig hoheitlichen Gestaltungsmacht geprägt. Es bleibt allerdings die jetzt untersuchte Frage, welcher normative Status den kantonalen Verträgen mit den (hoheitlich anerkannten) Religionsgemeinschaften zuzuweisen ist. Eine Antwort dazu scheint die Passage mit der Überschrift „Zur Rechtsnatur der Verträge der Kantone mit Religionsgemeinschaften" (S. 37) zu geben. Hier allerdings wird diese Frage eher implizit beantwortet, denn die Argumentation konzentriert sich auf die Einordnung der Konkordate mit dem Heiligen Stuhl als „Verträge sui generis" (S. 38), die daher auch ausserhalb der völkerrechtlichen Bundeszuständigkeit von Art. 166 Abs. 2 BV anzusiedeln sein sollen. Auf dieser Ebene scheint Winzeler auch die von ihm so benannten Konkordate im Übrigen anzusiedeln. Ungleich deutlicher ist dagegen sein Votum für den „Vertrag" als „intermediäres Gestaltungsmittel der Zukunft" (S. 43), das im folgenden dritten Abschnitt der Einleitung begründet wird. Mit Recht wird dabei auf die korporativ-institutionelle Dimension der Religionsfreiheit verwiesen, die die Einbindung der Religionsgemeinschaften in den Prozess der sie betreffenden Normgebungen notwendig macht.

Ganz abgesehen davon sind die potentielle Akzeptanz und die Flexibilität solcher vertraglicher Regelungen im Vergleich zur Gesetzgebung eher stärker ausgeprägt. In der Rechtspraxis finden sich dann auch, wie Winzeler in Fortführung der Beobachtungen etwa von Dieter Kraus[1] he-

1 *Dieter Kraus*, Schweizerisches Staatskirchenrecht. Hauptlinien des Verhältnisses von Staat und Kirche auf eidgenössischer und kantonaler Ebene, Tübingen 1993, S. 417.

raushebt, in der „Verfassungs- und Gesetzgebung eines Kantons [...] Elemente des vertraglichen Ausgleichs“ (S. 43). In der Tat ist nicht zu übersehen, dass solche Formen der, wie man sagen könnte, *kooperativen Normsetzung* mit der intensiven Beteiligung der Religionsgemeinschaften an der Gesetz- und Verordnungsgebung wohl den Regelfall darstellen werden. Das ändert allerdings nichts daran, dass Verfassung, Gesetz und Verordnung auch in ihren religionsrechtlichen Inhalten Normen bilden, deren Geltung nicht auf der Zustimmung der betroffenen Religionsgemeinschaften, sondern auf einem Entscheid der verfassungs- und gesetzgebenden Organe beruhen. Vor diesem Hintergrund ist sicherlich noch über die These von Winzeler zu diskutieren, es sei „kantonales Religionsrecht ein Stück weit wie Vertragsrecht auszulegen“ (S. 47), denn allein die bundesverfassungsrechtlich gebotene Beteiligung der Religionsgemeinschaften am kantonalen Normsetzungsverfahren kann die normative Qualität kantonalen Religionsrechts nicht verändern.

Wie sehr allerdings die kirchenrechtliche Praxis in der Schweiz auch durch vertragliche Regelungen bestimmt wird, zeigt sich in der Fülle der Vertragsnormen, die, in drei grosse Blöcke gebündelt, den Schwerpunkt des Werkes bilden und dabei eine Reihe von Übereinkünften erstmalig zur Publikation bringen (vgl. dazu die Übersicht auf S. 23 f.). Alle Dokumente sind in der Originalsprache abgedruckt und, wo notwendig, mit einer deutschen Übersetzung versehen; zudem finden sich jeweils weiterführende Literaturangaben zu einzelnen Bestimmungen oder auch dem je abgedruckten Text insgesamt in den Fussnoten.

Teil A ist den Bistumsverträgen mit der römisch-katholischen Kirche gewidmet und dementsprechend nach Bistümern geordnet. Die Texte dieses Teils belegen einmal mehr, dass auch in der Schweiz kirchliche Verträge nicht selten „Dokumente der Rechtsgeschichte und zugleich vollgültige Texte des geltenden Rechts“ (S. 35 f.) sind. Denn einen wesentlichen Teil dieses Abschnitts bilden die Verträge zur Wiederherstellung oder Neubegründung der Bistümer Basel, Chur, St. Gallen und Lugano und damit teilweise Dokumente aus der Zeit von Restauration und Regeneration. Diese Texte belegen die grosse Bedeutung der vertraglichen Übereinkunft als Normtypus für die Regelung der Bistumsorganisation in der Schweiz. Doch auch jenseits dieses Bereichs ist Raum für Verträge wie im Zusammenhang mit der Regelung von Gebäudelasten (so etwa im Bistum Sitten) und bisweilen sogar im Blick auf die Bischofswahl (so im Bistum St. Gallen). In begrenztem Umfang finden sich auch Formen kooperativer Normsetzung wie das Statut der kantonalkirchlichen Finanzkommission, das in seinem normativen Kern zwar eine Vereinbarung der römisch-katholischen Kantonalorganisationen in Basel bildet, für dessen Gültigkeit aber zudem auch die Zustimmung des Basler Bischofs erforderlich ist.

Teil B umfasst „weitere Verträge mit evangelisch-reformierten Landeskirchen, römisch-katholischen Einrichtungen andern Religionsgemeinschaften". Hier richtet sich die Textabfolge im Grundsatz nach den jeweils handelnden Kantonen, so dass an erster Stelle Regelungen der Kantone Appenzell stehen; an letzter Stelle folgt eine Übereinkunft zur regionalen Seelsorge für Asylsuchende, an der der Bund durch das Bundesamt für Flüchtlinge beteiligt ist. Neben interkantonalen Vereinbarungen über konfessionelle Mischgebiete finden sich hier vor allem Regelungen, in denen Kantone und Kirchen in der Tat als gleichberechtigte Vertragspartner gegenüber stehen. Das zeigt sich vor allem bei der Seelsorge in den Spitälern und die Organisation der katholisch-theologischen Fakultäten in den Kantonen Freiburg und Luzern. Besonders ausgeprägt ist die Unabhängigkeit der Kirchen naturgemäss im Kanton Neuchâtel, trägt doch das 2001 abgeschlossene Konkordat der hier bestehenden prinzipiellen Trennung von Staat und Kirche Rechnung. Relativ ausgeprägt ist aber auch die Autonomie jedenfalls der römisch-katholischen Landeskirche in Uri, ist doch in der Vereinbarung mit dem Kanton von 1994 die Rede von der „Neuregelung ihres gegenseitigen Verhältnisses" (vgl. Nr. 45) und wird hier dann auch vom Miteinander von „Kirche und Staat" gesprochen (Art. 5). Die tiefe Verankerung der Landeskirchen im kantonalen Organisationsgefüge zeigt sich dagegen im Blick auf die Basler Kantone: So ist die Ordnung für den Religionsunterricht (Nr. 27) ein Erlass des Erziehungsrates, den Winzeler allerdings wegen der Einbeziehung der Landeskirchen in Gestalt eines „Einvernehmens" als Norm „materiell mit Vertragscharakter" sieht (S. 160 mit Anm. 5). Allerdings erscheint diese Einordnung angesichts der einseitigen kantonalen Normsetzung nicht ganz überzeugend, zumal die Unterrichtsordnung im Fall von Meinungsverschiedenheiten dem Regierungsrat die letzte Entscheidung zubilligt (§ 10 Abs. 1 S. 2) und damit vollends die kirchliche Subordination gegenüber der Kantonsregierung unterstreicht. Indirekt bestätigt wird dieser Befund nicht zuletzt auch durch einen Vergleich mit der Vereinbarung zur „Organisation des Religionsunterrichts und den Status des Religionslehrers" für den Kanton Tessin (Nr. 41), der durch den Ordinarius der Diözese Lugano und den Synodalrat der evangelisch-reformierten Kirche des Kantons Tessin abgeschlossen worden ist: Diese Regelung kann nämlich nicht – wie die Basler Ordnung aufgrund ihres Charakters als staatliche Norm – jederzeit einseitig vom Kanton geändert werden, sondern bedarf hierzu der „Zustimmung der Vertragsparteien" (Art. 37).

Teil C umfasst „Verträge zwischen Kirchen und mit parakirchlichen Einrichtungen" und ist in zwei Unterabschnitte aufgeteilt, die jeweils der evangelisch-reformierten und der römisch-katholischen Kirche gewidmet sind. Hier findet sich im evangelisch-reformierten Teil neben dem Pfarrerinnen- und Pfarrerkonkordat (in den Fassungen von 1967 und 2002) und der Übereinkunft „Diakonische Dienste" auch das Konkordat der Mitglieder der deutschschweizer Kirchenkonferenz über wechselseitige Unterstützungsbeiträge. Auch wenn aber alle diese Regelungen in ihrer Entstehung eng mit solchen überkantonalen Organisationsstrukturen der evangelisch-reformierten Kirche verflochten sind, so handeln doch stets die jeweiligen Landeskirchen selbst. Ein anderes Bild zeigt sich dagegen im Blick auf den römisch-katholischen Bereich: Die hier abgeschlossenen Vereinbarungen über das Fastenopfer weisen auf einen vergleichsweise höheren Grad institutioneller Verdichtung überkantonaler Zusammenarbeit römisch-katholischer Kirchenorganisationen. Hier nämlich handeln mit der Schweizer Bischofskonferenz und der römisch-katholischen Zentralkonferenz der Schweiz jeweils die überkantonalen Kirchenorganisationen selbst. Insgesamt spiegelt freilich der vergleichsweise geringe Umfang von Teil C vor allem die starke kantonale Verwurzelung der kirchlichen Normbildung in der Schweiz wider, in der dem Vertrag als Handlungsform eine nicht zu unterschätzende, wenn auch nicht immer zentrale Bedeutung zukommt.

Das vorliegende Werk bildet ein künftig unentbehrliches Hilfsmittel für die Auseinandersetzung mit diesem Bereich kirchlicher Rechtspraxis in der Schweiz.

*Andreas Thier*

SJKR/ASDE 11 (2006), S. 201-206

# Bibliografie 2005–2006*

## *I. Bücher (einschliesslich Festschriften und Sammelbände)*

*Baumann, Martin/Behloul Samuel M.* (Hg.): Religiöser Pluralismus, Empirische Studien und analytische Perspektiven, Bielefeld: transcript Verlag 2005. 259 S.

*Dubach, Alfred/Fuchs, Brigitte:* Ein neues Modell von Religion. Zweite Schweizer Sonderfallstudie – Herausforderung für die Kirchen. Zürich: Theologischer Verlag Zürich (Edition NZN bei TVZ) 2005. 253 S.

*Eidgenössische Kommission gegen Rassismus:* Mehrheit und muslimische Minderheit in der Schweiz. Stellungnahme der EKR zur aktuellen Entwicklung, Bern: Eidgenössische Kommission gegen Rassismus 2006. 47 S. (im Internet verfügbar: http://www.edi.admin.ch/ekr/).

*Loretan-Saladin, Adrian/Bernet-Strahm, Toni* (Hg.): Das Kreuz der Kirche mit der Demokratie, Zum Verhältnis von katholischer Kirche und Rechtsstaat, Zürich: Theologischer Verlag Zürich (Edition NZN bei TVZ) 2006. 95 S.

*Marie, Jean-Bernard/Meyer-Bisch, Patrice:* Un nœud de libertés. Les seuils de la liberté de conscience dans le domaine religieux. Bruxelles und Zürich: Bruylant, Schulthess 2005. 313 S.

* Vgl. zu den Kriterien dieser jährlich erscheinenden Bibliografie die Vorbemerkungen in: SJKR/ASDE 2 (1997), S. 203.

## *II. Aufsätze (in Zeitschriften, Jahrbüchern, Festschriften und Sammelbänden), einschliesslich Kapitel in Lehr- und Handbüchern*[1]

### *A. Bundes- und Völkerrecht*

*Aubert, Jean-François:* Bundesstaatsrecht der Schweiz, Fassung von 1967, Neubearbeiteter Nachtrag bis 1994, Bd. 2, Basel und Frankfurt a.M.: Helbing & Lichtenhahn 1995, S. 903-923 (Religionsfreiheit, Artikel 49 und 50 der Bundesverfassung).

*Auer, Andreas/Malinverni, Giorgio/Hottelier, Michel:* Droit constitutionnel suisse, Vol. 2, Bern: Stämpfli 2006, S. 209-247 (La liberté religieuse).

*Buser, Denise:* Frauendiskriminierung in der Kirche – staatlich gebilligt? In: Basler Zeitung vom 8. Juni 2006, S. 6.

*Häfelin, Ulrich/Haller, Walter:* Schweizerisches Bundesstaatsrecht, 6. Aufl., Zürich: Schulthess 2005, S. 123-132 (Glaubens- und Gewissensfreiheit).

*Hangartner, Yvo:* Grundzüge des schweizerischen Staatsrechts, Bd. 2. Zürich: Schulthess 1982, S. 97-101 (Gedanken-, Gewissens- und Religionsfreiheit).

*Hangartner, Yvo:* Bemerkungen zum Bundesgerichtsurteil der I. Öffentlichrechtlichen Abteilung vom 20. Februar 2006, X. c. Evangelisch-reformierte Kirchgemeinde Gossau, Baurekurskommission III des Kantons Zürich und Verwaltungsgericht des Kantons Zürich, Verwaltungsgerichtsbeschwerde (IA. 159/ 2005), in: AJP/PJA 15 (2006), S. 875-877 (Lärmimmissionen durch nächtlichen Glockenschlag einer Kirche).

*Kraus, Dieter:* Rechtsprechung, Religionsrechtlich bedeutsame Entscheide des Bundesgerichts in den Jahren 2004-2005, in: SJKR/ASDE 10 (2005), S. 111-132.

*Loretan, Adrian:* Impulse des staatlichen Gleichstellungsrechts für die Kirchen, in: Loretan/Bernet, Kreuz der Kirche (vorn I.), S. 49-67.

*Müller, Jörg Paul:* Grundrechte in der Schweiz, Im Rahmen der Bundesverfassung von 1999, der UNO-Pakte und der EMRK, 3. Aufl., Bern: Stämpfli 1999, S. 80-101 (Glaubens-, Gewissens- und Kultusfreiheit [Art. 15 nBV]).

1 Letztere zum ersten Mal in diesem Jahrgang, deshalb rückwirkend (so die Titel von *Aubert*, *Häfelin/Müller*, *Hangartner*, *Müller* und *Rhinow*).

*Nay, Giusep:* Schweizerischer Rechtsstaat und Religionsgemeinschaften: Hilfen und Grenzen, in: Loretan/Bernet, Kreuz der Kirche (vorn I.), S. 35-47.

*Pahud de Mortanges, René* (Interview mit Georges Scherrer): Rechtsgleichheit erfordert Wegmarken der Rechtsprechung, Zu den Sonderregeln für Muslime, in: SKZ 174 (2006), S. 165-166.

*Rhinow, René:* Grundzüge des Schweizerischen Verfassungsrechts, Basel, Genf und München: Helbing & Lichtenhahn 2003, S. 237-244 (Glaubens- und Gewissensfreiheit).

*Schefer, Markus:* Grundrechte in der Schweiz, Ergänzungsband zur dritten Auflage des gleichnamigen Werks von Jörg Paul Müller, Bern: Stämpfli 2005, S. 52-69 (Glaubens-, Gewissens- und Kultusfreiheit [Art. 15 BV]).

*Wehrli, Christoph:* Vernunft gegenüber unkonformer Religion, in: Neue Zürcher Zeitung vom 16./17. September 2006, S. 15.

*Winzeler, Christoph:* Zwischen Staatsordnung und Religionsfreiheit, Das Bundesgericht und der Islam, in: Neue Zürcher Zeitung vom 20. März 2006, S. 11.

## *B. Kantonales Recht*

*Buff, Christoph:* „Konfessionelle“ Friedhöfe an der Kantonsgrenze Thurgau/Schaffhausen, in: SJKR/ASDE 10 (2005), S. 215-222.

*Kosch, Daniel:* Perspektiven für ein partnerschaftliches und streitbares Miteinander pastoraler und staatskirchenrechtlicher Strukturen, in: SJKR/ASDE 10 (2005), S. 81-110.

*Kosch, Daniel:* Das Miteinander von kirchenrechtlichen und öffentlich-rechtlichen Strukturen als Lernchance, in: Loretan/Bernet, Kreuz der Kirche (vorn I.), S. 69-87.

*Loretan-Saladin, Adrian:* Die öffentlich-rechtliche Anerkennung weiterer Religionsgemeinschaften – ein Instrument gesellschaftlicher Integration, in: Martin/Behloul, Religiöser Pluralismus (vorn I.), S. 171-196.

*Nay, Giusep:* Schweizerischer Rechtsstaat und Religionsgemeinschaften: Hilfen und Grenzen, in: Loretan/Bernet, Kreuz der Kirche (vorn I.), S. 35-47.

*Pahud de Mortanges, René:* Les communautés religieuses reconnues de droit public suisse, in: Etat et religion en Europe, Les systèmes européens de reconnaissance des cultes, Strasbourg 2004 (Revue de droit canonique 54 [2004]), S. 141-150.

*Pahud de Mortanges, René* (Interview mit Barbara Häseli): Die Anerkennung ist stets auch ein Zeichen gesellschaftlicher Akzeptanz, in: Die Politik, Monatszeitschrift des politischen Zentrums, Heft 5 (2006), S. 8-9.

*Red.*, Neue Verfassung des Kantons Basel-Stadt mit ausführlichen Bestimmungen zu Kirchen und Religionsgemeinschaften, in: SJKR/ASDE 10 (2005), S. 172-173.

*Röhl, Martin:* Die staatskirchenrechtlichen Bestimmungen der neuen Zürcher Kantonsverfassung, in: SJKR/ASDE 10 (2005), S. 200-209.

*Sahlfeld, Konrad/Sahlfeld, Wolfgang:* Legge sulla Chiesa cattolica des Cantone Ticino, in: SJKR/ASDE 10 (2005), S. 189-194.

*Wehrli, Christoph:* Vernunft gegenüber unkonformer Religion, in: Neue Zürcher Zeitung vom 16./17. September 2006, S. 15.

## *C. Kirchenrecht*

*Buser, Denise:* Frauendiskriminierung in der Kirche – staatlich gebilligt? In: Basler Zeitung vom 8. Juni 2006, S. 6.

*Famos, Cla Reto:* Kasualhandlungen an Nichtmitgliedern aus juristischer und theologischer Sicht, in: SJKR/ASDE 10 (2005), S. 33-50.

*Fink-Wagner, Urban:* Der „Fall Röschenz“, in: SKZ 173 (2005), S. 832-834.

*Frey, Jakob:* Auf dem Weg zur neuen Verfassung der Evangelisch-reformierten Kirche Kanton Solothurn, in: SJKR/ASDE 10 (2005), S. 177-188.

*Glauser Jung, Anna Katharina:* Vom Recht auf eine unabhängige Entscheidungsinstanz in der Evangelischen Landeskirche des Kantons Thurgau, in: SJKR/ASDE 10 (2005), S. 195-199.

*Gloor, Fritz:* Verband der Evangelisch-reformierten Kirchgemeinden des Kantons Obwalden, in: SJKR/ASDE 10 (2005), S. 210-214.

*Grab, Amédée:* „Ich bin mit Bischof Kurt Koch solidarisch“, Der Präsident der Schweizer Bischofskonferenz zum Streit in Röschenz [Interview mit Walter Müller], in: SKZ 174 (2006), S. 245-246.

*Koch, Kurt:* Offener Brief an die Mitglieder der Pfarrei St. Anna in Röschenz, in: SKZ 174 (2006), S. 250.

*Kosch, Daniel:* Perspektiven für ein partnerschaftliches und streitbares Miteinander pastoraler und staatskirchenrechtlicher Strukturen, in: SJKR/ASDE 10 (2005), S. 81-110.

*Kosch, Daniel:* Das Miteinander von kirchenrechtlichen und öffentlich-rechtlichen Strukturen als Lernchance, in: Loretan/Bernet, Kreuz der Kirche (vorn I.), S. 69-87.

*Loretan, Adrian:* Die Berufung der Laien zum kirchlichen Dienst, in: SKZ 174 (2006), S. 220-223.

*Loretan, Adrian:* Wie entwickelt die Römisch-katholische Kirche ein Ja zum demokratischen Rechtsstaat und seinen Grundrechten, in: Loretan/Bernet, Kreuz der Kirche (vorn I.), S. 19-34.

*Loretan, Adrian:* Impulse des staatlichen Gleichstellungsrechts für die Kirchen, in: Loretan/Bernet, Kreuz der Kirche (vorn I.), S. 49-67.

*Loretan, Adrian:* Die Konzilserklärung über die Religionsfreiheit, in: Loretan/Bernet, Kreuz der Kirche (vorn I.), S. 89-94.

*Lutz, Samuel:* Reformierte Kirchenverfassungen aus ekklesiologischer Sicht, in: SJKR/ASDE 10 (2005), S. 25-31.

*Möri, Peter:* Gemeinsame Datenschutzregelung der drei Landeskirchen im Kanton Luzern, in: SJKR/ASDE 10 (2005), S. 174-176.

*Müller, Patrick:* Rechtsgutachten zur Frage der freien Kirchgemeindewahl in der Evangelisch-reformierten Kirche des Kantons Basel-Landschaft, in: SJKR/ASDE 10 (2005), S. 155-171.

*Pahud de Mortanges, René* (Interview mit Thomas Hanimann): Verfassung und Tradition schützen den Glauben, in: Idea Spektrum, Nachrichten und Meinungen aus der evangelischen Welt, Heft 28 (2006), S. 4.

*Red.,* Keine freie Kirchgemeindewahl in der Evangelisch-reformierten Kirche des Kantons Basel-Landschaft, in: SJKR/ASDE 10 (2005), S. 150-154.

*Tappenbeck, Christian R./Pahud de Mortanges, René:* Reformierte Kirche Schweiz? Kirchenrechtliche Überlegungen zur Stellung des SEK und zu einem schweizerischen reformierten „Bischofsamt", in: SJKR/ASDE 10 (2005), S. 51-80.

*Vögtli, Jürg:* Zur Neuorganisation des Rechtsschutzes in der evangelisch-reformierten Landeskirche des Kantons Aargau (Fortsetzung), in: SJKR/ASDE 10 (2005), S. 141-149.

*Wipf, Thomas:* Wahrnehmbar und verbindlich Reformierte Kirche sein, Konsensbildung über das Wesen und die Gestalt der Kirche in den evangelisch-reformierten Kirchenverfassungen der Schweiz, in: SJKR/ASDE 10 (2005), S. 11-23.

## *D. Recht anderer Religionsgemeinschaften*

*Baumann, Christoph Peter:* Religionen in Basel, Von der reformierten Vergangenheit zur multireligiösen Gegenwart, in: Basler Stadtbuch 126 (2005), S. 20-25.

*Koch, Kurt* (Interview mit Heidi Gmür und Pascal Hollenstein): „Ich würde den Muslimen zugestehen, ein Minarett zu haben“, in: NZZ am Sonntag vom 3. September 2006, S. 10-11.

*Picard, Jacques:* Jüdisches Leben in Basel gestern und heute, Feiern, Ausstellungen und Publikationen rund um das Jubiläum 200 Jahre „Israelitische Gemeinde Basel“, in: Basler Stadtbuch 126 (2005), S. 245-251.

*Potz, Richard:* Islamischer Religionsunterricht in Österreich, Öffentliche Schule als Ort der Integration, in: Neue Zürcher Zeitung vom 5. Januar 2006, S. 5.

*Wehrli, Christoph:* Vernunft gegenüber unkonformer Religion, in: Neue Zürcher Zeitung vom 16./17. September 2006, S. 15.

## *E. Verschiedenes*

*Frey, Jakob:* Prof. Dr. iur. Dr. theol. h.c. Werner Kägi (1909-2005), in: SJKR/ASDE 10 (2005), S. 136-139.

*Kreis, Georg:* Hohes Gut Kultusfreiheit, Über das Reden und das Nichtreden im Diskurs über Multikulturalismus, in: bazkulturmagazin [Basler Zeitung] vom 24. Juli 2006, S. 8-9.

*Sahli, Markus:* Schweizerischer Rat der Religionen – ein Instrument der Verständigung in religionspolitischen Fragen, in: Bulletin SEK / FEPS Nr. 2 (2006), S. 18-2.

SJKR/ASDE 11 (2006), S. 207-250

# Textdokumentation

## Textvergleich Verfassungen des Kantons Basel-Stadt vom 23. März 2006 und vom 2. Dezember 1889 (Auszug)

| **Verfassung des Kantons Basel-Stadt vom 23. März 2005, in Kraft seit dem 13. Juli 2006** | **Verfassung des Kantons Basel-Stadt vom 2. Dezember 1889** |
|---|---|
| In Verantwortung gegenüber der Schöpfung und im Wissen um die Grenzen menschlicher Macht, gibt sich das Volk des Kantons Basel-Stadt die folgende Verfassung: | |
| | **II. Aufgaben des Staates**<br>**§ 13.** (1) Die öffentlichen Schulen sollen von den Angehörigen aller kirchlichen Bekenntnisse ohne Beeinträchtigung ihrer Glaubens- und Gewissensfreiheit besucht werden können.<br>(2) Personen, welche religiösen Orden oder Kongregationen angehören, ist die Leitung von Schulen oder Erziehungsanstalten, sowie die Lehrtätigkeit an solchen untersagt.<br>**§ 15.** Erziehungs- und Bildungsanstalten, welche nicht vom Staate errichtet sind, haben keinen Anspruch auf dessen Unterstützung, sind aber |

| | |
|---|---|
| | den Bestimmungen des Gesetzes unterworfen und stehen unter Aufsicht des Staates. |
| **II. Grundrechte und Grundrechtsziele**<br>**§ 8 Rechtsgleichheit und Diskriminierungsverbot**<br>[…]<br>(2) Niemand darf diskriminiert werden, namentlich nicht wegen der Rasse, des Geschlechts, des Alters, der Sprache, der genetischen Merkmale, der ethnischen und sozialen Herkunft, der sozialen Stellung, der Lebensform, der sexuellen Orientierung, der religiösen, weltanschaulichen und politischen Überzeugung oder wegen einer Behinderung.<br>[…] | |
| **§ 11 Grundrechtsgarantien**<br>(1) Die Grundrechte sind im Rahmen der Bundesverfassung und der für die Schweiz verbindlichen internationalen Abkommen gewährleistet, namentlich:<br>[…]<br>k) die Glaubens-, Gewissens- und Religionsfreiheit,<br>[…]. | **III. Verhältnis des Staates zur Kirche**<br>**§ 18.** (1) Die Glaubens- und Gewissensfreiheit ist unverletzlich. Niemand darf zur Teilnahme an einer Religionsgenossenschaft oder an einem religiösen Unterrichte, oder zur Vornahme einer religiösen Handlung gezwungen oder wegen Glaubensansichten mit Strafen irgendwelcher Art belegt werden.<br>(2) Die freie Ausübung gottesdienstlicher Handlungen ist innerhalb der Schranken der Sittlichkeit und der öffentlichen Ordnung gewährleistet.<br>(3) Der Staatsbehörde bleibt vorbehalten, zur Handhabung der öffentlichen Ordnung und des Friedens un- |

| | |
|---|---|
| | ter den Angehörigen der verschiedenen Religionsgenossenschaften, sowie gegen Eingriffe kirchlicher Behörden in die Rechte der Bürger und des Staates, die geeigneten Massnahmen zu treffen. |
| **VI. Kantonale Behörden**<br>**2. Grosser Rat**<br>**§ 91 Weitere Aufgaben**<br>(1) Der Grosse Rat [...]<br>h) beschliesst über die kantonale Anerkennung und den Entzug der kantonalen Anerkennung von privatrechtlichen Kirchen und Religionsgemeinschaften. | |
| **4. Richterliche Behörden**<br>**§ 116 Verfassungsgerichtsbarkeit**<br>[...]<br>(2) Beim Verfassungsgericht können durch Beschwerde nicht angefochten werden:<br>[...]<br>e) Beschlüsse, mit denen der Grosse Rat die kantonale Anerkennung von privatrechtlich organisierten Kirchen und Religionsgemeinschaften gewährt oder entzieht. | |
| **VIII. Kirchen und Religionsgemeinschaften**<br>**1. Öffentlichrechtlich anerkannte Kirchen und Religionsgemeinschaften**<br>**§ 126 Öffentlichrechtlich anerkannte Kirchen und Religionsgemeinschaften** | **§ 19.** (1) Die Evangelisch-reformierte, die Römisch-katholische und die Christkatholische Kirche haben öffentlich-rechtliche Persönlichkeit. Die Israelitische Gemeinde ist ihnen gleichgestellt; die nachstehenden Bestimmungen gelten sinngemäss auch für sie. |

| | |
|---|---|
| (1) Die Evangelisch-reformierte Kirche, die Römisch-Katholische Kirche, die Christkatholische Kirche und die Israelitische Gemeinde sind vom Kanton öffentlichrechtlich anerkannt.<br>(2) Sie sind öffentlichrechtliche Körperschaften mit eigener Rechtspersönlichkeit. | |
| (3) Andere Kirchen und Religionsgemeinschaften können auf dem Weg der Verfassungsänderung öffentlichrechtlich anerkannt werden. | |
| **§ 127 Selbstständigkeit**<br>(1) Die öffentlichrechtlich anerkannten Kirchen und Religionsgemeinschaften ordnen ihre Verhältnisse selbstständig.<br>(2) Sie geben sich eine Verfassung; deren Erlass und Änderung bedürfen der Zustimmung einer Mehrheit ihrer stimmenden Mitglieder und der Genehmigung des Regierungsrates. | (2) Die Kirchen und die Israelitische Gemeinde ordnen ihre Verhältnisse selbständig. Erlass und Änderung ihrer Kirchenverfassung bedürfen der Zustimmung durch die Mehrheit der stimmenden Kirchenglieder sowie der Genehmigung durch den Regierungsrat. |
| (3) Der Regierungsrat erteilt die Genehmigung, wenn weder Bundesrecht noch kantonales Recht entgegenstehen. | (3) Die Genehmigung des Regierungsrates ist zu erteilen, wenn weder Bundesrecht noch kantonales Recht verletzt wird. |
| (4) Innerhalb der vorstehenden Bestimmungen regelt das Gesetz das Verfahren über die Genehmigung der Verfassungen und der Steuerordnungen sowie die Oberaufsicht über die Vermögensverwaltung. | (6) Innerhalb der vorstehenden Bestimmungen regelt das Gesetz das Verfahren über die Genehmigung der Kirchenverfassungen und der Steuerordnungen sowie die Oberaufsicht über die kirchliche Vermögensverwaltung. |
| **§ 128 Zugehörigkeit, Stimm- und Wahlrecht**<br>(1) Jede Person, die im Kanton | (4) Jeder Kantonseinwohner gehört der Kirche seiner Konfession an, wenn er die in deren Verfassung ge- |

| | |
|---|---|
| wohnt, gehört der öffentlichrechtlich anerkannten Kirche oder Religionsgemeinschaft ihrer Konfession oder Religion an, wenn sie die in deren Verfassung genannten Voraussetzungen erfüllt.<br>(2) Der Austritt ist jederzeit mit schriftlicher Erklärung möglich. | nannten Erfordernisse erfüllt. Der Austritt kann jederzeit durch schriftliche Erklärung erfolgen. |
| (3) Die Verfassungen der öffentlichrechtlich anerkannten Kirchen und Religionsgemeinschaften ordnen die Voraussetzungen des Stimm- und Wahlrechtes. | |
| **§ 129 Untergeordnete Körperschaften und Anstalten**<br>(1) Die öffentlichrechtlich anerkannten Kirchen und Religionsgemeinschaften können in ihren Verfassungen die Gliederung in Kirchgemeinden, Quartiergemeinden oder andere untergeordnete Körperschaften vorsehen.<br>(2) Diese sind öffentlichrechtliche Körperschaften mit eigener Rechtspersönlichkeit.<br>(3) Die Verfassungen der öffentlichrechtlich anerkannten Kirchen und Religionsgemeinschaften bestimmen die Stellung und die Grundzüge der Organisation der untergeordneten Körperschaften.<br>(4) Die öffentlichrechtlich anerkannten Kirchen und Religionsgemeinschaften können für ihre Bedürfnisse öffentlichrechtliche Anstalten mit eigener Rechtspersönlichkeit errichten. | |

| | |
|---|---|
| **§ 130 Rechte und Auflagen**<br>(1) Die öffentlichrechtlich anerkannten Kirchen und Religionsgemeinschaften verwalten ihre Vermögen selbstständig unter der Oberaufsicht des Regierungsrates.<br>(2) Sie können von ihren Mitgliedern Steuern erheben. Die Steuerordnungen bedürfen der Genehmigung des Regierungsrates.<br>(3) Das Gesetz regelt ihre weiteren Rechte und Auflagen, wie namentlich für den Religionsunterricht in den Schulen, die Spital- und Gefängnisseelsorge sowie für Projekte und Institutionen, die von Staat und Kirchen oder Religionsgemeinschaften gemeinsam getragen werden. | (5) Die Evangelisch-reformierte, die Römisch-katholische und die Christkatholische Kirche sowie die Israelitische Gemeinde verwalten ihr Vermögen selbständig unter Oberaufsicht des Regierungsrates. Sie sind berechtigt, Steuern von ihren Mitgliedern zu erheben. Ihre Steuerordnungen bedürfen regierungsrätlicher Genehmigung. |
| **§ 131 Rechtspflege**<br>(1) Die öffentlichrechtlich anerkannten Kirchen und Religionsgemeinschaften ordnen das Verfahren zur Beurteilung strittiger Rechtsverhältnisse.<br>(2) Erlasse und letztinstanzliche Entscheide der öffentlichrechtlich anerkannten Kirchen und Religionsgemeinschaften können durch ihre Mitglieder und ihre eigenen Körperschaften und Anstalten beim Appellationsgericht angefochten werden.<br>(3) Das Gericht überprüft die Übereinstimmung des angefochtenen Akts mit Bundesrecht und mit kantonalem Recht. Es überprüft ferner die Übereinstimmung mit dem Recht der öffentlichrechtlich anerkannten Kirchen und Religionsgemeinschaf- | |

| | |
|---|---|
| ten, sofern es deren eigenes Recht vorsieht. | |
| **2. Andere Kirchen und Religionsgemeinschaften**<br><br>**§ 132 Rechtsstellung**<br><br>Alle nicht öffentlichrechtlich anerkannten Kirchen und Religionsgemeinschaften unterstehen dem Privatrecht. | **§ 19a.** Alle andern Kirchen stehen unter den Grundsätzen des Privatrechts. Die Bestimmungen der Bundes- und der Kantonsverfassung bleiben vorbehalten. |
| **§ 133 Kantonale Anerkennung anderer Kirchen und Religionsgemeinschaften**<br><br>(1) Privatrechtlich organisierte Kirchen und Religionsgemeinschaften können mit der Verleihung besonderer Rechte vom Kanton anerkannt werden, sofern sie:<br>a) gesellschaftliche Bedeutung haben,<br>b) den Religionsfrieden und die Rechtsordnung respektieren,<br>c) über eine transparente Finanzverwaltung verfügen und<br>d) den jederzeitigen Austritt zulassen.<br>(2) Es besteht kein Rechtsanspruch auf eine kantonale Anerkennung.<br>(3) Die kantonale Anerkennung erfolgt mit Beschluss des Grossen Rates. Dieser bedarf der Zustimmung von mindestens 51 Mitgliedern des Grossen Rates. Er unterliegt nicht dem Referendum.<br>(4) Der Anerkennungsbeschluss legt die der Kirche o. Religionsgemeinschaft verliehenen Rechte und die von ihr zu erfüllenden Auflagen fest. | |

| | |
|---|---|
| **§ 134 Entzug der kantonalen Anerkennung**<br>Sind die Voraussetzungen für die kantonale Anerkennung nicht mehr gegeben oder erfüllt die Kirche oder Religionsgemeinschaft die ihr obliegenden Auflagen nicht, so kann der Grosse Rat die Anerkennung nach dem Verfahren von § 133 Abs. 3 entziehen. | |
| **3. Gemeinsame Bestimmungen**<br>**§ 135 Kosten des Kultus**<br>Alle Kirchen und Religionsgemeinschaften kommen grundsätzlich selbst für die Kosten des Kultus auf.<br>**§ 136 Staatliche Leistungen an Kirchen und Religionsgemeinschaften**<br>(1) Der Dienst von Geistlichen in Spitälern, Gefängnissen und anderen öffentlichen Einrichtungen kann vom Staat unterstützt werden. | **§ 19b.** Mit Ausnahme der Ausgaben für den Dienst von Geistlichen an den öffentlichen Spitälern, Asylen, Gefängnissen, Waisen- und Zwangsfürsorgeanstalten dürfen eigentliche Kultuszwecke aus Staats- und Gemeindemitteln nicht unterstützt werden. |
| (2) An die Erhaltung von Bau- und Kunstdenkmälern sowie an die Erfüllung anderer im öffentlichen Interesse liegender Aufgaben der Kirchen und Religionsgemeinschaften kann der Staat Beiträge leisten. | (2) Von diesem Verbote werden nicht berührt Beiträge für Erhaltung geschichtlicher Kunstdenkmäler und für Anschaffung und Unterhalt von Gegenständen, die nicht ausschliesslich Kultuszwecken, sondern auch andern, öffentlichen oder gemeinnützigen Interessen dienen. |

# Rahmenvereinbarung über die Ausübung der römisch-katholischen und der evangelisch-reformierten Seelsorge in den staatlichen Anstalten vom 3. Mai 2005*

*Die Römisch-katholische Kirche des Kantons Freiburg,*
*die Evangelisch-reformierte Kirche des Kantons Freiburg,*
*der Staat Freiburg*

in Erwägung:

Die Ausübung der Anstaltsseelsorge in Spitälern, Schulen und Gefängnissen ist sowohl für den Staat als auch für die Kirchen von Bedeutung.
Gemäss Artikel 23 des Gesetzes vom 26. September 1990 über die Beziehungen zwischen den Kirchen und dem Staat (SGF 190.1), in Kraft getreten am 1. Januar 1998, haben die anerkannten Kirchen das Recht, in den Anstalten des Staates, insbesondere in den Spitälern, Schulen und Gefängnissen, die Seelsorge auszuüben, wobei die Modalitäten der Ausübung und die Vergütung vertraglich geregelt werden.
Artikel 22 desselben Gesetzes sieht vor, dass der Staat die anerkannten Kirchen für die Ausübung der Seelsorge in seinen Anstalten finanziell unterstützen kann.
Mit Verordnung vom 3. Juni 2003 (SGF 190.12) hat der Staatsrat eine kantonale Kommission für Fragen der Anstaltsseelsorge eingesetzt. Diese Kommission ist das beratende Organ des Staatsrates für alle Fragen der Seelsorge in den staatlichen Anstalten.

vereinbaren Folgendes:

**Art. 1.** Die Kirchen und der Staat arbeiten zusammen, um die römisch-katholische und die evangelisch-reformierte Seelsorge in den staatlichen Spitälern, Schulen und Strafanstalten zu gewährleisten. Es handelt sich insbesondere um folgende Anstalten:

- das Kantonsspital in Freiburg;
- das Kantonale Psychiatrische Spital in Marsens;
- das Kollegium Gambach in Freiburg;
- das Kollegium Heilig Kreuz in Freiburg;

* Systematische Gesetzessammlung des Kantons Freiburg (SGF) 190.5.

- das Kollegium St. Michael in Freiburg;
- das Kollegium des Südens in Bulle;
- die Kantonale Diplommittelschule in Freiburg;
- die Universität Freiburg;
- die Pädagogische Hochschule in Freiburg;
- die Strafanstalten von Bellechasse;
- das Zentralgefängnis in Freiburg.

**Art. 2.** Die Anstaltsseelsorge hat zum Zweck, die Suche nach Gott und das religiöse Leben der Personen in den Anstalten gemäss Artikel 1 und in Übereinstimmung mit dem Auftrag der Kirchen zu pflegen und zu unterstützen, namentlich durch die Verkündigung des Wortes Gottes, die Liturgie und den Dienst am Nächsten. Die Anstaltsseelsorge steht allen interessierten Personen offen, unabhängig von deren religiöser Empfindung und Überzeugung.

**Art. 3.** (1) Die Anstaltsseelsorge wird in einem ökumenischen Geist ausgeübt.
(2) Sind in einer Anstalt mehrere Personen mit der Seelsorge betraut, kann jedermann den Anstaltsseelsorger oder die Anstaltseelsorgerin seiner Wahl beiziehen.

**Art. 4.** (1) Für jede Anstalt, in der die Seelsorge gegen ein staatliches Entgelt gemäss Artikel 6 ausgeübt wird, schliesst jede der beiden Kirchen eine Leistungsvereinbarung mit der Anstalt und, falls letztere über keine Rechtspersönlichkeit verfügt, der für die betreffende Anstalt zuständigen Direktion des Staatsrats ab.
(2) Diese Vereinbarung bestimmt insbesondere:

a) die Leistungen der Anstaltsseelsorge, die zu erreichenden Ziele und die Prioritäten;
b) die Modalitäten der Ausübung der Anstaltsseelsorge;
c) die Vergütung der Seelsorgeleistungen;
d) die Geltungsdauer der Leistungsvereinbarung;
e) die Mittel (Räumlichkeiten, Einrichtung, Betriebskredit), über welche die Anstaltsseelsorge verfügt;
f) die Art und Weise, wie der Persönlichkeitsschutz und der Datenschutz der sich in der Anstalt aufhaltenden Personen gewährleistet wird, insbesondere, wie der Zugang der mit der Anstaltsseelsorge betrauten Person zu den betreffenden Daten geregelt ist;
g) die Dauer der Tätigkeit dieser Person in der Anstalt;
h) die Möglichkeit für die Kirchen und für die Anstalt, innert nützlicher Frist die Ersetzung der mit der Seelsorge betrauten Person zu verlangen, wenn wichtige Gründe es gebieten;

i) ein Verfahren zur jährlichen Rechenschaftsablage und Bedürfnisabklärung (Bericht des Anstaltsseelsorgers oder der Anstaltsseelsorgerin sowie Besprechung zwischen ihm oder ihr, der Anstaltsleitung und einer Vertretung der Kirche);
j) je nach Bedarf, die Zusammensetzung und die Aufgaben der Begleitkommission der Anstaltsseelsorge;
k) die Art und Weise der Zusammenarbeit mit anderen Diensten der Anstalt;
l) ob und unter welchen Bedingungen die Kirchen Freiwilligenarbeit in Anspruch nehmen können.

**Art. 5.** (1) Die Kirchen stellen die mit der Anstaltsseelsorge betrauten Personen an und entlöhnen sie.
(2) Die Kirchen bezeichnen diese Personen im Einvernehmen mit der Anstaltsleitung.
(3) Die mit der Anstaltsseelsorge betrauten Personen müssen über eine theologische Ausbildung und über die Kompetenzen verfügen, die für die Erfüllung ihrer Aufgaben erforderlich sind. Sie sind zur Weiterbildung verpflichtet.

**Art. 6.** (1) Die Vergütung der seelsorgerischen Leistungen wird vom Staat mit 80 000 Franken für eine vollzeitlich angestellte Person gewährleistet.
(2) Die Anpassung dieses Betrags bildet mindestens alle zwei Jahre Gegenstand von Verhandlungen zwischen den Parteien.

**Art. 7.** (1) Wenn eine Kirche in einer Anstalt ohne Vereinbarung über die Vergütung der Leistungen nach Artikel 4 bis 6 seelsorgerisch tätig sein will, so muss sie mit der Anstalt und, falls letztere über keine Rechtspersönlichkeit verfügt, der für die Anstalt zuständigen Direktion eine Vereinbarung schliessen, in der die Einzelheiten der Anstaltsseelsorge geregelt sind.
(2) Diese Vereinbarung bestimmt insbesondere:
a) zu welchen Zeiten und in welchen Räumlichkeiten die Anstaltsseelsorge ausgeübt werden kann;
b) die Art und Weise, wie der Persönlichkeitsschutz und der Datenschutz der sich in der Anstalt aufhaltenden Personen gewährleistet wird, insbesondere, wie der Zugang der mit der Anstaltsseelsorge betrauten Person zu den betreffenden Daten geregelt ist;
c) die Möglichkeit für die Anstalt, innert nützlicher Frist die Ersetzung der mit der Seelsorge betrauten Person zu verlangen, wenn wichtige Gründe es gebieten;
d) die Geltungsdauer der Vereinbarung.

**Art. 8.** Die kantonale Kommission für Fragen der Anstaltsseelsorge nimmt periodisch eine Beurteilung der Ausübung der Seelsorge in den staatlichen Anstalten vor und informiert die Parteien der vorliegenden Vereinbarung über ihre Feststellungen und Vorschläge.

**Art. 9.** (1) Streitigkeiten zwischen einer der Kirchen und einer staatlichen Anstalt, welche nicht auf gütlichem Wege beigelegt werden können, sind durch Schiedsgerichtsbarkeit zu regeln.
(2) In diesem Fall wird ein Schiedsgericht eingesetzt, welches zwei von den Streitparteien bezeichnete Schiedsrichter umfasst. Dem Schiedsgericht steht ein Obmann vor, welcher von den beiden Schiedsrichtern bezeichnet wird.
(3) Im Übrigen ist das Konkordat vom 27. März 1969 über die Schiedsgerichtsbarkeit (SGF 279.1) anwendbar.

**Art. 10.** Die vorliegende Vereinbarung wird in deutscher und französischer Sprache verfasst. Für die Auslegung sind beide Texte gleichwertig.

**Art. 11.** (1) Die vorliegende Vereinbarung wird für die Dauer von zehn Jahren abgeschlossen.
(2) Die Vereinbarung verlängert sich stillschweigend um fünf Jahre, wenn sie von keiner der Parteien spätestens ein Jahr vor Ablauf der jeweiligen Geltungsdauer gekündigt wird.

**Art. 12.** (1) Diese Vereinbarung tritt am 1. Januar 2006 in Kraft.
(2) Die Parteien leiten die notwendigen Massnahmen ein, um die vorliegende Vereinbarung bis 1. Januar 2007 umzusetzen. Die geltenden Modalitäten für die Ausübung der Anstaltsseelsorge werden bis zum Inkrafttreten der Leistungsvereinbarungen und bis die Kirchen die für die Anstaltsseelsorge zuständigen Personen eingestellt haben, verlängert.

# Convention cadre sur l'exercice des aumôneries catholique romaine et évangélique réformée dans les établissements de l'Etat, du 3 mai 2005*

*L'Eglise catholique romaine du canton de Fribourg,*
*l'Eglise évangélique réformée du canton de Fribourg,*
*l'Etat de Fribourg*

Considérant:

L'exercice de l'aumônerie dans les établissements hospitaliers, scolaires et pénitentiaires de l'Etat est important aussi bien pour les Eglises que pour l'Etat.
L'article 23 de la loi du 26 septembre 1990 concernant les rapports entre les Eglises et l'Etat (RSF 190.1), entrée en vigueur le 1er janvier 1998, prévoit que les Eglises reconnues ont le droit d'exercer l'aumônerie dans les établissements de l'Etat, en particulier dans les établissements hospitaliers, scolaires et pénitentiaires, et que les conditions d'exercice et la rémunération de l'aumônerie sont fixées par convention.
L'article 22 de la même loi prévoit que l'Etat peut, par des contributions financières, soutenir les Eglises reconnues pour l'exercice de l'aumônerie dans les établissements de l'Etat.
Par une ordonnance du 3 juin 2003 (RSF 190.12), le Conseil d'Etat a institué une Commission cantonale pour les questions d'aumônerie, qui est son organe consultatif pour toutes les questions relatives à l'aumônerie dans les établissements de l'Etat.

sont convenus de ce qui suit:

**Art. 1.** Les Eglises et l'Etat collaborent afin d'assurer l'exercice des aumôneries catholique romaine et évangélique réformée dans les établissements hospitaliers, scolaires et pénitentiaires de l'Etat, notamment:
- à l'Hôpital cantonal, à Fribourg;
- à l'Hôpital psychiatrique cantonal, à Marsens;
- au Collège de Gambach, à Fribourg;
- au Collège Sainte-Croix, à Fribourg;
- au Collège Saint-Michel, à Fribourg;

* Recueil systématique de la législation fribourgeoise (RSF) 190.5.

- au Collège du Sud, à Bulle;
- à l'Ecole cantonale de degré diplôme, à Fribourg;
- à l'Université de Fribourg;
- à la Haute Ecole pédagogique, à Fribourg;
- dans les Etablissements pénitentiaires de Bellechasse;
- à la Prison centrale, à Fribourg.

**Art. 2.** L'aumônerie a vocation d'animer et de soutenir, conformément à la mission des Eglises, la quête spirituelle et la vie religieuse des personnes dans les institutions visées à l'article 1, en particulier par l'annonce de la Parole de Dieu, la liturgie et le service du prochain. Elle est un cadre ouvert à toute personne intéressée, quelles que soient sa sensibilité religieuse et ses convictions.

**Art. 3.** (1) L'aumônerie est exercée dans un esprit œcuménique.
(2) S'il y a plusieurs personnes chargées de l'aumônerie dans un établissement, chacun a le droit de faire appel à celle de son choix.

**Art. 4.** (1) Pour chacun des établissements où l'aumônerie est exercée moyennant une contre-prestation financière versée conformément à l'article 6 de la présente convention par l'Etat, un contrat de prestations est conclu entre chacune des Eglises, d'une part, et l'établissement et, pour le cas où ce dernier n'a pas la personnalité juridique, la Direction du Conseil d'Etat en charge de celui-ci, d'autre part.
(2) Ce contrat précise notamment:

a) les prestations que doit fournir l'aumônerie, les objectifs à atteindre et les priorités;
b) les modalités d'exercice de l'activité d'aumônerie;
c) la rémunération des prestations d'aumônerie;
d) la durée du contrat de prestations;
e) les moyens (locaux, équipement, crédit d'exploitation) dont dispose l'aumônerie;
f) les modalités de la garantie de la protection de la personnalité et de la protection des données des personnes se trouvant dans l'établissement, et en particulier le règlement de l'accès de la personne chargée de l'aumônerie aux données les concernant;
g) la durée de l'engagement de la personne chargée de l'aumônerie dans l'établissement;
h) la possibilité pour l'Eglise et pour l'établissement de demander que la personne chargée de l'aumônerie soit remplacée dans un délai raisonnable, si de justes motifs le requièrent;

i) une procédure annuelle de bilan de l'exercice de l'aumônerie et d'évaluation des besoins (rapport de la personne chargée de l'aumônerie et discussion entre elle, la direction de l'établissement et un représentant de l'Eglise);
j) au besoin, la composition et les tâches de la commission d'accompagnement de l'aumônerie;
k) la collaboration éventuelle avec d'autres services de l'établissement;
l) si le recours, par les Eglises, au service de personnes bénévoles est possible et, le cas échéant, quelles en sont les modalités.

**Art. 5.** (1) Les Eglises engagent et rémunèrent les personnes chargées de l'aumônerie.
(2) Elles choisissent ces personnes en accord avec la direction de l'établissement.
(3) Les personnes chargées de l'aumônerie doivent avoir une formation théologique et des compétences appropriées aux tâches à accomplir. Elles doivent suivre une formation continue.

**Art. 6.** (1) La rémunération des prestations d'aumônerie est assurée par l'Etat à raison de 80 000 francs pour l'activité d'une personne à plein temps.
(2) L'adaptation de ce montant sera négociée par les parties au minimum tous les deux ans.

**Art. 7.** (1) Si une Eglise souhaite exercer l'aumônerie dans un établissement indépendamment d'un contrat de prestations rémunérées au sens des articles 4 à 6 de la présente convention, elle doit passer avec cet établissement et, pour le cas où ce dernier n'a pas la personnalité juridique, la Direction du Conseil d'Etat en charge de celui-ci une convention réglant les modalités de l'exercice de l'aumônerie.
(2) Cette convention précise notamment:
a) à quels moments et dans quels locaux l'aumônerie peut être exercée;
b) les modalités de la garantie de la protection de la personnalité et de la protection des données des personnes se trouvant dans l'établissement, en particulier le règlement de l'accès de la personne chargée de l'aumônerie aux données les concernant;
c) la possibilité pour l'établissement de demander que la personne qui exerce l'aumônerie soit remplacée dans un délai raisonnable, si de justes motifs le requièrent;
d) la durée du contrat.

**Art. 8.** La Commission cantonale pour les questions d'aumônerie fait périodiquement le point sur l'exercice de l'aumônerie dans les établissements de l'Etat et informe les parties au présent contrat de ses constatations et propositions.

**Art. 9.** (1) Tout litige qui survient entre l'une des Eglises et un établissement de l'Etat, et qui n'est pas liquidé à l'amiable, est réglé par voie d'arbitrage.
(2) Dans un tel cas, chacune des parties désigne un arbitre; les deux arbitres ainsi désignés choisissent un troisième arbitre, qui préside le tribunal arbitral.
(3) Pour le surplus, le concordat intercantonal du 27 mars 1969 sur l'arbitrage (RSF 279.1) est applicable.

**Art. 10.** La présente convention est établie en français et en allemand; les deux textes ont la même valeur pour l'interprétation de la convention.

**Art. 11.** (1) La présente convention est conclue pour une durée de dix ans.
(2) Elle est reconduite tacitement pour cinq ans si l'une des Eglises ou l'Etat ne la dénoncent pas une année avant son échéance.

**Art. 12.** (1) La présente convention entre en vigueur le 1er janvier 2006.
(2) Les parties prennent les mesures nécessaires pour se conformer à la présente convention d'ici au 1er janvier 2007. Les modalités actuelles de l'exercice de l'aumônerie sont prolongées jusqu'à l'entrée en vigueur des contrats de prestations et à l'engagement par les Eglises des personnes chargées de l'aumônerie.

# Teilrevision vom 31. Januar 2006 der Kirchenordnung der evangelisch-reformierten Landeskirche des Kantons Zürich (Auszug)

Die Kirchenordnung der evangelisch-reformierten Landeskirche des Kantons Zürich vom 2. Juli 1967 wird wie folgt geändert:

**Art. 9. Evangelische Einwohner.** [...] (2) Kinder und Jugendliche, die das 16. Altersjahr noch nicht erreicht haben und die Voraussetzungen gemäss Abs. 1 nicht erfüllen, sind Mitglieder der Landeskirche, wenn die Eltern oder die Inhaber der elterlichen Sorge dies so bestimmen.

**Art. 10. Aufnahme.** (1) Wer in die Landeskirche aufgenommen werden will, hat sich mit einem schriftlichen Gesuch an einen zürcherischen Pfarrer, eine zürcherische Pfarrerin oder an die vom Kirchenrat bezeichneten Stellen zu wenden. Diese führen mit der aufnahmewilligen Person ein Aufnahmegespräch. Sie holen beim Kirchenrat eine Bescheinigung ein und vollziehen nach deren Vorliegen die Aufnahme.
[...]
(4) Der Kirchenrat fördert Bestrebungen der Kirchgemeinden, der Pfarrer und Pfarrerinnen sowie der weiteren Mitarbeiter und Mitarbeiterinnen zur Gewinnung von Mitgliedern der Landeskirche.

[Art. 12-13 aufgehoben]

**Art. 14. Mitteilungspflicht.** (1) Die Kirchenpflegen teilen dem Kirchenrat binnen zehn Tagen nach Eintritt der Rechtskraft alle Nichtzugehörigkeitserklärungen und unter Nennung der Beweggründe alle Austritte mit.
(2) Sie melden Austritte und Nichtzugehörigkeitserklärungen binnen gleicher Frist der zuständigen Gemeindebehörde zur Nachführung der Stimm- und Steuerregister.

**Art. 16a. Aus- und Weiterbildung.** Mitglieder kirchlicher Behörden, Pfarrer und Pfarrerinnen sowie Angestellte der Kirchgemeinden und der Landeskirche sind gehalten, sich die zur Erfüllung ihrer Aufgabe erforderlichen Fähigkeiten anzueignen und sich für ihre Aufgabe regelmässig weiterzubilden. Der Kirchenrat regelt die Einzelheiten.

**Art. 17. Verantwortlichkeit und Zuständigkeit.** (1) Behörden und ihre Mitglieder, Pfarrer und Pfarrerinnen sowie Angestellte üben im Rahmen ih-

rer Zuständigkeit und der gesetzlichen Bestimmungen die ihnen zustehenden Rechte und Pflichten aus. Zuständigkeitskonflikte beurteilt die gemeinsame Aufsichtsbehörde, im Zweifel der Kirchenrat.
(2) Behörden und ihre Mitglieder sind im Rahmen ihrer Zuständigkeit zum Eingreifen verpflichtet, wenn sie Pflichtverletzungen oder Missstände feststellen. Liegen diese ausserhalb ihrer Befugnisse, so erstatten sie der zuständigen Behörde Meldung.

**Art. 17a. Personalrecht.** (1) Die Kirchgemeinden und die Landeskirche sorgen für ein von Wertschätzung, Vertrauen und gegenseitiger Achtung geprägtes Arbeitsumfeld.
(2) Die Kirchensynode erlässt für die Angestellten der Kirchgemeinden und der Landeskirche sowie für die Pfarrer und Pfarrerinnen eine Personalverordnung. Vorbehalten bleiben abweichende Bestimmungen des staatlichen Rechts und der Kirchenordnung für die nach Kirchengesetz gewählten Pfarrer und Pfarrerinnen.
(3) Die Personalverordnung regelt insbesondere Begründung, Auflösung und Ausgestaltung des Arbeitsverhältnisses, die Grundzüge der Entlöhnung sowie die Rechte und Pflichten der Angestellten. Der Kirchenrat erlässt die zum Vollzug der Personalverordnung erforderlichen Vorschriften.

**Art. 23. Kirchgemeindeordnung.** (1) Die Kirchgemeinden regeln im Rahmen der gesetzlichen Vorschriften ihre Organisation sowie die Zuständigkeit und Aufgaben ihrer Organe in einer Kirchgemeindeordnung.
(2) Die Kirchgemeindeordnung unterliegt der Genehmigung des Kirchenrates. Diese wird erteilt, wenn die Kirchgemeindeordnung den gesetzlichen Vorschriften entspricht.
[...]

**Art. 31. Rechtsstellung, Zusammensetzung und Konstituierung.** (1) Die Kirchenpflege ist die leitende, beaufsichtigende, vollziehende und verwaltende Behörde der Kirchgemeinde.
(2) Jede Kirchgemeinde bestellt eine Kirchenpflege von mindestens fünf Mitgliedern, einschliesslich Präsident oder Präsidentin. Der Präsident oder die Präsidentin der Kirchenpflege wird von der Kirchgemeinde gewählt. Im Übrigen konstituiert sich die Kirchenpflege selbst. Sie teilt den einzelnen Mitgliedern Aufgabenbereiche zu.
(3) Die Gemeindepfarrer und Gemeindepfarrerinnen sowie der Leiter oder die Leiterin des Gemeindekonvents wohnen den Sitzungen mit beratender Stimme und Antragsrecht bei. Ist der Leiter oder die Leiterin des Gemeindekonvents eine Pfarrperson, so nimmt ein weiteres Mitglied des Gemeindekonvents an den Sitzungen mit beratender Stimme und Antragsrecht teil. Für

Kirchgemeinden, die ausschliesslich Angestellte mit kleinen Pensen beschäftigen, regelt der Kirchenrat die Ausnahmen.

[Art. 33 aufgehoben]

**Art. 34. Bekanntgabe der Wahl.** (1) Erfolgte Wahlen in die Kirchenpflege sind amtlich zu publizieren, dem Kirchenrat nach Eintritt der Rechtskraft mitzuteilen und mit den weiteren Publikationsmitteln der Kirchgemeinde bekannt zu geben.
(2) […].

**Art. 34a. Kommissionen und Arbeitsgruppen.** (1) Die Kirchenpflege kann für bestimmte Sachbereiche Kommissionen und zur Bearbeitung einzelner Geschäfte Arbeitsgruppen bestellen. Sie formuliert deren Auftrag und regelt die Befugnisse.
(2) Der Einsitz in Kommissionen und Arbeitsgruppen steht Gemeindegliedern und weiteren Personen offen. Kommissionen werden in der Regel von einem Mitglied der Kirchenpflege oder einem Mitglied des Gemeindekonvents geleitet.

**Art. 35. Auftrag und Aufgaben.** (1) Die Kirchenpflege ist in gemeinsamer Verantwortung mit den Pfarrern und Pfarrerinnen sowie den Kirchgemeindeangestellten in erster Linie zum Aufbau der Gemeinde gerufen.
(2) Die Kirchenpflege erfüllt ihre Aufgaben auf der Grundlage des Evangeliums mit Blick auf die Kirchgemeinde und die Landeskirche als Ganzes. Sie vertritt die Anliegen der evangelischen Hilfswerke und Missionen in der Gemeinde und ist für die Pflege und Förderung der Beziehungen in der Ökumene und zu anderen Glaubensgemeinschaften mit verantwortlich.
(3) Sie besorgt die Geschäfte, die ihr als Gemeindebehörde durch das staatliche Recht, die Kirchenordnung und die Kirchgemeindeordnung übertragen sind, namentlich:

1. Vertretung der Kirchgemeinde nach aussen,
2. Beschlussfassung über Jahresziele und Schwerpunktprogramm,
3. Festlegung der Organisation der Kirchgemeinde unter Vorbehalt der Zuständigkeit der Kirchgemeindeversammlung,
4. Anstellung von Mitarbeitern und Mitarbeiterinnen,
5. Personalführung und Personalunterstützung,
6. Aufsicht über das kirchliche Leben in der Gemeinde, die Amtsführung der Pfarrer und Pfarrerinnen sowie die Aufgabenerfüllung durch die weiteren Mitarbeiter und Mitarbeiterinnen,
7. Aufsicht über die Angebote der Religionspädagogik,

8. Information der Mitarbeiter und Mitarbeiterinnen, der Kirchgemeinde, der Landeskirche und der weiteren Öffentlichkeit,
9. Wahl des Leiters oder der Leiterin des Gemeindekonvents und Bestellung von Kommissionen,
10. Verabschiedung des jährlichen Voranschlags und der Jahresrechnung zuhanden der Kirchgemeindeversammlung,
11. Erlass und Nachführung des Finanzplans und des Stellenplans,
12. Entscheid über die Vergabungen und die Verwendung der Kollekten,
13. Unterhalt und Verwaltung von Kirchen, Kirchgemeindehäusern, Pfarrhäusern, Pfarrwohnungen und weiteren Liegenschaften,
14. Mitwirkung bei gottesdienstlichen Aufgaben und Teilnahme am Leben der Gemeinde,
15. Unterstützung aller Bestrebungen, den Sonntag als Tag der christlichen Besinnung und als Ruhetag zu erhalten,
16. jährliche schriftliche Berichterstattung über ihre Tätigkeit und das kirchliche Gemeindeleben zuhanden der Kirchgemeindeversammlung,
17. Aufsicht über die Führung der kirchlichen Register und des Archivs der Kirchgemeinde.

### *5. Zusammenarbeit*

**Art. 36. Grundsatz der Zuordnung.** (1) Die Kirchenpflege, die Pfarrer und Pfarrerinnen sowie die Kirchgemeindeangestellten tragen die Verantwortung für den Gemeindeaufbau gemeinsam.
(2) Die Kirchenpflege nimmt ihre Aufgaben im Rahmen der behördlichen Verantwortung wahr.
(3) Die Pfarrer und Pfarrerinnen sowie die Kirchgemeindeangestellten erfüllen ihre Aufgaben je in ihrem besonderen Dienst. Diese ergeben sich aus der Kirchenordnung, aus den Vorgaben der Kirchenpflege und den besonderen Gegebenheiten der Kirchgemeinde.

**Art. 37. Gemeindekonvent.** (1) Die Pfarrer und Pfarrerinnen sowie die Angestellten bilden den Gemeindekonvent. Die Kirchenpflege regelt die Organisation des Gemeindekonvents.
(2) Der Gemeindekonvent koordiniert die Arbeit zwischen dem Pfarramt, den weiteren Diensten sowie den Freiwilligen der Kirchgemeinde und stellt den Informationsaustausch sicher. Er fördert den sorgsamen Umgang mit den zur Verfügung stehenden Mitteln, eine zielorientierte Arbeitsweise und die Qualitätsentwicklung der kirchgemeindlichen Arbeit.
(3) Im Weiteren kommen dem Gemeindekonvent folgende Aufgaben zu:
1. Umsetzung von Aufgaben gemäss den Aufträgen der Kirchenpflege,

2. Mitarbeit bei der Entwicklung der Jahresziele und der Schwerpunktprogramme,
3. Vernehmlassung zu Geschäften der Kirchenpflege auf deren Einladung,
4. Unterbreitung von Anträgen an die Kirchenpflege über alle Fragen des Gemeindelebens,
5. Wahlvorschlag für die Leitung des Gemeindekonvents zuhanden der Kirchenpflege.

**Art. 37a. Konventsleitung.** (1) Die Kirchenpflege wählt auf Vorschlag des Gemeindekonvents aus dessen Mitte die Konventsleitung auf eine bestimmte Dauer.
(2) Die Konventsleitung koordiniert die Tätigkeit des Gemeindekonvents inhaltlich und organisatorisch.

**Art. 37b. Kirchgemeindesekretariat.** Die Kirchgemeinden können administrative Aufgaben von Kirchenpflege, Pfarramt, Konventsleitung und Gemeindekonvent einem Kirchgemeindesekretariat übertragen.

**Art. 38. Unstimmigkeiten in Behörde und Kirchgemeinde.** (1) Die Kirchenpflege klärt durch das Gespräch mit den Betroffenen Unstimmigkeiten in der Behörde, im Gemeindekonvent, in Kommissionen, in Arbeitsgruppen und unter den Mitarbeitern und Mitarbeiterinnen sowie Spannungen in der Kirchgemeinde. Sie kann den Dekan oder die Dekanin, den Präsidenten oder die Präsidentin des Diakonatskapitels und die Bezirkskirchenpflege beiziehen.
(2) Lässt sich eine Klärung nicht erreichen, so trifft die Kirchenpflege die nötigen Anordnungen, soweit sie hierfür zuständig ist. Als Gemeindebehörde stehen ihr die Disziplinarkompetenzen gemäss dem Gesetz betreffend die Ordnungsstrafen zu.
(3) Stösst die Kirchenpflege auf Tatbestände, deren Behandlung über ihre Kompetenz hinausgeht, so hat sie unter Beilegung der Akten der zuständigen Behörde Meldung zu erstatten. Vorgesetzte Behörde bei Verstössen gegen die kirchliche Ordnung ist die Bezirkskirchenpflege, bei solchen gegen das staatliche Recht der Bezirksrat.
[...]

### *3. Kind, Jugend, junge Erwachsene und Familie*

#### *a. Grundsätzliches*

**Art. 79. Aufgabe.** (1) Die Beheimatung der Kinder und Jugendlichen sowie ihrer Familien im evangelischen Glauben und ihre Begleitung im Leben gehören zu den wesentlichen Aufgaben der Kirche.

(2) Die Kirche nimmt diesen Auftrag wahr durch Weitergabe des biblischen Erbes und der christlichen Überlieferung an Kinder und Jugendliche, durch Unterstützung der Familien bei ihrer Erziehungsaufgabe, durch verbindliche und freiwillige Angebote für Kinder, Jugendliche, junge Erwachsene und Familien sowie durch Bildungsarbeit mit Eltern und Erziehenden.

**Art. 80. Verantwortung.** (1) Die Eltern oder die Erziehungsberechtigten tragen als Erste die Verantwortung für die Erziehung der Kinder im evangelischen Glauben.
(2) Sie ermöglichen den Kindern und Jugendlichen die Teilnahme am Leben der Gemeinde und an den Angeboten im Bereich Kind, Jugend, junge Erwachsene und Familie.
(3) Kirche und Eltern oder Erziehungsberechtigte unterstützen einander in der Weitergabe des Glaubens an die Kinder und Jugendlichen.

[Art. 81 aufgehoben]

*b. Schulischer Religionsunterricht*

**Art. 82. Religiöse Bildung.** (1) Die Kirche setzt sich dafür ein, dass das Recht der Kinder und Jugendlichen auf Begegnung mit dem biblischen Erbe und der christlichen Überlieferung an den Volks- und Mittelschulen gewahrt bleibt.
(2) Sie fördert das Gespräch zwischen den Konfessionen und Religionen im Rahmen der Schule und des schulischen Religionsunterrichts.

[Art. 83 aufgehoben]

**Art. 84. Unterstützung durch die Kirche.** Kirchgemeinden und Landeskirche fördern die Zusammenarbeit zwischen Kirche und Schule. Sie setzen sich für den Religionsunterricht auf allen Stufen der Volks- und Mittelschule ein. Sie bieten Unterstützung bei der Aus- und Fortbildung der Lehrkräfte, bei der Erarbeitung von Lehrplänen, bei der Bereitstellung von Unterrichtshilfen, bei der Gestaltung von Projekttagen und bei der Schulseelsorge.

[Art. 85 aufgehoben]

*c. Religionspädagogisches Handeln*

**Art. 86. Ziele.** Die Kirche führt Kinder und Jugendliche, junge Erwachsene sowie deren Familien in das Leben der christlichen Gemeinde ein. Die Heranwachsenden werden mit dem evangelischen Glauben vertraut gemacht. Dies geschieht durch gemeinsames Lernen und Gestalten, insbesondere durch Erfahrungen gottesdienstlichen Feierns und gemeinschaftlichen Teilens.

**Art. 87. Umsetzung.** Der Kirchenrat regelt die Einzelheiten. Er legt den Rahmen für die religionspädagogischen Angebote der Kirchgemeinden in einer Verordnung fest.

**Art. 88. Zusammenarbeit.** Die Kirchgemeinden gestalten ihre religionspädagogischen Angebote unter Berücksichtigung der örtlichen und regionalen Verhältnisse. Sie pflegen die Zusammenarbeit in der Gemeinde und über diese hinaus, insbesondere mit Jugendverbänden und anderen gesellschaftlichen Trägern ähnlicher Zielsetzung.

**Art. 89. Angebote.** (1) Die Kirchgemeinden führen sowohl verbindliche als auch freiwillige religionspädagogische Angebote. Der Kirchenrat legt die Kernthemen der verbindlichen Angebote gemäss den Beschlüssen der Kirchensynode fest.
(2) Die Kirchgemeinden koordinieren die verschiedenen Angebote untereinander und mit dem schulischen Religionsunterricht.

**Art. 90. Kinder bis acht Jahre.** (1) Kinder bis zu acht Jahren werden in die Grundformen des Glaubens und ins Kirchenjahr eingeführt.
(2) Die Kirche unterstützt die Eltern oder die Erziehungsberechtigten dabei, mit ihren Kindern den Glauben zu leben.

**Art. 91. Kinder von acht bis zwölf Jahren.** (1) Den Kindern von acht bis zu zwölf Jahren wird ein vertieftes Grundwissen über den Glauben vermittelt. Sie werden angeleitet, für den Glauben Sprache und Ausdruck zu finden.
(2) Die verbindlichen Angebote für Kinder von acht bis zu zwölf Jahren umfassen mindestens 120 Stunden, unterteilt in mindestens 30 Stunden je in der zweiten, dritten und vierten sowie in der fünften bis siebten Klasse. Kinder- und jugendgemässe Gottesdienste sind Bestandteil der Angebote.

**Art. 92. Jugendliche.** (1) Die Kirche begleitet Jugendliche von zwölf Jahren bis zur Konfirmation auf der Suche nach einem mündigen Glauben und nach einem Leben in christlicher Verantwortung. Ausgehend von Erfahrungen gelebter Gemeinschaft regt sie die Jugendlichen zu einer Auseinandersetzung mit den biblischen Traditionen von Schöpfung, Versöhnung und Befreiung an.
(2) Die verbindlichen Angebote für Jugendliche von zwölf Jahren bis zur Konfirmation umfassen mindestens 7(2) Stunden.

**Art. 92a. Konfirmation.** (1) Die Konfirmation nimmt das Ja Gottes auf, wie es in der Taufe zum Ausdruck kommt. In der Konfirmation bittet die Ge-

meinde für die Konfirmanden und Konfirmandinnen um den Segen Gottes. Sie lädt zu verantwortlichem Christsein und zur Teilnahme am Leben der Kirche ein.
(2) Die Konfirmation der Jugendlichen erfolgt in der Regel im letzten obligatorischen Schuljahr an einem Sonntag nach Pfingsten.
(3) Voraussetzung für die Konfirmation ist der Besuch der verbindlichen religionspädagogischen Angebote in der zweiten bis siebten Klasse, des Konfirmandenunterrichts sowie des Religionsunterrichts an der Volks- und Mittelschule oder einer anderen Schule. Ausnahmen regelt der Kirchenrat in der Verordnung. Es ist die Regel, dass die Konfirmanden und Konfirmandinnen getauft sind.

**Art. 92b. Junge Erwachsene.** Die Kirche ermutigt junge Erwachsene, Verantwortung zu übernehmen. Sie gibt ihnen die Möglichkeit, sich am spirituellen und solidarischen Leben der Gemeinde zu beteiligen und eigene Projekte zu gestalten.
[...]

**Art. 96a. Erwachsenenbildung.** (1) Die Kirchgemeinden wissen sich der Bildungsarbeit mit Erwachsenen verpflichtet. Sie sind bestrebt, untereinander zusammenzuarbeiten.
(2) Durch ihre Angebote suchen die Kirchgemeinden den Glauben zu wecken und zu vertiefen. Sie berücksichtigen die theologische Vielfalt der Landeskirche. Sie stärken das religiöse, soziale und kulturelle Urteilsvermögen und unterstützen die Erwachsenen insbesondere bei der Suche nach christlicher Identität.
(3) Für Erwachsene, die sich taufen oder konfirmieren lassen wollen, sowie für solche, die in die evangelisch-reformierte Landeskirche eintreten wollen, können gemeindeweise oder regional entsprechende Unterrichtsveranstaltungen durchgeführt werden.

**Art. 98. Jugendarbeit.** Die offene Jugendarbeit der Kirchgemeinde fördert die Beziehungsfähigkeit unter Jugendlichen, bietet Gelegenheit zur Beteiligung und stärkt das eigenverantwortliche Handeln.

**Art. 105. Gebäude und Liegenschaften.** [...] (2) Die dauernde Nutzung von Kirchen zu anderen als kirchlichen Zwecken und ihre Veräusserung bedürfen der Zustimmung des Kirchenrates. Im Bereich der Stadtverbände Zürich und Winterthur entscheidet der Kirchenrat unter Einbezug der Verbandsvorstände.
[Abs. 2 wird zu Abs. 3]
[...]

**Art. 125. Pfarrkonvent.** In Kirchgemeinden mit mehr als einer Pfarrstelle bilden die Pfarrer und Pfarrerinnen den Pfarrkonvent. Sie bezeichnen in frei gewähltem Turnus oder zu Beginn jeder Amtsdauer, wer den Vorsitz führt. Der oder die Vorsitzende des Pfarrkonvents ist in erster Linie verantwortlich für die geordnete Zusammenarbeit mit der Kirchenpflege, dem Gemeindekonvent und den vorgesetzten kirchlichen Instanzen.

**Art. 143. Kirchenmusiker, Kirchenmusikerin.** Organisten und Organistinnen, Kantoren und Kantorinnen, Chorleiter und Chorleiterinnen sowie weitere beauftragte Musiker und Musikerinnen nehmen die kirchenmusikalischen Aufgaben der Kirchgemeinde wahr. Sie sind zusammen mit den Pfarrern und den Pfarrerinnen insbesondere für das Singen im Gottesdienst und die weitere musikalische Gestaltung der Liturgie verantwortlich.

[Art. 144 aufgehoben]

**Art. 145. Sozial-Diakonischer Mitarbeiter, Sozial- Diakonische Mitarbeiterin.** (1) Sozial-Diakonische Mitarbeiter und Mitarbeiterinnen erfüllen Aufgaben im Rahmen des diakonischen Auftrags der Kirchgemeinde.
[Abs. 2 aufgehoben]

**Art. 145a. Katechet, Katechetin.** Katecheten und Katechetinnen erfüllen Aufgaben im Rahmen des religionspädagogischen Auftrags der Kirchgemeinde.

[Art. 145b aufgehoben]

**Art. 146. Kirchliche Sekretariatsangestellte.** Kirchliche Sekretariatsangestellte übernehmen administrative Aufgaben der Kirchgemeinde.

[Art. 147 aufgehoben]

**Art. 148. Sigrist, Sigristin, Hauswart, Hauswartin.** (1) Sigristen und Sigristinnen warten in erster Linie die kirchlichen Liegenschaften, Gebäude und Räumlichkeiten. Sie verantworten die Zurüstung der gottesdienstlichen Veranstaltungen gemäss den Beschlüssen der Kirchenpflege oder nach den Weisungen des Pfarrers oder der Pfarrerin.
(2) Hauswarte und Hauswartinnen warten die kirchlichen Liegenschaften, Gebäude und Räumlichkeiten, soweit diese Aufgabe nicht vom Sigristen oder von der Sigristin wahrgenommen wird.

**Art. 149. Berufsprofile.** Der Kirchenrat legt für die kirchlichen Berufe Berufsprofile fest. Diese beschreiben die grundsätzlichen Aufgaben und Anforderungen.

*Titel vor Art. 149a: 4. Freiwillige*

**Art. 149a. Freiwilligenarbeit.** (1) Die Freiwilligen beteiligen sich an der Gestaltung des Gemeindelebens.
(2) Die Kirchgemeinden schaffen für die Freiwilligen ein von Wertschätzung, Vertrauen und gegenseitiger Achtung geprägtes Umfeld. Sie sorgen für gute Rahmenbedingungen. Sie berücksichtigen die besonderen Fähigkeiten der Freiwilligen und fördern diese im Hinblick auf ihren Einsatz.
(3) Der Kirchenrat erlässt Richtlinien über die Freiwilligenarbeit.

**Art. 151. Zusammensetzung, Organisation.** [...] (2) Der Dekan oder die Dekanin nimmt an den Sitzungen der Bezirkskirchenpflege mit beratender Stimme und Antragsrecht teil. Der Präsident oder die Präsidentin des Diakonatskapitels im Bezirk nimmt auf Einladung der Bezirkskirchenpflege mit beratender Stimme und Antragsrecht an den Sitzungen teil, wenn entsprechende Geschäfte vorliegen, mindestens aber einmal jährlich.
(3) Die Mitgliedschaft in der Bezirkskirchenpflege ist unvereinbar mit dem Amt des Dekans oder der Dekanin, des Vizedekans oder der Vizedekanin sowie mit dem Präsidium und dem Vizepräsidium eines Diakonatskapitels.

**Art. 152. Aufgaben.** [...] (2) Der Bezirkskirchenpflege kommen namentlich folgende Aufgaben zu:

1. regelmässige Pflege der Beziehungen zu den Kirchgemeinden sowie zu deren Angestellten,
2. Visitation des kirchlichen Lebens in den Kirchgemeinden, insbesondere in den Bereichen Gottesdienst, Diakonie und Religionspädagogik,
3. Vermittlung bei Spannungen innerhalb einer Kirchgemeinde, zwischen Kirchgemeinden sowie zwischen ihren Amtsträgern und Amtsträgerinnen, Angestellten und Mitgliedern,
4. Anordnung von aufsichtsrechtlichen Massnahmen,
5. Begutachtung von Gesuchen um Errichtung von zeitlich befristeten Pfarrstellen,
6. Unterstützung der Kirchgemeinden in der übergemeindlichen Zusammenarbeit,
7. Einberufung kirchlicher Bezirksversammlungen und Veranstaltung kirchlicher Bezirkstage,
8. Aufsicht über die Führung der Pfarrarchive und der kirchlichen Register, unter Vorbehalt der Zuständigkeit des Staatsarchivs,
9. Vertretung der Anliegen der Landeskirche im Bezirk,
10. Berichterstattung an den Kirchenrat über Vorkommnisse gemäss Ziff. 3 und 4 sowie Erstattung eines jährlichen Berichts an den Kirchenrat über ihre Tätigkeit und über den Stand des kirchlichen Lebens im Bezirk,

11. Behandlung weiterer durch die Kirchenordnung und den Kirchenrat zugewiesener Geschäfte.

(3) Die Bezirkskirchenpflege steht unter der Aufsicht des Kirchenrates. Dieser regelt die Aufsichts- und Visitationstätigkeit der Bezirkskirchenpflegen.
[Abs. 3 wird zu Abs. 4, bisheriger Abs. 4 aufgehoben]
[...]

**Art. 155. Zusammensetzung.** (1) Im Pfarrkapitel des Bezirks versammeln sich die Mitglieder des zürcherischen Ministeriums mit Wohnsitz im Bezirk. Mitglieder, die im Dienst einer Kirchgemeinde, der Landeskirche oder einer mit ihr verbundenen Institution stehen und ihren Tätigkeitsschwerpunkt ausserhalb des Bezirks haben, nehmen dort Einsitz in das Pfarrkapitel.
[Abs. 2-4 aufgehoben]

**Art. 155a. Konstituierung.** (1) Das Pfarrkapitel konstituiert sich auf Einladung des Dekans oder der Dekanin binnen dreier Monate nach Beginn der sechsjährigen Amtsdauer.
(2) Das Pfarrkapitel wählt aus seiner Mitte im geheimen Verfahren auf die Dauer von sechs Jahren einen Vorstand, bestehend aus Dekan oder Dekanin, Vizedekan oder Vizedekanin und Aktuar oder Aktuarin. Dekan oder Dekanin und Vizedekan oder Vizedekanin müssen im Pfarrkapitel stimmberechtigt sein und dürfen nicht dem Kirchenrat angehören.

**Art. 155b. Versammlungen.** (1) Das Pfarrkapitel versammelt sich ordentlicherweise im Frühjahr und im Herbst, ausserordentlicherweise auf Einladung des Dekans oder der Dekanin oder auf Begehren von wenigstens einem Fünftel der stimmberechtigten Mitglieder.
(2) Die im Amt stehenden Pfarrer und Pfarrerinnen sind zum Besuch der Kapitelsversammlung verpflichtet.
(3) Stimm- und wahlberechtigt sind die im Dienst einer Kirchgemeinde, der Landeskirche oder einer mit ihr verbundenen Institution stehenden Mitglieder des Pfarrkapitels. Weitere Mitglieder nehmen an den Kapitelsversammlungen mit beratender Stimme teil.

**Art. 156. Aufgaben.** Dem Pfarrkapitel obliegen insbesondere: [...]

4. Antragstellung zu kirchlichen Fragen und Einrichtungen, bezüglich des eigenen Bezirks zuhanden der Bezirkskirchenpflege und des Diakonatskapitels, im Übrigen zuhanden des Kirchenrates,

[...]

*Titel vor Art. 157: 5. Dekan und Dekanin*

**Art. 157. Stellung.** (1) Der Dekan oder die Dekanin leitet das Pfarrkapitel und vertritt dieses nach aussen.
(2) Neu gewählte Dekane und Dekaninnen werden im Rahmen eines Gottesdienstes durch ein Mitglied des Kirchenrates in ihr Amt eingesetzt.
(3) Dekane und Dekaninnen, die im Dienst der Landeskirche oder einer Kirchgemeinde stehen, können in ihrer Tätigkeit zeitlich entlastet werden. Sind sie teilzeitlich tätig oder stehen sie im Dienst einer mit der Landeskirche verbundenen Institution, so kann ihnen oder der Institution stattdessen eine Entschädigung ausgerichtet werden. Der Kirchenrat setzt die Entlastung oder Entschädigung fest.

**Art. 157a. Aufgaben.** (1) Dem Dekan oder der Dekanin obliegen innerhalb des Pfarrkapitels insbesondere:

1. Einsetzung der neu gewählten Pfarrer und Pfarrerinnen in ihr Amt sowie Einführung in die besonderen Verhältnisse ihrer Gemeinde und der Landeskirche,
2. seelsorgerliche Begleitung sowie fachliche Beratung und Förderung der Mitglieder des Pfarrkapitels,
3. Vermittlung bei Spannungen unter Pfarrern und Pfarrerinnen sowie in Zusammenarbeit mit der Bezirkskirchenpflege zwischen diesen und der Kirchenpflege,
4. Förderung der Zusammenarbeit zwischen den Pfarrern und Pfarrerinnen im Pfarrkapitel,
5. Vertretung des Kirchenrates im Pfarrkapitel und im Bezirk in Belangen der Amtsführung der Pfarrer und Pfarrerinnen,
6. Teilnahme an der Dekanenkonferenz und Vertretung der Anliegen des Pfarrkapitels in der Dekanenkonferenz,
7. Berichterstattung an den Kirchenrat.

(2) Dekane und Dekaninnen sind im Rahmen ihrer Obliegenheiten befugt, wenn nötig einzelne Mitglieder ihres Pfarrkapitels zu ermahnen und Anweisungen zu erteilen.

*Titel vor Art. 157 b: 6. Das Diakonatskapitel*

**Art. 157b. Zusammensetzung, Bestand.** (1) Sozial-Diakonische Mitarbeiter und Mitarbeiterinnen, die im Dienst einer Kirchgemeinde, der Landeskirche oder einer mit ihr verbundenen Institution stehen, sind Mitglieder eines Diakonatskapitels. Die Zugehörigkeit richtet sich nach dem Ort der Tätigkeit.
(2) Es bestehen die Diakonatskapitel Stadt Zürich rechts der Limmat (Bezirk Zürich rechts der Limmat), Stadt Zürich links der Limmat (Bezirk Zürich

links der Limmat), Winterthur (Bezirke Winterthur und Andelfingen), Unterland (Bezirke Bülach, Dielsdorf und Dietikon), Oberland (Bezirke Uster, Pfäffikon und Hinwil) und Zürichsee (Bezirke Meilen, Horgen und Affoltern).

**Art. 157c. Konstituierung.** (1) Das Diakonatskapitel konstituiert sich auf Einladung des Präsidenten oder der Präsidentin im zweiten Semester des Jahres, das auf die Gesamterneuerungswahlen der Kirchenpflegen folgt.
(2) Es wählt aus seiner Mitte im geheimen Verfahren auf die Dauer von vier Jahren seinen Vorstand, bestehend aus Präsident oder Präsidentin, Vizepräsident oder Vizepräsidentin und Aktuar oder Aktuarin. Präsident oder Präsidentin und Vizepräsident oder Vizepräsidentin müssen im Diakonatskapitel stimmberechtigt sein und dürfen nicht dem Kirchenrat angehören.

**Art. 157d. Versammlungen.** (1) Das Diakonatskapitel versammelt sich ordentlicherweise im Frühjahr und im Herbst, ausserordentlicherweise auf Einladung des Präsidenten oder der Präsidentin oder auf Begehren von wenigstens einem Fünftel der stimmberechtigten Mitglieder.
(2) Die stimmberechtigten Mitglieder sind zur Teilnahme an den Kapitelsversammlungen verpflichtet.
(3) Stimm- und wahlberechtigt sind Mitglieder, die mit einem Beschäftigungsgrad von mindestens 30 Prozent bei einer Kirchgemeinde, der Landeskirche oder einer mit ihr verbundenen Institution tätig sind. Weitere Mitglieder nehmen an den Kapitelsversammlungen mit beratender Stimme teil.

**Art. 157e. Aufgaben.** Dem Diakonatskapitel obliegen insbesondere:
1. Begutachtung von Fragen zum Leben der Kirche, die ihm von Kirchensynode, Kirchenrat, Bezirkskirchenpflege oder Pfarrkapitel vorgelegt werden,
2. Behandlung diakonischer und kirchlicher Fragen,
3. Antragstellung zu kirchlichen Fragen und Einrichtungen, bezüglich des eigenen Diakonatskapitels zuhanden der zuständigen Bezirkskirchenpflege und des zuständigen Pfarrkapitels, im Übrigen zuhanden des Kirchenrates,
4. Kontakte mit kirchlichen Diensten und verwandten Einrichtungen.

*Titel vor Art. 157 f: 7. Präsidium des Diakonatskapitels*

**Art. 157f. Stellung und Aufgaben.** (1) Der Präsident oder die Präsidentin leitet das Diakonatskapitel und vertritt dieses nach aussen.
(2) Präsidenten und Präsidentinnen, die im Dienst einer Kirchgemeinde oder der Landeskirche stehen, können in ihrer beruflichen Tätigkeit zeitlich entlastet werden. Sind sie teilzeitlich tätig oder stehen sie im Dienst einer mit

der Landeskirche verbundenen Institution, so kann ihnen oder der Institution stattdessen eine Entschädigung ausgerichtet werden. Der Kirchenrat regelt in Absprache mit der betreffenden Kirchgemeinde oder Institution die Einzelheiten.

**Art. 157g. Aufgaben.** Dem Präsidenten und der Präsidentin obliegen insbesondere folgende Aufgaben:

1. auf Einladung der Kirchenpflege Mitwirkung bei der Einsetzung von neu angestellten Sozial-Diakonischen Mitarbeitern und Mitarbeiterinnen in ihren Dienst sowie Einführung in die besonderen Verhältnisse ihrer Gemeinde und der Landeskirche,
2. Beratung und Begleitung der Mitglieder des Diakonatskapitels,
3. im Einzugsbereich des Diakonatskapitels Vermittlung bei Spannungen unter Sozial-Diakonischen Mitarbeitern und Mitarbeiterinnen sowie in Zusammenarbeit mit der Bezirkskirchenpflege zwischen diesen und der Kirchenpflege,
4. Teilnahme an der Diakonatspräsidienkonferenz und Vertretung der Anliegen des Diakonatskapitels in der Diakonatspräsidienkonferenz,
5. Berichterstattung an den Kirchenrat.

[…]

**Art. 167a. Finanzielle Befugnisse.** (1) Der Kirchenrat beschliesst in eigener Kompetenz

1. über neue, im Voranschlag nicht enthaltene Ausgaben der Zentralkasse im folgenden Umfang:
   a. einmalige Ausgaben bis Fr. 100'000 im Einzelfall,
   b. jährlich wiederkehrende Ausgaben bis Fr. 30'000 im Einzelfall,
2. über Nachtragskredite zu den von der Kirchensynode bewilligten Verpflichtungskrediten, bis höchstens zehn Prozent des von der Kirchensynode im Einzelnen bewilligten Betrags, alles zusammen bis zu einem jährlichen Höchstbetrag von Fr. 1'000'000.

(2) Der Kirchenrat ist nach Massgabe des Finanzreglements zur Aufnahme und Gewährung von Darlehen sowie zum Ankauf und Verkauf von Liegenschaften ermächtigt.

[…]

*Titel vor Art. 186: 4. Ausbildung und Weiterbildung*

**Art. 187. Amtsträger und Amtsträgerinnen.** Zur Aus- und Weiterbildung der Mitglieder der Gemeinde- und Bezirkskirchenpflegen, der Dekane und Dekaninnen sowie der Präsidenten und Präsidentinnen der Diakonatskapitel führt der Kirchenrat Kurse und Tagungen durch, besonders zu Beginn einer neuen Amtsdauer.

**Art. 188. Angestellte.** (1) Der Kirchenrat stellt im Zusammenwirken mit den Kirchgemeinden die Aus- und Weiterbildung der kirchlichen Angestellten sicher.
(2) Die Landeskirche kann Ausbildungsstätten für kirchliche Berufe errichten oder unterstützen.
[Abs. 3 aufgehoben]

**Art. 189. Freiwillige.** Die Landeskirche unterstützt die Weiterbildung von Freiwilligen.

[Art. 190 aufgehoben]

*Titel vor Art. 192: 5. Gesamtkirchliche Pfarrämter und Dienste*

**Art. 192. Allgemeines.** Gesamtkirchliche Pfarrämter und Dienste erfüllen landeskirchliche Aufgaben.

**Art. 193. Gesamtkirchliche Pfarrämter.** (1) Gesamtkirchliche Pfarrämter erfüllen pfarramtliche Aufgaben in Spitälern, Heimen, Gefängnissen und weiteren Institutionen sowie in besonderen Diensten der Landeskirche.
(2) Sie werden von der Kirchensynode geschaffen. Der Kirchenrat wählt die Amtsinhaber und Amtsinhaberinnen, setzt ihre Besoldungen fest und regelt ihre dienstlichen Verrichtungen. Vorbehalten bleiben die Bestimmungen des staatlichen Rechts (Kirchengesetz § 45).

**Art. 194. Einsetzung und Einordnung.** (1) Die an Gesamtkirchliche Pfarrämter und mit der Landeskirche verbundenen Institutionen gewählten Pfarrer und Pfarrerinnen werden im Auftrag des Kirchenrates vom zuständigen Dekan oder von der zuständigen Dekanin in ihr Amt eingesetzt.
(2) Sie unterstehen hinsichtlich ihrer Amtstätigkeit dem für ihr Pfarramt oder ihre Institution bestellten Aufsichtsorgan und der Oberaufsicht des Kirchenrates.

**Art. 195. Gesamtkirchliche Dienste.** (1) Die Gesamtkirchlichen Dienste übernehmen Aufgaben, die sich der Landeskirche gesamthaft stellen. Sie unterstützen den Kirchenrat und weitere kirchliche Behörden, Organe sowie Mitarbeiter und Mitarbeiterinnen bei der Erfüllung ihres Auftrags. Sie erbringen insbesondere Leistungen zu Gunsten der Kirchgemeinden und fördern die übergemeindliche Zusammenarbeit.
(2) Der Kirchenrat leitet die Gesamtkirchlichen Dienste. Er regelt ihre Organisation, Aufgaben und Zuständigkeiten.

[Art. 197 aufgehoben]

[...]

**Art. 205. Mission.** [...] (2) Sie arbeitet mit den schweizerischen Missionswerken zusammen, namentlich mit „mission21“.

**Art. 208. Zwischenkirchliche Hilfe, Entwicklungszusammenarbeit.** (1) Die Landeskirche unterstützt die zwischenkirchliche Hilfe in der Schweiz und im Ausland. [(2) ...]
(3) Sie arbeitet namentlich mit „HEKS – Hilfswerk der Evangelischen Kirchen Schweiz“ und „Brot für alle“ (BFA) als den Werken des Schweizerischen Evangelischen Kirchenbundes zusammen. Sie unterstützt auch andere Werke.

**Art. 210. Landeskirche und Schule.** [...] (2) Die Landeskirche übernimmt ideell und finanziell Mitverantwortung für staatlich anerkannte evangelische Bildungs- und Ausbildungsinstitutionen, indem sie deren Gründung und Betrieb unterstützt.
[...]

***Übergangsbestimmungen***

**Art. 219. Aufhebung von Erlassen.** Durch diese Kirchenordnung und ihre Änderungen werden alle widersprechenden früheren Vorschriften der evangelisch-reformierten Landeskirche des Kantons Zürich aufgehoben, insbesondere die Kirchenordnung vom 13. Februar 1905 mit den seitherigen Änderungen.

**Art. 220. Kirchgemeindeordnung, Gemeindekonvent.** (1) Kirchgemeinden, die über keine Kirchgemeindeordnung verfügen, erlassen eine solche binnen zweier Jahre nach Inkrafttreten der Teilrevision der Kirchenordnung vom 31. Januar 2006.
(2) Binnen der nämlichen Frist nimmt der Gemeindekonvent seine Tätigkeit auf.

**Art. 221. Religionspädagogisches Handeln.** Art. 86-92b der Kirchenordnung in der Fassung gemäss Synodebeschluss vom 31. Januar 2006 treten in den Kirchgemeinden schrittweise mit der Einführung der verbindlichen Angebote des religionspädagogischen Handelns in Kraft. Bis zu diesem Zeitpunkt gelten für den kirchlichen Unterricht Art. 86-91 der Kirchenordnung in der Fassung gemäss Synodebeschluss vom 26. September 1989 weiter.

**Art. 222. Inkrafttreten.** Diese Kirchenordnung und ihre Änderungen treten, unter Vorbehalt der Annahme durch die Stimmberechtigten und der Erwahrung durch die Kirchensynode im Fall einer Referendumsabstimmung, nach der amtlichen Veröffentlichung des Genehmigungsbeschlusses des Regierungsrates auf den vom Kirchenrat bestimmten Termin in Kraft.*

* Die Änderungen sind am 1. September 2006 in Kraft getreten.

# Bericht und Antrag des Regierungsrates des Kantons Zug vom 16. August 2005, zu den Motionen betreffend Kirchensteuer juristischer Personen/Mandatssteuer [Auszug]

## *2. Die Kirchensteuerpflicht der juristischen Personen*

Gemäss Art. 3 der Bundesverfassung ist es Sache der Kantone, das Verhältnis zwischen Staat und Kirche zu ordnen. Dementsprechend bestehen 26 unterschiedliche kantonale Kirchensteuerregelungen. Lediglich in fünf Kantonen (Aargau, Appenzell-Ausserrhoden, Basel-Stadt, Schaffhausen, Genf) werden keine Kirchensteuern von juristischen Personen erhoben. Im Kanton Waadt sind die Kultuskosten in den Budgets des Kantons und der Gemeinden enthalten und werden somit aus dem Ertrag der ordentlichen Steuern finanziert.
Im Kanton Zug hat die Steuerhoheit der Kirchgemeinden ihre Rechtsgrundlage in den §§ 72 sowie 74-76 der Kantonsverfassung. Die evangelisch-reformierte Kirchgemeinde und die zehn römisch-katholischen Kirchgemeinden erheben bei persönlicher oder wirtschaftlicher Zugehörigkeit zum Gebiet der Kirchgemeinde von den juristischen Personen Kirchensteuern. Die juristischen Personen entrichten die Kirchensteuern aufgrund der Ergebnisse der letzten Volkszählung im Verhältnis der im Gebiet einer katholischen Kirchgemeinde wohnhaften Mitglieder der Kirchgemeinden. Juristische Personen mit konfessionellem Zweck haben die Kirchensteuer nur der Kirchgemeinde der eigenen Konfession zu entrichten (§ 169 Abs. 1, 3 und 4 Steuergesetz vom 25. Mai 2000, BGS 632.1).
Im Steuerjahr 2003 waren im Kanton Zug insgesamt 20'097 juristische Personen kirchensteuerpflichtig (inklusive Zu- und Wegzüge während des laufenden Jahres). [...]

## *3. Motion betreffend Befreiung der juristischen Personen von der Kirchensteuer*

### ***3.1. Motionsbegehren***

Die Kantonsräte M.A. und T.V. haben am 14. Oktober 2004 folgende Motion eingereicht:

„Der Regierungsrat wird beauftragt, dem Kantonsrat eine Vorlage zu unterbreiten, mit welcher die Erhebung der Kirchensteuer bei juristischen Personen aufgehoben wird."

Zur Begründung führen sie im Wesentlichen an, die Kirchensteuer sei unlösbar mit der Persönlichkeit des Menschen verbunden. Eine Auferlegung derartiger Steuern lasse sich nur aus der Zugehörigkeit zu einer Glaubensgemeinschaft rechtfertigen. Eine solche sei bei den juristischen Personen nicht gegeben. Zudem wiesen juristische Personen keinen Bezug zu den Tätigkeiten der Kirchen auf. Es sei störend, dass juristische Personen für Leistungen steuerpflichtig seien, an welchen sie überhaupt nicht teilhaben könnten. Eine derartige Steuer sei für den Standort Zug nicht von Vorteil.
Hinter juristischen Personen stünden immer auch natürliche Personen. Das geltende Recht trage deren Religionsfreiheit jedoch nicht Rechnung: Sei beispielsweise der Besitzer einer Firma Angehöriger einer Freikirche, entrichte er über seine Firma trotzdem Steuern an die evangelisch-reformierte und die römisch-katholische Kirchgemeinde.
Das Bundesgericht habe sich mehrfach mit dieser Materie befasst, sich aber nie dazu bewegen lassen, den juristischen Personen das Recht zu geben, sich auf Artikel 49 Absatz 6 der alten Bundesverfassung zu berufen[1]. Letztmals habe sich das Bundesgericht im Juni 2000 mit der Kirchensteuerpflicht der juristischen Personen befasst. Es habe entschieden, dass sich juristische Personen nicht auf die in Artikel 15 der neuen Bundesverfassung verankerte Glaubens- und Gewissensfreiheit[2] berufen könnten, weil sie als künstliche Rechtsgebilde gar kein religiöses Gewissen haben könnten.
Der Grossteil der Steuerrechtslehre habe die Bundesgerichtspraxis und auch den neuesten Bundesgerichtsentscheid immer wieder kritisiert und trete auch heute noch für eine Befreiung der juristischen Personen von der Kirchensteuerpflicht ein, welche in fünf Kantonen bereits bestehe (BS, SH, AR, AG und GE).

1 Art. 49 Abs. 6 aBV lautete: „Niemand ist gehalten, Steuern zu bezahlen, welche speziell für eigentliche Kultuszwecke einer Religionsgemeinschaft, der er nicht angehört, auferlegt werden. Die nähere Ausführung dieses Grundsatzes ist der Bundesgesetzgebung vorbehalten."

2 Art. 15 nBV lautet: „(1) Die Glaubens und Gewissensfreiheit ist gewährleistet. (2) Jede Person hat das Recht, ihre Religion und ihre weltanschauliche Überzeugung frei zu wählen und allein oder in Gemeinschaft mit anderen zu bekennen. (3) Jede Person hat das Recht, einer Religionsgemeinschaft beizutreten oder anzugehören und religiösem Unterricht zu folgen. (4) Niemand darf gezwungen werden, einer Religionsgemeinschaft beizutreten oder anzugehören, eine religiöse Handlung vorzunehmen oder religiösem Unterricht zu folgen."

Die Fragwürdigkeit des heutigen Systems zeige sich auch bei den Austrittsmöglichkeiten: Eine natürliche Person könne jederzeit aus der Kirche austreten und sei damit auch nicht mehr kirchensteuerpflichtig. Einer juristischen Person stehe diese Möglichkeit hingegen nicht offen.
Der Kantonsrat hat die Motion an seiner Sitzung vom 28. Oktober 2004 an den Regierungsrat zur Berichterstattung und Antragstellung überwiesen.

### 3.2. Kommentar zur Rechtsprechung des Bundesgerichts

Seit 1878 hat das Bundesgericht wiederholt die Verfassungsmässigkeit der Kirchensteuerpflicht juristischer Personen bestätigt, letztmals mit Bundesgerichtsentscheid vom 13. Juni 2000 (BGE 126 I 122). In diesem neuesten Entscheid hielt es fest, dass seine bisherige Praxis auch mit der in Art. 15 der neuen Bundesverfassung gewährleisteten Glaubens- und Gewissensfreiheit im Einklang stehe. Aus den Vorarbeiten der Verfassungskommission des Stände- und Nationalrates gehe hervor, dass in der neuen Bundesverfassung an der Kirchensteuer für juristische Personen nichts geändert werden sollte.
Es kann daher davon ausgegangen werden, dass das Bundesgericht auch in naher Zukunft nicht von seiner seit über 100 Jahren verfolgten konstanten Praxis abweichen wird.
Nach der Rechtsprechung des Bundesgerichts wollte der Verfassungsgeber den Kantonen nicht verbieten, das Kirchenwesen als eine öffentliche Aufgabe zu betrachten und die anerkannten Landeskirchen als Gebietskörperschaften auszugestalten. Ebenso wenig wollte er es verbieten, dass die Kirchgemeinden ihre finanziellen Bedürfnisse gleich wie die politischen Gemeinden durch die Erhebung voraussetzungslos geschuldeter Abgaben (Steuern) von den ihrer Gebietshoheit unterworfenen Steuerpflichtigen decken können. Deshalb dürften auch die in ihrem Gebiet domizilierten juristischen Personen zur Kirchensteuer herangezogen werden und es dränge sich auf, die Ausnahme von der Kirchensteuerpflicht lediglich für natürliche Personen als Ausfluss der Glaubens- und Gewissensfreiheit anzusehen. Die Pflicht zur Leistung von Steuern an ein territorial bestimmtes Gemeinwesen sei nicht von der personellen Zugehörigkeit zu diesem Gemeinwesen abhängig. Es bestehe daher kein Anlass, juristische Personen nur deshalb von der Kirchensteuerpflicht auszunehmen, weil sie nicht Mitglied der steuerberechtigten Kirchen sein könnten (BGE 126 I 122).
Indem die Motionäre die Kirchensteuerpflicht auf einer rein personellen Grundlage postulieren, lassen sie die territoriale Grundlage einfach ausser Acht. Da die Kirchensteuerpflicht für juristische Personen nicht an persönliche Eigenschaften anknüpft, über die nur eine natürliche Person verfügt, ist es irrelevant, ob die juristische Person einen Bezug zum Tätigkeitsbereich

der Kirchen aufweist. Zudem ist die Kirchensteuer als eigentliche Steuer voraussetzungslos geschuldet und somit nicht von Gegenleistungen des entsprechenden Gemeinwesens abhängig.
Zwar trifft es zu, dass hinter juristischen Personen immer auch natürliche Personen stehen. Auch kann bei Kleinunternehmen in Form einer juristischen Person, bei denen die Konfession des Aktionärs nicht mit der Kirchensteuerpflicht des Unternehmens übereinstimmt, vordergründig eine gewisse Ungereimtheit erblickt werden. Das Bundesgericht hat sich jedoch auch mit diesem Umstand auseinandergesetzt und dazu ausgeführt, dass derjenige, der einen Teil seines Vermögens rechtlich von seiner Person trenne und als juristische Person verselbständige, neben den Vorteilen dieser Gestaltung (z.B. Schutz des privaten Vermögens im Konkursfall) auch deren Nachteile in Kauf zu nehmen habe. Zivilrechtlich führe die juristische Person ein eigenes, von den daran beteiligten natürlichen Personen getrenntes Dasein. Dementsprechend werde sie im schweizerischen Steuerrecht auch selbständig besteuert und unterliege einer besonderen Steuer. Diese getrennte Besteuerung sei auch fiskalisch gerechtfertigt, da die juristische Person unter eigenem Namen und auf eigene Rechnung wirtschaftliche Zwecke verfolge. Es erscheine nicht als stossend, dass derjenige, der für seine geschäftliche Tätigkeit die persönliche Haftung ausschliesse, sich bei der juristischen Person nicht auf Elemente seiner subjektiven Weltanschauung berufen könne (BGE 102 la 468; BGE 126 I 122).
Demzufolge ist nicht einzusehen, weshalb einzig und allein für die Kirchensteuer auf die hinter der juristischen Person stehenden natürlichen Personen abgestellt und von der sonst klar vorgenommenen Trennung zwischen natürlicher und juristischer Person abgewichen werden soll. Eine derartige Differenzierung nur im steuerlichen Bereich wäre sachfremd und systemwidrig. Es kann nicht angehen, Vermögen auszuscheiden und zu verselbständigen, um sich nachher für dasselbe Vermögen auf die Glaubens- und Gewissensfreiheit zu berufen.

### *3.3. Beurteilung des Motionsbegehrens*

Wie in der Motion richtig festgestellt wurde, können juristische Personen nicht aus der Kirche austreten. Dies hat seinen Grund jedoch nicht in einer Diskriminierung der juristischen Personen, sondern darin, dass sie mangels Glaubens gar nicht Mitglied einer Kirche sein und demzufolge auch nicht aus einer solchen austreten können. Wie bereits erwähnt ergibt sich ihre Steuerpflicht auch nicht aus einer personellen, sondern aus einer territorialen Zugehörigkeit zur entsprechenden Kirchgemeinde. Immerhin können juristische Personen, die einen konfessionellen Zweck verfolgen, gemäss Rechtsprechung des Bundesgerichts nicht dazu verpflichtet werden, an andere Religionsgemeinschaften Kirchensteuern zu entrichten. Eine Freikirche, die als Verein organisiert ist, zahlt folglich keine Kirchensteuer (vgl. § 169 Abs. 4 Steuergesetz).

Die Abschaffung der Kirchensteuer für juristische Personen würde eine Verfassungsrevision erfordern, welche der obligatorischen Volksabstimmung unterliegt, soll doch die Steuerhoheit einer Gemeindekategorie eingeschränkt werden[3].

In 20 Kantonen sind neben den natürlichen auch die juristischen Personen kirchensteuerpflichtig erfordern. Im Kanton Waadt werden die Kultuskosten aus dem Ertrag der ordentlichen Steuern gedeckt. Da in sämtlichen Nachbarkantonen, namentlich auch im starken Wirtschaftskanton Zürich Kirchensteuern erhoben werden, kann nicht von einem Standortnachteil gesprochen werden.

Gemäss Auskunft der Steuerverwaltung hat bislang im Kanton Zug keine einzige juristische Person in einem Rechtsmittelverfahren geltend gemacht, die Kirchensteuer verletze ihre Glaubens- und Gewissensfreiheit. Seitens der juristischen Personen besteht daher kein dringender Handlungsbedarf.

Die Belastung der juristischen Personen durch die Kirchensteuer im Kanton Zug ist bescheiden; im Jahre 2003 betrug sie für ordentlich besteuerte Gesellschaften je nach Standortgemeinde, Gewinnsituation und Kapitalausstattung lediglich rund 3 % der Belastung durch die direkten Steuern von Bund, Kanton und Gemeinden. Im Falle von Domizil-, Holding- oder gemischten Gesellschaften liegt die Belastung je nach konkreten Umständen in der Regel sogar noch deutlich tiefer. Demgegenüber hätte ein Verzicht auf die Erhebung von Kirchensteuern von juristischen Personen gravierende Auswirkungen auf den Finanzhaushalt der anerkannten Religionsgemeinschaften im Kanton Zug. Im Kanton Zug beliefen sich die Kirchensteuereinnahmen von juristischen Personen im Jahre 2003 auf rund Fr. 15,2 Mio. Damit leisteten die juristischen Personen einen Beitrag von rund 37,2 % der gesamthaften Kirchensteuereinnahmen.

Bei den römisch-katholischen Kirchgemeinden flossen im Jahre 2003 19 % der Einnahmen aus der Besteuerung der juristischen Personen in einen Steuerausgleichstopf, im Jahre 2004 20 %. Dieser Steuerausgleich kommt jenen römisch-katholischen Kirchgemeinden zugute, die ihre laufenden Ausgaben u.a. deshalb nicht zu decken vermögen, weil sie nur über wenige juristische

3 § 74 Abs. 1 KV lautet heute: „Die Gemeinden, ausser die Korporationsgemeinden, erheben Steuern, wenn ihre Einnahmen zur Erfüllung ihrer Aufgaben nicht ausreichen." Diese Bestimmung müsste ergänzt werden.

Personen verfügen. Die Befreiung der juristischen Personen von der Kirchensteuerpflicht hätte den Wegfall dieses Ausgleichs zur Folge. Einige Kirchgemeinden hätten somit gleich doppelt das Nachsehen.
Als Arbeitgeber und Träger der Wirtschaft zählen juristische Personen zu den wichtigsten Kräften der Gesellschaft. Sie tragen zum Wohlstand der Bevölkerung und damit zur Entfaltungsmöglichkeit aller natürlichen Personen bei. Damit einher geht eine hohe soziale und gesellschaftliche Mitverantwortung, denn die Wirtschaftstätigkeit kann als Nebenfolge auch soziale und gesellschaftliche Probleme wie Arbeitslosigkeit, Schwierigkeiten am Arbeitsplatz, Überarbeitung, Stress, Vereinsamung und Sinnkrise nach der Pensionierung schaffen. Genau diesen Fragen nehmen sich die Landeskirchen in ihrem sozialen und gesellschaftlichen Engagement an.
Die Landeskirchen sind in der Bevölkerung des Kantons Zug stark verankert. Trotz der immer wieder heraufbeschworenen Entfremdung zählten sich 2004 im Kanton Zug rund 62 % der Bevölkerung zur römisch-katholischen Landeskirche (64'926 Mitglieder) und rund 17 % zur evangelisch-reformierten Landeskirche (17'592 Mitglieder). Die Wirtschaft profitiert von Instanzen der Gesellschaft, die den Arbeitnehmerinnen und Arbeitnehmern inneren Halt geben, Sozialkompetenzen fördern und für hohe moralische Werte einstehen. Die immer öfter angestrebte Profilierung der Unternehmen in Richtung ethischer Verantwortung und Nachhaltigkeit wird nicht zuletzt von den Landeskirchen nachhaltig gefördert. Selbst wenn nicht alle juristischen Personen an diesen Leistungen interessiert wären, sei erwähnt, dass auch natürliche Personen nicht alle Leistungen beanspruchen, für die ihre Steuerbeträge verwendet werden. So werden beispielsweise kinderlose Familien und Alleinstehende nicht vom Steueranteil befreit, der für Schulen aufgewendet wird.
Die Landeskirchen stellen im Kanton Zug einen unverzichtbaren Teil des sozialen Netzes. Im Jahre 2003 unterstützten allein die zehn katholischen Kirchgemeinden gemeinnützige Institutionen und Vereine mit Fr. 3,356 Mio. Zusätzlich flossen in die Paarberatung Fr. 60'000.- und in die Betreuung Fremdsprachiger Fr. 508'000.-. Zur Unterstützung von Jugend- und Erwachsenenarbeit, für die Mütterberatung, die Spitex, Familienhilfe und für freie Vergabungen im In- und Ausland wurden weitere Fr. 1,1 Mio. aufgewendet. Dazu kamen direkte gemeinnützige Leistungen für Jugendarbeit (700 Stellenprozente), Betagtenarbeit (400 Stellenprozente), Spitalseelsorge (250 Stellenprozente) und Schuldenberatung (300 Stellenprozente). Die Leistungen

der evangelisch-reformierten Kirchgemeinde bewegten sich, prozentual zu ihrer Grösse, etwa im gleichen Rahmen[4].
Aus gesellschaftlicher Verantwortung heraus gewähren die Landeskirchen zahlreichen Vereinen, Institutionen und Kommissionen Gastrecht in ihren Kirchgemeindehäusern. Davon profitieren unter anderem die Säuglings- und Mütterberatung, Kinderhorte, Vorschulkindergärten, Veranstalterinnen und Veranstalter von Fasnachtsanlässen, Gymnastikanlässe, ausserkirchliche Musikvereine, Kulturkommissionen, Ausstellerinnen und Aussteller, Firmenanlässe, Lottomatches und Tagungen verschiedenster Art. Rund 9'000 derartige Belegungen sind allein bei den katholischen Kirchgemeinden pro Jahr zu verzeichnen. Der Verzicht auf Mieteinnahmen resp. die Gewährung kostengünstiger Konditionen bedeuten jährlich einen Einnahmenverzicht von rund Fr. 5,4 Mio.[5]. Der Ausfall der Einnahmen aus der Kirchensteuer der juristischen Personen würde einen Einnahmenverzicht in dieser Grössenordnung nicht mehr länger zulassen.
Die beiden Landeskirchen zählen im Kanton Zug zu den grösseren Arbeitgebern. Die Zahl der Beschäftigten der katholischen Kirchgemeinden beläuft sich auf umgerechnet 200 Vollzeitstellen. Dabei handelt es sich in zahlreichen Fällen um Teilzeitbeschäftigte mit Kleinpensen, von denen viele auf diesen höchst willkommenen Nebenerwerb angewiesen sind. Bei der evangelisch-reformierten Kirchgemeinde beläuft sich die Zahl der Beschäftigten auf umgerechnet rund 70 Vollzeitstellen, verteilt auf mehr als 135 Beschäftigte.
Für den Unterhalt von öffentlichen Gebäuden und vieler wertvoller Kunst- und Kulturdenkmäler wenden die beiden Landeskirchen Jahr für Jahr beachtliche Mittel auf. So beliefen sich die Investitionsausgaben der katholischen Kirchgemeinden für Bauten und Renovationen im Jahre 2003 auf Fr. 15,451 Mio. (bei der evangelisch-reformierten Kirchgemeinde auf Fr. 2,7 Mio.) und der laufende Unterhalt von öffentlichen Gebäuden auf Fr. 2,41 Mio. Von Seiten des Grossen Gemeinderats der evangelisch-reformierten Kirchgemeinde wurden im Juni 2004 allein für die Sanierung der Kirche Zug Fr. 2,689 Mio.[6] gesprochen.
Die Abschaffung der Kirchensteuer für juristische Personen hätte für die Kirchgemeinden Einbussen von mehr als einem Drittel ihrer gesamten Steuereinnahmen zur Folge. Ein derart grosser Steuerausfall würde dazu führen, dass die vorerwähnten Aufgaben von den Landeskirchen nicht mehr wahrgenommen werden könnten. Dass diese Steuerausfälle nicht einfach auf die

4 Quelle: Vereinigung der katholischen Kirchgemeinden des Kantons Zug (VKKZ)/evangelisch-reformierte Kirchgemeinde.
5 Quelle: VKKZ/evangelisch-reformierte Kirchgemeinde.
6 Quelle: VKKZ/evangelisch-reformierte Kirchgemeinde.

verbleibenden natürlichen Personen überwälzt werden können, steht ausser Frage. Dementsprechend müssten der Kanton und die Gemeinden, analog der Lösung des Kantons Waadt, in die entstehende Lücke einspringen. Da der Kanton und die Gemeinden diese Lücke auch wieder nur mit Steuereinnahmen der natürlichen und juristischen Personen decken könnten, würden die juristischen Personen wieder mit zusätzlichen Steuern belastet, von denen man sie eigentlich entlasten wollte.
Aus diesen Überlegungen ist der Regierungsrat gegen eine Abschaffung der Kirchensteuer für juristische Personen.

## *4. Motion betreffend Erhebung einer Mandatssteuer für juristische Personen anstelle der bisherigen Kirchensteuer*

### *4.1. Motionsbegehren*

Die Alternative Fraktion hat am 26. November 2004 eine Motion mit folgendem Antrag eingereicht:

> „Der Regierungsrat wird beauftragt, dem Kantonsrat eine Vorlage zu unterbreiten, welche vorsieht, für juristische Personen eine Mandatssteuer anstelle der bisherigen Kirchensteuer einzurichten. Diese Steuer soll wahlweise einer der kantonal anerkannten Religionsgemeinschaften, einer öffentlich anerkannten kulturellen Institution, einer öffentlich anerkannten sozialen Einrichtung oder einem öffentlich anerkannten, zewo-zertifizierten, schweizerischen Hilfswerk zugute kommen.
> Falls die steuerpflichtige Firma auf eine solche Zweckwidmung verzichtet, wird der Steuerbetrag einem neu zu gründenden Sozial-, Solidaritäts- und Kulturfonds gutgeschrieben, dessen Ressourcen durch den Kanton verteilt werden. Aus diesem Fonds sollen Kompensationsleistungen zugunsten der Kirchgemeinden für ihre gesellschaftlichen und sozialpolitischen Beiträge an die Gemeinwesen finanziert werden. Und wenn möglich soll daraus auch freundeidgenössische Hilfe geleistet werden.“

Zur Begründung führt die Alternative Fraktion an, es sei hinlänglich bekannt, dass juristische Personen keiner Kirche angehörten. Deshalb könnten sie – im Unterschied zu natürlichen Personen – aus einer solchen auch nicht austreten. Es sei daher nachvollziehbar, dass die Steuererhebung für juristische Personen regelmässig in Frage gestellt werde.
Juristische Personen seien jedoch mindestens so stark wie natürliche Personen auf ein gutes Funktionieren des gesellschaftlichen Miteinanders angewiesen. Auch die juristischen Personen profitierten davon, dass die Religionsgemeinschaften, aber auch andere sozial oder kulturell engagierte Organisationen einen grossen Beitrag zum sozialen Ausgleich, gesellschaftlichen

Zusammenhalt und kulturellen Leben in unserem Kanton beitragen. Deshalb wäre es völlig falsch, die juristischen Personen ersatzlos aus der Kirchensteuerpflicht zu entlassen. Die einzige Alternative sei eine Mandatssteuer.
Im Kanton Zürich sei am 24. September 1994 die Volksinitiative „für eine völlige Trennung von Kirche und Staat" haushoch abgelehnt worden. Bei dieser Initiative sei es im Wesentlichen um die Steuerbefreiung der juristischen Personen gegangen. Auch im Kanton Zug wäre absehbar, dass eine Gesetzesvorlage, welche die ersatzlose Abschaffung der Kirchensteuerpflicht von juristischen Personen beinhalte, an der Urne nicht mehrheitsfähig wäre. Andererseits sei nachvollziehbar, dass die Kirchensteuerpflicht für juristische Personen, die gar keinen Glauben haben könnten, einmal mehr in Frage gestellt sei.
Der Kantonsrat hat die Motion an seiner Sitzung vom 27. Januar 2005 an den Regierungsrat überwiesen, nachdem er bereits am 28. März 2002 eine praktisch gleichlautende Motion von Josef Lang (Vorlage Nr. 872.1 – 10443), welche die Einführung einer Mandatssteuer für alle Steuerpflichtigen verlangt hatte, ohne Gegenstimmen für nicht erheblich erklärt hat.

### *4.2. Die Mandatssteuer*

Bei der von der Alternativen Fraktion propagierten Mandatssteuer für juristische Personen handelt es sich um eine sozialpolitisch motivierte öffentliche Abgabe. Während die Steuer selbst obligatorisch ist, können die Steuerpflichtigen frei darüber entscheiden, ob sie den Steuerbetrag einer anerkannten Religionsgemeinschaft, einer öffentlich anerkannten kulturellen oder gemeinnützigen Institution, einem zewo-zertifizierten, schweizerischen Hilfswerk oder einem kantonalen Sozial-, Solidaritäts- oder Kulturfonds zukommen lassen wollen. Auf der Steuererklärung müssten zu diesem Zweck die Institutionen aufgelistet werden, die für ein solches „Mandat" in Frage kommen. Anerkennt der Kanton weitere religiöse oder gemeinnützige Gemeinschaften, so müssten diese der Liste hinzugefügt werden.
Ausser im Kanton Zug gab es in den letzten Jahren auch im Kanton Basel-Stadt und Freiburg jeweils im Rahmen der Totalrevision der Kantonsverfassung) Bestrebungen zur Einführung der Mandatssteuer, denen jedoch kein Erfolg beschieden war.

### *4.3. Beurteilung der Mandatssteuer*

Der Ersatz der Kirchensteuer durch die Mandatssteuer würde eine Verfassungsrevision erfordern, welche der obligatorischen Volksabstimmung unterliegt[7]. Die Abschaffung der Kirchensteuer für juristische Personen hätte zur Folge, dass den anerkannten Landeskirchen eine wesentliche aus ihrem öffentlich-rechtlichen Status fliessende Kompetenz abgesprochen würde. Sie wären damit im Bereich der juristischen Personen faktisch privatrechtlichen Institutionen gleichgestellt, unterlägen aber gleichwohl strengeren gesetzlichen Rahmenbedingungen.

Mit der Einführung der Mandatssteuer würde ein Teil des Steueraufkommens nicht mehr durch demokratisch legitimierte Organe seiner Bestimmung zugeführt, sondern die juristische Person könnte selbst wählen, für welchen Zweck, respektive für welche Institution die von ihr bezahlte Steuer verwendet werden soll. Eine derartige Wahlmöglichkeit ist dem schweizerischen wie auch dem zugerischen Steuersystem völlig fremd, da Steuern voraussetzungslos zu bezahlen sind. Zudem würde sie zu einer Ungleichbehandlung der kirchensteuerpflichtigen natürlichen Personen führen, denen eine solche Wahlmöglichkeit nicht freisteht.

Bei den Kirchgemeinden können die Stimmberechtigten in der Gemeindeversammlung über den Voranschlag Beschluss fassen und damit demokratisch über die Verwendung der Kirchensteuern bestimmen. Auch die Jahresrechnung der einzelnen Kirchgemeinden bedarf der Genehmigung demokratisch legitimierter Gemeindeorgane. Bei der Mandatssteuer ist eine derartige demokratische Kontrolle der Verwendung von Steuergeldern nicht möglich. Insbesondere bei Wohlfahrtsorganisationen ist nicht gewährleistet, dass die Steuergelder für soziale Werke im Kanton verwendet werden.

Gemäss Auskunft der Steuerverwaltung hat bislang im Kanton Zug keine juristische Person in einem Rechtsmittelverfahren geltend gemacht, die Kirchensteuer verletze ihre Glaubens- und Gewissensfreiheit. Seitens der juristischen Personen besteht nach Auffassung des Regierungsrats daher kein dringender Handlungsbedarf.

Welche Auswirkungen die Mandatssteuer auf die Finanzlage der gegenwärtig anerkannten Religionsgemeinschaften hätte, kann nicht vorhergesagt werden, da bei der Mandatssteuer die Steuerpflichtigen selber bestimmen, welchen Institutionen sie die Mandatssteuer in welchem Ausmass widmen wollen. Sicher ist, dass durch die Einführung der Mandatssteuer die Ertragslage der anerkannten Religionsgemeinschaften auch von der aktuellen Lage sowie der Medienberichterstattung im Zeitpunkt des Ausfüllens der Steuererklärung abhängig würde. Jedenfalls dürfte die Mandatssteuer eine sorgfäl-

7 § 74 Abs. 1 KV lautet heute: „Die Gemeinden, ausser die Korporationsgemeinden, erheben Steuern, wenn ihre Einnahmen zur Erfüllung ihrer Aufgaben nicht ausreichen." Diese Bestimmung müsste ersetzt werden.

tige Finanzplanung der gegenwärtig öffentlich-rechtlich anerkannten Religionsgemeinschaften verunmöglichen, deren Finanzhaushalt destabilisieren und damit eventuell auch soziale Werke gefährden.
Bei einem starken Rückgang ihrer Steuereinnahmen müssten wiederum der Kanton und die Gemeinden in die entstehende Lücke einspringen, wodurch natürliche und juristische Personen mit zusätzlichen Steuern belastet würden.
Da die Auswahl der Begünstigten im breiten Feld wohltätiger und gemeinnütziger Institutionen naturgemäss eingeschränkt werden muss, provoziert die Mandatssteuer einseitig staatlich gelenkte Geldströme und führt notwendigerweise zur Bevorzugung einzelner Institutionen[8]. Darüber hinaus forciert sie das Streben der Leistungsempfänger nach Kompatibilität mit staatlichen Wertvorstellungen und macht den Leistungskatalog der Steuerempfänger vom Gutdünken der Abgabepflichtigen abhängig. Es bestünde die Gefahr eines Imagepflegedrucks unter den Leistungsempfängern und die Gefahr des unlauteren Wettbewerbs[9]. Die Leistungsempfänger müssten nicht mehr nebeneinander um Spenden, sondern gegeneinander um Steuerbeiträge kämpfen.
Aus diesen Überlegungen ist der Regierungsrat auch gegen die Einführung der Mandatssteuer.

8 Stellungnahme *Ferdinand Fessler*, Chef Kantonales Steueramt Zürich, 15. Januar 2002 [abgedr. in der „Reformierten Presse"].

9 Stellungnahme *Erwin Tanner*, wissenschaftlicher Mitarbeiter am Institut für Kirchenrecht und Staatskirchenrecht der Universität Freiburg i.Ue., 15. Januar 2002 [abgedr. in der „Reformierten Presse"].

# Mitarbeiterinnen und Mitarbeiter dieses Bandes

*Buser, Denise*, Prof. Dr., Titularprofessorin für kantonales öffentliches Recht an der Universität Basel und freie wissenschaftliche Mitarbeiterin an der theologischen Fakultät der Universität Luzern, Basel

*Cuendet, Claude*, chancelier de l'Eglise évangélique réformée du canton de Vaud, Lausanne

*Famos, Cla Reto*, Dr. iur., Privatdozent an der Theologischen Fakultät der Universität Zürich, Leiter der Schweizerischen Studienstiftung, Zürich, Uster

*Frey, Jakob*, lic. iur., Leiter Rechtsdienst der Reformierten Kirchen Bern-Jura-Solothurn, Münsingen

*Gerber, Samuel*, Mitglied des Synodalrates der Evang.-reform. Kirche des Kantons Freiburg, Murten

*Kosch, Daniel*, Generalsekretär der Römisch-Katholischen Zentralkonferenz der Schweiz (RKZ), Zürich

*Kraus, Dieter*, Dr. iur. LL.M. (Edin.), Kabinettchef des Präsidenten des Gerichtshofes der Europäischen Gemeinschaften, Luxemburg

*Locher, Gottfried Wilhelm*, Dr. theol./MBA (London), Pfarrer, Direktor des Instituts für Ökumenische Studien der Universität Freiburg i.Ue., Vizepräsident des Reformierten Weltbundes, Muri b. Bern

*Möri, Peter*, Rechtsanwalt und Notar, Synodalsekretär der Evang.-reform. Kirche des Kantons Luzern, Luzern

*Müller Patrik*, Pfarrer, Exec. MBA, Leiter Theologie und Recht der Evang.-Reform. Landeskirche des Kantons Aargau, Erlinsbach

*Röhl, Martin*, Dr. iur., Rechtsanwalt, juristischer Sekretär des Kirchenrates der Evang.-reform. Landeskirche des Kantons Zürich, Rafz

*Schaad, Pierluigi*, Dr. iur., Rechtsanwalt und Notar, Rechtsberater der Evang.-reform. Landeskirche des Kantons Graubünden, Chur

*Thier, Andreas*, Prof. Dr. iur., Zürich

*Vischer, Georg*, Dr. theol., Pfarrer, Basel

*Winzeler, Christoph*, PD, Dr. iur. utr., LL.M. (Harvard), Advokat, Fribourg/Basel

# Anschriften der Herausgeber des Jahrbuchs

*Jakob Frey* (bearbeitet den Berichtsteil)
privat: Stierenmatte 32, CH-3110 Münsingen
dienstlich: Reformierte Kirchen Bern-Jura-Solothurn, Bürenstrasse 12, Postfach, CH-3000 Bern 23

*Dieter Kraus* (geschäftsführender Herausgeber und Schriftleiter)
privat: 46-50 Avenue Pasteur, L-2310 Luxemburg
dienstlich: Gerichtshof der Europäischen Gemeinschaften, Kabinett des Präsidenten, Boulevard Konrad Adenauer, L-2925 Luxemburg

*Wolfgang Lienemann*
privat: Manuelstrasse 116, CH-3006 Bern
dienstlich: Universität Bern, Evangelisch-theologische Fakultät, Länggassstrasse 51, CH-3000 Bern 9

*René Pahud de Mortanges*
privat: de Castellaweg 29, CH-3280 Greng
dienstlich: Universität Freiburg i.Ü., Rechtswissenschaftliche Fakultät, Lehrstuhl für Rechtsgeschichte und Kirchenrecht, Miséricorde, CH-1700 Freiburg i.Ü.

*Christoph Winzeler* (bearbeitet den Rezensionsteil)
privat: St. Jakobs-Strasse 96, CH-4052 Basel
geschäftlich: Schweizerische Bankiervereinigung, Postfach 4182, CH-4002 Basel

FSC
www.fsc.org
MIX
Papier | Fördert gute Waldnutzung
FSC® C083411

Kolibri 360 GmbH
Ferdinand-Jühlke-Straße 7
99095 Erfurt, Deutschland
produktsicherheit@kolibri360.de

Druck:
CPI Druckdienstleistungen GmbH
im Auftrag der
Kolibri 360 GmbH
Ferdinand-Jühlke-Str. 7
99095 Erfurt